Was ihr wissen solltet!
Aktuelles zum Aufstieg

P'taah/Gabriele Müller

Was ihr wissen solltet!

Aktuelles zum Aufstieg

ch. falk-verlag

Umschlaggestaltung: Dirk Gräßle, München
Satz: P S Design, Lindenfels
Druck: Druckerei Sonnenschein, Hersbruck
Printed in Germany

ISBN 978-3-89568-233-9

Inhalt

Vorwort

In diesem zweiten Buch spricht P'taah über die Geschehnisse der kommenden Zeit in der Reihenfolge, wie sie passieren.

Ebenfalls erhaltet ihr die Klarheit, damit ihr euch entscheiden könnt, in welcher Welt ihr leben wollt.

Symbolisch hat P'taah das Weltenei auf seiner Töpferscheibe erschaffen, das jetzt ein goldenes Ei geworden ist. Er hat das Herz und die Zunge gegeben, damit ihr eure Wahrheit sprecht. Nutzt diese Werkzeuge mit Bedacht für eure Entscheidung, damit ihr fest auf dem Boden des Goldenen Zeitalters stehen könnt. Das Weltenei hat sich verändert und die Töpferscheibe dreht sich aufs Neue.

Aktuelle Channelings und meine Angebote über Vorträge und Seminare findet ihr immer unter

www.ptaah-tempel.de

In unendlicher Dankbarkeit an ihn und das himmlische Team reiche ich diese Fackel der Erkenntnis an euch weiter.

In inniger Verbundenheit,
eure Gabriele

Möge die Liebe immer mit euch sein.

OM
P'taah-Behedeti-Vulcano

Zukünftige Ereignisse

Seid gegrüßt im Namen der Sternenflotte. Wir wollen nun mit dem zweiten Buch voranschreiten und uns ansehen, was die Zukunft bringt und was in den Herzen aller erkennbar ist und was ihr wissen solltet.

Das Jahr des Chaos 2011 habt ihr erschaffen, damit das Chaos euch zeigen soll, dass alles, was ihr erschaffen habt, bedeutungslos ist. Das ist einfach gesagt, und so ist es auch, denn allem, was ist, habt ihr allein eine bestimmte Bedeutung zugewiesen, die ihr wieder aufheben könnt. Alles existiert aufgrund einer bestimmten Bedeutung, die es erhalten hat, und wenn man diese Bedeutung wieder wegnimmt, dann ist auch seine Existenz beendet. Das Modell Chaos habt ihr eingebaut, damit ihr wieder zur Wahrhaftigkeit zurückfindet, also dem, was wirklich wichtig ist.

Wir schauen uns an, was ihr so in der Zukunft geplant habt und was die Erde selbst dazu beitragen wird:

Japan

Diese Insel hat euch allen gezeigt, dass niemand bisher mit Radioaktivität umgehen kann. Ihr seht sie nicht, außer ihr seid Seher, und riecht oder schmeckt sie nicht. Ihr seid nicht in der Lage, eure Brennstäbe oder das gesamte radioaktive Material zu entsorgen. Ihr verbuddelt es in der Erde oder, noch schlimmer, verbringt es in eure Meere nach dem Motto: Was man nicht sieht, existiert nicht und regt einen auch nicht auf. Für die meisten von euch sind es jedoch tickende Zeitbomben. Wenn ihr euch das aus geistiger Sicht einmal vor Augen führt, dann erkennt ihr, dass eine Masse, die zur Vernichtung eingesetzt wurde und immer noch in der Bereitschaft steht, es zu tun, nicht als harmlose Haushaltsenergie verwendet werden kann, denn die Bedeutung als Massenmordmittel ist ja bereits gegeben. Ihr könntet natürlich die Bedeutung umkehren, wenn ihr wüsstet, wie man das macht. So aber wendet sich eure Schöpfung gegen euch selbst.

Große Areale der Insel werden vorerst nicht mehr bewohnbar sein. Die Meere, die radioaktiv verseucht werden, tragen diese um die ganze Erde, wie auch alles Leben, was damit in Berührung kommt. Ihr seid also gezwungen, euch mit diesem Thema zu befassen, insbesondere auch damit, dass ihr das Wasser der Erde bisher als Müllhalde benutzt habt. Japan ist nur Vorreiter und hat die Dominoreihe mit dem ersten Stein in Bewegung gesetzt. Ein weiteres großes Erdbeben wird Japan erschüttern und das Thema Radioaktivität präsenter machen als je zuvor. Richtet euch alle darauf ein, denn die fruchtlosen Debatten, die heute noch geführt werden, schlagen schneller um als alle meinen.

Das Wasser wird kommen in einem ungeahnten Ausmaß und die Bevölkerung dort wieder ereilen. Das Thema „Gehorsam“ wird aufgerüttelt, und die Frage, die jeder sich stellen kann, ist, ob ein Gehorsam bis zur Selbstvernichtung betrieben werden sollte. Wer ist die wahre Autorität? Wer bestimmt über das Leben anderer?

Nach dem neuen Wasser wird ein Sturm über diese Insel ziehen als Nachbote sozusagen, sodass kein Stein auf dem anderen bleibt. Nur sehr Weniges wird als Obdach dienen. Und alles, was bis dahin wieder erneuert wurde, geht in den Fluten unter oder wird vom Sturm davongetragen werden. Japan muss umziehen, und ihr tätet gut daran, Unterkünfte bereitzustellen.

Die anderen radioaktiven Meiler der Insel werden massiv in Mitleidenschaft gezogen, sodass ein Leben auf dieser Insel vorerst nicht mehr möglich ist. Das Meer wird ein weiteres Mal verseucht werden, und jeder Fisch, den ihr essen wollt, könnte davon betroffen sein. Wenn ihr nicht all eure Energie einsetzt, um die Radioaktivität in den Griff zu bekommen, wird das der Beginn der Meeresverseuchung von ungeahntem Ausmaß sein.

Einige Menschen werden auf der Insel verbleiben, um zu retten, was zu retten ist, vor allem in der Hoffnung, einen Aufbau zu schaffen oder auch das Unglück in den Griff zu bekommen und die Radioaktivität einzudämmen.

Der Fall der japanischen Währung setzt den Dominoeffekt auf dem Währungsmarkt in Gang. Bisher wurde der Yen künstlich stabilisiert, und die neue Katastrophe, wie auch der dadurch entstehende Verfall der Währung, erschüttert den Weltmarkt.

Japan wird Hilfe von allen Seiten benötigen, und ihr tätet gut daran, sie bereitzustellen.

Frankreich

Frankreich wird eine neue Revolution erleben. Diese Aufstände gehen von der Mittelschicht des Landes aus und werden große Zerstörung bringen und die Wirtschaft lahmlegen. Freie Denker werden aufstehen und eine neue Ordnung herstellen. Bisherige Machthaber werden sich verstecken wollen, aber nur schwerlich einen geeigneten Platz finden. Wodurch nun wird diese Revolution ausbrechen?

Ein neues Gesetz wird von der Regierung erlassen, das auf den ersten Blick harmlos wirkt und wenig auffällig sein wird. In der Anwendung jedoch wird es massive Auswirkungen auf das Volk haben und Wellen der Empörung auslösen, die fast das Ausmaß eines Bürgerkrieges annehmen. In allen Teilen des Landes werden Menschen zugleich aufstehen und sich dagegen erheben. Wie immer werden die Führer versuchen, mit Militärgewalt dagegen vorzugehen, um die Herrschaft zu behalten. Nur, die Militärs werden sich gegen die eigenen Führer stellen, was nach sehr kurzer Zeit schon geschehen wird. Blutige Auseinandersetzungen werden das Land heimsuchen, aber nur kurz andauern, da das Militär die Waffen niederlegen wird. Letztendlich sind sie selbst von diesem Gesetz betroffen und werden sich ebenfalls dagegen erheben. Die Führer verzweifeln und werden versuchen, ausländische Kräfte einzusetzen, dennoch reicht ihnen die Zeit nicht aus, um die Planung durchzuführen. Die Kämpfer teilen sich auf in den direkten Kampf und den Untergrundkampf. Der Untergrundkampf ist nicht so leicht zu erkennen oder zu kontrollieren und wird eine wichtige Stellung einnehmen. Die ersten abtrünnigen Militärs, die wegen Ungehorsams oder Befehlsverweigerung standrechtlich erschossen werden sollen, bewegen das Militär zum Aufstand und zum Wechseln der Seiten. Wer ist deine Autorität? Wem gegenüber leistet du Gehorsam?

Diese Frage wird in den ersten Tagen der Revolution schnell eine andere Antwort finden und das Planungsgefüge außer Kontrolle geraten lassen. Eine neue Welle der Freiheit wird das Land ergreifen und die Brüderlichkeit wird wieder gesucht.

Die nächste Gruppe, die sich dort erhebt, wird die der Ärmsten sein, die ihre letzten Kräfte mobilisieren. Hier wird ein Gewaltpotenzial freigesetzt, verbunden mit Hass und Zerstörung, das von den übrigen Bewohnern des Landes jedoch ziemlich schnell wieder eingedämmt wird. Aus den Unruhen wird eine Frau sich erheben, die zu dem Volk sprechen und neue Ideen verkünden wird. Sie wird eine wichtige Rolle in der Zukunft einnehmen und Gehör finden. Ihr wird es gelingen, das Volk zu beruhigen und einen neuen Weg einzuschlagen.

Kaum dass es zur Beruhigung gekommen ist, wird sich eine Katastrophe ereignen, die durch ein dortiges Labor entsteht. Die dort freigesetzten Viren werden eine Verbindung eingehen mit bestehenden und sich dadurch verändern, sodass sie eine Epidemie auslösen, die nur zufällig erkannt und wieder eingedämmt werden kann. Wie schnell sich das Ungemach aus diesem Land entfernt, hängt von der friedfertigen Einstellung der Bevölkerung ab. Niemand wird mehr Zeit noch Muße haben, sich um Angelegenheiten zu kümmern, die mit anderen zu tun haben. Jeder ist gefordert, sich mit sich selbst zu befassen. Das bedeutet nicht, dass ein Egoismus besonderer Natur ausbrechen soll, sondern im Gegenteil. Der Weg, den jeder zu sich selbst findet, wird der Weg sein, der ihn mit dem anderen verbindet auf eine neue, ungeahnte Weise. Dieses Land kippt einen weiteren Dominostein, der wiederum andere niederwerfen wird.

Griechenland

Der Dominostein Griechenlands spaltet das Land in viele einzelne Interessen, die vor allem dem Reichtum einzelner Gruppen dienen. Die Schuldenlast wird so erdrückend, dass die Armut um sich greifen wird wie in grauer Vorzeit schon einmal. Die Reichsten des Landes werden ihr Geld geben müssen, um wenigstens einen Teil der bestehenden Wirtschaft aufrechtzuerhalten. Allerdings wird auch das nichts nützen. Die Armut wird den sozialen Status niederbrennen und einen Angriff auf die Reichen lostreten. Verwüstungen aller Art werden dieses

Land überziehen. Einige werden versuchen auszuwandern. Die junge Generation wird sich zusammenschließen und einen Terror gegen die Obrigkeit in Gang setzen, der sie aber nicht voranbringt. Plünderungen werden an der Tagesordnung sein, sodass die Bevölkerung nachts Wachen abstellen wird, damit wenigstens einige sich während der Nachtruhe erholen können. Und je mehr die Führer des Landes versuchen, Ruhe durch Versprechungen und Gewalt wiederherzustellen, desto mehr wird die Unruhe zunehmen. Griechenland wird dem Untergang geweiht sein, wenn die Bevölkerung nicht einsichtig ist und sich dem Frieden zuwendet.

Jeder wird gegen jeden vorgehen und in jedem ein Feindbild sehen wollen. Das führt soweit, dass es vor den eigenen Familien nicht haltmachen wird. Die Menschen, die auf den Inseln verteilt leben und von der Versorgung durch die Schiffe abhängig sind, werden sich selbst helfen müssen. Es wird keinen Zweck haben, Depots anzulegen oder Gegenstände zu horten. Teilweise wird man diese Inseln mit dem Flugzeug versorgen, aber nur teilweise und unregelmäßig.

Eine freie Wahl wird stattfinden, wo das Volk einen neuen Führer wählen soll. Letztendlich wird es zu dieser Wahl nicht kommen. Sie wird verhindert werden durch neue Aufstände, die erneut großes Ungemach bereiten werden. Eine große Fluchtwelle wird sich in Bewegung setzen, da das Volk keinen anderen Ausweg sehen wird.

Ein Mann wird aufstehen und sich als Retter des Landes präsentieren. Die in ihn gesetzten Hoffnungen werden sich nicht erfüllen. Mit Militärgewalt wird man die Auswanderungswelle aufzuhalten versuchen. Die Verzweiflung des Volkes ist groß und es wird sich dagegen zur Wehr setzen. Man wird versuchen, aus dem Ausland Hilfe zu erhalten, um die Strukturen einer Ordnung herzustellen. Griechenland wird sich entscheiden müssen zwischen Frieden und Knechtschaft. Die Knechtschaft würde dauern und neuen, zündenden Hass erzeugen. Keiner wäre davor sicher. Neue, friedvolle Strukturen würden dem Land wieder Wohlergehen bringen.

Eine neue Facette der Mitmenschlichkeit wird erblühen auf einer kleinen Insel und Kreise ziehen, erst unmerklich, dann immer klarer, und ergreifen das ganze Land. Die Friedensglocken, die dann läuten, werden Stabilität bringen. Das Land wird von dem Gegeneinander zu einem Miteinander übergehen und kleine Gemeinden bilden, die sich erst selbst versorgen und dann einander helfen. Diese Gruppen werden beispielhaft vorgehen und weitere animieren, ebenfalls solche Gemeinschaften zu errichten. Eine neue Gruppendynamik wird entstehen und keine Einmischung dulden. Das Land wird autark werden.

Sibirien

Dieser Landstrich wird polare Wetterkatastrophen erleben. Einmal durch eine entsetzliche Kälte, in der viele erfrieren werden, dann durch eine Hitze, die vieles verbrennen wird. Dadurch wird der Landstrich Hilfe benötigen, denn die Bevölkerung wird auf die Versorgung durch andere angewiesen sein. In großen Teilen dieses Gebietes wird der Boden auseinanderbrechen, und aus den Tiefen dieses Landstrichs wird eine Art Kloake hervortreten, die zuvor noch niemand gesehen hat. Ihr Gift wird weite Teile überziehen und den Tod hinterlassen. Mensch und Tier, die damit in Berührung kommen, werden eine Art Verbrennung erleiden, die von selbst voranzuschreiten scheint. Wenn die Erdkruste des Gebietes aufbricht, sollten die Menschen weggehen. Der Beginn wird der härteste Winter sein, den dieser Landstrich je erlebt hat. Diese Art Kloake ist giftig und phosphorisiert. Das Schlimmste, was die Menschen dort machen könnten, wäre, diese Brühe mit Chemikalien zu bekämpfen. Die Entwicklung wäre verheerend. Gut wäre vorrangig, die sich ausbreitende Brühe mit Sand einzugrenzen und abzudecken. Verschiedene Sandschichten sollten gelegt werden, die teilweise vom Flugzeug abgeworfen werden müssten. Dann sollte das Ganze ruhen, bis die obere Erde einen bröckeligen Zustand aufweist. Danach sollte Schlamm aufgebracht werden, dem man einen Teil Wasserhydrochlorid beigemischt hat. Nach einer Zeit, wenn der Schlamm getrocknet ist, sollte ein kleines Areal sondiert und getestet werden, indem man es abbrennt. Der aufsteigende Rauch sollte weiß aussehen. Sollte der Rauch jedoch noch eine bräunliche oder gelbliche bis rötliche Farbe aufweisen, dann muss gewartet werden, bis der Rauch rein weiß ist. Erst dann sollte das gesamte Areal abgebrannt werden. Danach wird sich die Erde dieses Gebietes wieder erholen.

Saudi Arabien

Das Öl dieses Landes geht zur Neige. Zwar hat man sich dort schon auf andere Geldeinnahmen spezialisiert, aber durch die weltweit auftretende Inflation bleiben diese Einnahmen aus. Der Verfall schreitet voran. Dieses einst reiche Land geht der Armut entgegen. Aufstände sind unvermeidbar und können nicht durch den Einsatz von Militär niedergedrückt werden. Anfangs wird man versuchen, durch Geldgaben an das Volk die alte Ordnung wiederherzustellen, aber die Wirkung wird ausbleiben. Die Menschen werden nicht mehr käuflich sein. Insbesondere die Frauen werden sich erheben und auf einem würdigen Leben in der Freiheit des Ausdrucks bestehen. Der Schutz und die Hilfe von außen werden den Führern versagt bleiben, da dieses Land kein Öl mehr zu bieten hat, also sich das wirtschaftliche Interesse verlagert hat. Viele, die dort arbeiten, werden das Land verlassen und weiterziehen.

Große Hitze wird einsetzen und der Erdboden dort wird immer mehr verbrennen. Übrigbleiben wird Sand.

Deutschland

Ein bekannter Politiker dieses Landes wird einen Umsturz entfachen durch eine Äußerung, deren Auswirkung weder ihm noch anderen anfangs bewusst ist. Diese Äußerung wird gesprochen in einem öffentlichen Gespräch, und zwar beiläufig. Dennoch wird genau diese Aussage Wellen schlagen, die das politische Gefüge zum Einsturz bringen wird. Mit anderen Worten, die Politik dieses Landes wird sich den Ast selbst absägen, auf dem sie sitzt. Dem besagten Politiker wird das, was er sagt, selbst nicht so bewusst sein in dem Moment, und noch mehr überrascht wird er sein über die Folgen dieser Worte.

Die anderen Parteien werden versuchen, schnell diese Aussage zu bagatellisieren und ihr einen niedrigeren Stellenwert zuzuweisen, aber helfen wird es nicht. Große Tumulte werden sich in kurzer Zeit entwickeln, ein Sturm auf die Regierung wird losgetreten werden. Massen werden durch die Straßen des Landes ziehen und rebellieren. Die Zerstörungen werden ein großes Ausmaß annehmen. Auch wird man versuchen, diese Aufstände mit Gewalt zu brechen, dennoch wird es nicht gelingen. Menschen werden aufstehen, von denen man es nicht vermutet hätte, sogar aus der Wirtschaft wird man sich erheben und gegen die vorgehen, mit denen man eng zusammengearbeitet hat, um den Schaden zu begrenzen.

Eine neue Idee wird Kreise ziehen, und im Prinzip wird eine der größten Revolutionen in diesem Land stattfinden, insofern als sie weltweite Ausmaße annehmen wird. Diese Revolution wird sich von anderen nach den ersten Tagen unterscheiden durch eine Übereinkunft, die die Führer für eine Wiederherstellung des Systems halten werden. Aber genau das Gegenteil wird eintreten. So friedvoll wie damals die Mauer fiel und das dortige System unterging, wird das neue System über Nacht Einzug halten. Das Land wird sich aus der Asche erheben und wie ein Phönix aufsteigen.

Wenn jemand glaubt, dass es Gruppen gibt, die die Gunst der Stunde nutzen können, um ihre eigenen Interessen durchzusetzen, dem sei gesagt, dass sie chancenlos sein werden. Das große Stöhnen und der falsche Glanz verschwinden und zum Vorschein kommt das Licht. Eine neue Nation wird geboren über Nacht, und diese Nation wird autark sein, in sich selbst ruhend. Und wenn dieser Moment erreicht ist, wird eine Innovation von diesem Land ausgehen, wie sie noch nie dagewesen ist. Das gemeinsame Lied der Herzen wird angestimmt werden und der Bruder wird den Bruder erkennen, wie die Schwester die Schwester. Die neuen Wurzeln werden gefestigt und die Augen aller blicken in eine Richtung. Dieses Land wird sich wieder seiner wahren Aufgabe zuwenden und dem Ruf folgen. Die Herzen aller werden das gemeinsame Lied singen.

Polen

Soziale Unruhen werden entstehen über Nacht. Die Regierung wird zu harten Mitteln greifen, um wieder Herr der Lage zu werden. Blutig wird es einige Tage zugehen und den Zorn der Massen vergrößern, bis ein Ausmaß erreicht ist, das nicht mehr zu bändigen ist. Plünderungen sind an der Tagesordnung. Nahrung wird vorrangig unter den Mächtigen des Landes aufgeteilt werden. Das ruft einen Sturm der Entrüstung hervor und bewirkt den Niedergang der Mächtigen, was eine der größten wirtschaftlichen Katastrophen hervorruft. Viele werden versuchen auszuwandern, andere werden sich neu zusammenfinden. Die Gruppen, die sich neu zusammenfinden, um in einer friedfertigen Gemeinschaft zu leben, werden das Land für sich haben. Eine neue Weltanschauung wird geboren und in die Welt hinausgetragen. Die alte Macht ist gebrochen und wird sich nicht mehr erholen. Friede wird sein, und auch Polen wird ein wahres Licht anzünden.

Brasilien

Der bisher herrschende Morast aus Kriminalität und Gewalt nimmt noch mehr überhand. Grausamkeiten sind an der Tagesordnung. Die Erde wird eine große Reinigung vornehmen. Das Land wird aufbrechen, stellenweise einstürzen, und das Volk wird tagelang auf brodelndem Boden leben und nicht zur Ruhe kommen. Kein Ort wird sicher sein. Eine Völkerwanderung wird beginnen aus der Not heraus. Gewährt ihnen Asyl. Der Boden der Erde brodelt vor Zorn und das wird einige Zeit dauern. Erde wird dort aufbrechen, wo es niemand vermutet, und in diesem Land wird die Natur wüten, wie es wider gegen jede Logik zu sein scheint.

Afghanistan

Dieses Land, das einen jahrelangen Krieg durchlebt hat, wird Unwetterkatastrophen erleben. Sturzbäche von Regen werden auf dieses Land fallen und eine Hitze ungeheuren Ausmaßes wird das Land verbrennen. Große Armut kommt auf die Bevölkerung zu.

Die Gruppen beginnen sich gegenseitig zu bekämpfen, um die wenigen Habseligkeiten zu sichern. Der Drogenverkauf ist beendet. Die Natur riegelt das Land ab, sodass es sich selbst überlassen ist. Wenn ihr nicht beginnt, die Frauen zu ehren, geht ihr eurem Untergang entgegen. Die Tage der Entscheidung sind gezählt.

Sri Lanka

Es wird eine Revolution ausbrechen, die in diesem Land einen Umsturz herbeiführen wird. Kämpfe werden stattfinden, die kein Ende zu nehmen scheinen. Blut wird die Straßen füllen. Dennoch wird dieses Land zu seinen heiligen Wurzeln zurückfinden und erneut aufblühen.

Paraguay

Drohende Unwetter werden sich über Paraguay ergießen. Schlamm wird eine große Rolle spielen und vieles fortnehmen und unter sich begraben. Einige Bodenschätze werden dabei auftauchen, die mit Waffen umkämpft werden. Noch bevor ein Sieg errungen werden kann, kommen die neuen Wetter.

San Sebastian

Dieses Gebiet wird einen Aufstand erleben, und diese Unruhen werden dann auf das ganze Land übergehen. Ein Abgrenzungswall soll errichtet werden, und die Abgrenzung ist die Folge. Die Freiheit wird zertreten werden und große Verluste werden das Ergebnis sein. Das ist der Auslöser für einen landesweiten Aufstand, dessen Motto sich schnell wandelt. Blutige Auseinandersetzungen folgen.

Spanien

Ein Attentat wird man auf das Königshaus verüben wollen. Diese Schockwelle wird das Land erschüttern. Die Regierung wird zu harten Maßnahmen greifen und massivste Kontrollen einführen. Es kommt zu Aufständen landesweit, die die Wirtschaft lahmlegen. Zahlreiche Angebote einzugreifen werden aus dem Ausland kommen, die aber abgelehnt werden. Eine neue Regierung soll gebildet werden, die aber scheitern wird. Die Interessen sind anfangs zu unterschiedlich. Die Menschen finden später ihren Weg des Friedens. Die Kirche packt ihre Gewänder ein. Die Schätze sollen geplündert werden. Der Fall ist unaufhaltsam und der Neubeginn ein mühseliger. Große Hitze überzieht dieses Land und hält lange an. Austrocknung und Brände entstehen, die nur schwer eingedämmt und durch die Trockenheit immer wieder entfacht werden. Wasserknappheit kommt auf die Menschen zu.

Neuseeland

Dieses Land wird aufgeschreckt werden durch ein Ereignis, das die Inseln erschüttert. Stürme werden über dieses Land hinwegziehen und es verwüsten. Das Meer wird sich erheben und großen Schaden an den Küstenregionen anrichten. Es wäre den Bewohnern anzuraten, auf geschützte, höher gelegene Regionen auszuweichen.

Bangladesh

Eine neue Krankheit entsteht in dieser Region, die aus der Armut geboren wird. Sie wird sich ausbreiten und über das ganze Land ziehen. Beginnen wird sie mit Übelkeit und Erbrechen, danach setzt eine kurze Erholung ein und wird dann die

Erkrankten absolut schwächen. Anfangs wird man diesen Symptomen keine große Bedeutung beimessen. Wenn sich diese Krankheit jedoch in Windeseile ausbreiten wird, erkennt man das ganze Ausmaß und konzentriert sich auf die Therapie. Eine große Ansteckung geht von den Infizierten aus. Es handelt sich hierbei um einen mutierten Virus, der erkannt werden muss, was nicht so einfach sein wird. Der Virus reagiert gegensätzlich und unvermutet, was beachtet werden sollte. Licht spielt dabei eine Rolle. Der Virus tendiert dazu, permanent neue Verbindungen einzugehen, das macht es schwierig, ihn in seinem Kern zu finden. Wichtig ist, dass die Erkrankten viele Lichtbäder nehmen und zudem viel Wasser trinken. Der Virus verabscheut Säure.

In dieser Region wird es auch eine der größten Naturkatastrophen geben, die dieses Land je gesehen hat. Einen Großteil wird das Wasser wegspülen. Stürme werden über dieses Gebiet ziehen, die Erde wird aufbrechen. Alles beginnt mit dem heißesten Sommer, der dieses Gebiet ereilt. Die Temperaturen werden bis auf 60 Grad steigen.

Argentinien

In diesem Land kommt es wie in anderen auch zu einer Revolution. Vorrangig geht es um soziale Ungerechtigkeiten. Regen wird einsetzen, der tagelang anhalten wird. Weiden und Ernten werden aufgeweicht. Man wird versuchen, die Wolken künstlich auseinanderzutreiben, was nur für einen Moment gelingt. Das wird der Anlass sein, dass noch größere Wetter kommen. Die Menschen dort werden alle Hände voll zu tun haben, Herr der Wassermassen zu werden, die auf dieses Land niedergehen.

Amerika

An der Ostküste des Landes wird ein großes Erdbeben stattfinden, danach kommt das Wasser. Die Menschen dort sollten diesen Bereich meiden, ebenso wie die Westküste, die mit dem kommenden Wasser zu tun haben wird. Der Pleitegeier kreist über dieses Land und große Armut wird die Folge sein. Ein Attentat wird vorbereitet. Horden werden durch das Land ziehen. Ein Mann wird aufstehen und Versprechungen abgeben, dieses Land wieder in den Reichtum zu führen. Er wird nicht gehört werden. Kämpfe untereinander schreiten voran. Truppen der Armee werden aus anderen Ländern abgezogen, um im eigenen Land zum Einsatz zu kommen. Vieles funktioniert gar nicht mehr, da die Bediensteten kein Geld erhalten vom Staat und infolgedessen die Arbeit nicht aufnehmen.

Firmenpleiten folgen kurz aufeinander, die Börse bricht zusammen. Ein Aufstand der Aktionäre ist unausweichlich, denn die Aktien sind nicht das Papier wert, auf dem sie gedruckt sind. Eine Massenhysterie wird ausbrechen, und man wird Jagd auf die Schuldigen machen. Zudem wird dieses Land von Unwetterkatastrophen heimgesucht werden, die ein noch nie dagewesenes Ausmaß annehmen. Daher wird es keine finanzielle Erholung geben, da die Reiter der Apokalypse dieses Land stürmen werden. Ein Teil der Menschen wird die Ureinwohner aufsuchen und diese um Hilfe bitten. Wenn es den Menschen gelingt, wieder das wahre Wesen des Lebens zu ergreifen, wird das Land den goldenen Boden freilegen, auf dem es ruht.

Sollte den Menschen das nicht gelingen und ein Rückfall in den Wilden Westen angestrebt werden, mit dem Ziel, alte Strukturen zu erneuern, wird dieses Land lange großen Schaden nehmen und ein Schleier der Trauer wird sich über es legen. Die Anbetung des Geldes und der Machtmissbrauch müssen fallengelassen werden, damit der goldene Boden erblühen kann. Die Kraft der Schlange wird sich entfalten, ob zum Wohl oder zum Übel, entscheiden die Menschen dieser Region. Winden wird sich die Energieschlange in jedem Fall, und es wäre allen anzuraten, zurückzukehren zu den Wurzeln und die Heiligkeit hervorzubringen, die sie fordert. Niemand braucht Gott mit der Waffe in der Hand anzubeten und hoffen, dass sein Gebet erhört werden wird. So nicht über die Lippen kommt, was das Herz gebietet, bleibt es ungehört.

Das goldene Becken wird erst wieder in neuem Glanz erstrahlen, wenn die heiligen Tänzer den Sonnentanz und ein bestimmtes Ritual praktizieren. Helft ihnen allen, ihr heiligen Ute (amerikanische Ureinwohner, Region oder Person der Sonne), denn sie werden eurer Hilfe bedürfen. Eure Zeit ist jetzt und eure Weisheit wird gesucht. Lasst aufsteigen den Rauch zu Manitu und verbündet euch im Frieden. Aufnehmen werdet ihr den Willen Manitus und ihn mit der Erde vereinen. Zeremonien der Versöhnung sind gefordert, die vereint auf der ganzen Welt mit den zurückgekommenen Büffelfrauen gefeiert und getanzt werden. Selbst die weiße Büffelfrau wird im Steinkreis tanzen und die Trommel schlagen. Ihr Gesang wird in die Himmel dringen, die Manitu hierfür öffnen wird. Und an der Sonne werdet ihr das Neue erkennen und sehen ihr Lächeln. Wisst, dass ihr geschützt seid und alles gut wird. Wir sind mit euch.

Die heiligen Shoshone-Frauen bitten wir, die Zeremonie mit Mutter Erde durchzuführen, die Männer mögen sich im Kreis dahinter aufstellen.

Ihr habt die Macht des Friedens und der Fülle. Wir tanzen mit euch.

Palästina (ursprüngliches)

Palästina war eine entführte und geteilte Jungfrau, die wieder vereint wird. Dem voran geht ein Sturm, der den Kuckuck wegtreibt und sein Ei aus dem Nest wirft. Das Meer bewegt sich auf das Land zu und das Volk muss weiterziehen ins Landesinnere. Große Trockenheit wird der gesamten Region zu schaffen machen. Anhaltende Kämpfe werden das Land erschüttern. Erheben wird sich ein Licht in der Dunkelheit und den Bruder mit dem Bruder wieder zusammenführen. Eine neue, geeinte Flagge wird über diesem Land wehen und die Tränen werden trocknen. Ein neues Jerusalem wird sich erheben und sein Licht in die Welt senden. Friede ist.

China

Dieses Land wird von einer noch nie dagewesenen Revolte heimgesucht werden. Die Menschen werden sich erheben. Der Zorn wird hervorbrechen ohne Ausnahme. Gräueltaten werden an der Tagesordnung sein, was die Massen noch mehr in Aufruhr bringen wird. Die Flüsse setzen ihr Gift frei. Das Land wird gespalten werden in einzelne Bereiche, die sich in ihren Zielen voneinander unterscheiden. Erdbeben werden das Land erschüttern, und die Menschen dort müssen eigene Entscheidungen treffen, was aus dem Herzen heraus geschehen sollte. Vorher bäumt das Land sich wirtschaftlich auf, um dann zu stürzen. Die Menschen dort sollten die großen Städte meiden in dieser Zeit, denn die Erde wird des Öfteren beben. Die große Mauer wird abgetragen werden, da sie zerbrechen wird und ihr Material für den Wiederaufbau benötigt wird. Reis wird Mangelware, denn die Ernten können nicht eingebracht werden, da die Erde vieles verschlingen wird. Die Flucht vor dem Fluch wird angetreten. Das Land täte gut daran, sich an die alten

Lehren zu erinnern. Die Versorgung aller Art gerät ins Stocken. Massive Waffen, die anfangs eingesetzt werden, beschleunigen das Aufbrechen der Erde. China wird lange nicht zur Ruhe kommen. Die Küstenregionen werden vom Wasser eingenommen. Die Menschen dort sollten sich ins Landesinnere begeben. Je eher die Menschen die Lehren der Nächstenliebe wieder beherzigen, desto schneller wird sich das Land erholen. Rauch wird aufsteigen und Radioaktivität wird große Teile des Landes verseuchen. Das Wasser wird noch mehr Gift verkraften müssen. Tränen tränken den Erdboden. Die Schockwelle ergreift das ganze Land. Eine neue Dimension der Gewalt wird um sich greifen wegen der wenigen Habseligkeiten, die es zu verteidigen gilt. Erst wenn das Gegeneinander aufgehoben ist und ein neuer Zusammenschluss des Friedens erfolgt, beruhigt sich die Erde in diesem Gebiet.

Großbritannien

Ein Attentat wird geplant. Davor wird eine große Reise angetreten. Die Menschen bäumen sich auf und tragen Aufruhr durch das ganze Land. Wintereinbrüche in einem neuen Ausmaß treten auf. Freie Geister werden aufstehen und Forderungen stellen. Die Mächtigen halten sich die Ohren zu. Der Tod greift um sich durch eine Krankheit. Die Bevölkerung sollte die Küstenregion meiden, da das Wasser steigt. Viel Regen wird auf dieses Land niedergehen. Die Armee ist in Alarmbereitschaft. Die grauen Eminenzen packen zusammen. Das alte Wappen wird eingeholt. Plünderungen sind an der Tagesordnung. Das Militär wird viele Tote wegräumen müssen. Leichenberge türmen sich auf, die verbrannt werden. Die unterirdischen Gänge legen die Sensation frei. Unbändige Wut wird folgen. Ein absoluter Ausnahmezustand ist die Folge. Ein Zusammenschluss mit Deutschland erfolgt und weitet sich aus. Neue Ideen werden durchgesetzt. Das Bankenviertel ist dem Erdboden gleichgemacht. Die Jagd auf Spekulanten beginnt.

Von Irland aus macht sich ein neues Licht breit und durchflutet das Land. Dann verbindet sich das Licht. Die Folge ist erst Ruhe und dann die Neuorientierung. Der Lebensbaum wird wieder aufgerichtet. Der Fluch und die erstellte Teilung sind aufgehoben, da der Rhein schon lange das Gold freigegeben hat. Friede ist.

Kanada

Die unerkannte graue, nebelige Welt entfernt sich, die Fäden der Marionetten werden durchschnitten. Eine unvermutete Eskalation entsteht. Orientierung wird gesucht. Chaos herrscht. Die Kälte fordert Opfer. Das Verstecken in den Wäldern beginnt. Gebäude fallen mit ihren Institutionen. Der Schrecken hält an. Ein neues Gesicht zeigt sich, das nicht durchdringt bei den Massen. Waffengewalt verschlimmert die Situation und bringt die Letzten auch in Aufruhr. Ein Blutbad wird angerichtet. Das Haus des Bibers ist zerstört. Die Gruppe um Ontario wird Licht bringen und es weitertragen.

Italien

Das Vril (energetisches Schutzfeld) wird aufgelöst. Der Palast wird gestürmt. Die Flucht beginnt. Es kann nichts mitgenommen werden. Verfolgung und Fall. Die Garde wird abgezogen. Die Erde bebt und die Springflut kommt. Das Kartell ist zerschlagen. Der losgetretene Fluch zeigt sich immer deutlicher. Die Wölfe heulen noch immer den Mond an, können aber das Geschrei der Menschen nicht mehr übertönen. Das vor Blut triefende Gewand kann nicht so leicht abgeschüttelt werden, nicht ohne die Absicht der Reinigung. Rom birst, die Wahrheit ist unaufhaltsam. Eine Schockwelle breitet sich aus und wird in die Welt getragen. Die nackte Angst um das eigene Leben ist größer denn je. Das Feuer überzieht das Land. Der Vulkan speit angewidert und lässt die Erde erneut beben. Quallen machen sich breit. Wasserknappheit und Hungersnot, flankiert von großer Hitze, bringen weitere Mühsal. Der Wolf wird zertreten. Sie versuchen, die Röcke abzustreifen, um nicht erkannt zu werden. Der Stuhl ist zerschlagen und die Fesseln sind gelöst. Es gilt der Wahrheit ins Gesicht zu sehen und die Lüge loszulassen. Dann erst ist Erwachen.

Schweiz

Die Berge geben die Waffenarsenale frei. Schlammlawinen überziehen Areale. Regen lässt das Wasser von den Bergen zusätzlich in Sturzbächen zur Erde fließen. Das Spiel mit dem Feuer geht zu Ende. Die Versuche werden abgebrochen. Ein Vorgang ist missglückt und bringt große Probleme. Die Finanzierung des Projekts kann nicht mehr gewährleistet werden. Armut folgt. Man versucht provisorisch, Einiges aufrechtzuerhalten, aber ohne Erfolg. Die Reichtümer schwinden über Nacht.

Thailand

Ein weiterer Tsunami wird dieses Gebiet heimsuchen und große Verwüstungen hinterlassen. Dieser Tsunami wird verheerender sein als der vorherige, und es ist den Menschen anzuraten, diese Region weiträumig zu verlassen.

Iran

Der Geist Ahura Mazdas (Herr der Weisheit, Schöpfergott im Zoastrismus) kehrt zurück. Der Pfau dreht sich und zeigt das Rad. Erdbeben erschüttern das Land in weiten Teilen. Regen folgt, der sieben Tage anhalten wird. Morgens wird die Überraschung sichtbar. Der Stuhl wurde zersägt, der Sturz ist unaufhaltsam. Aufgestauter Hass bricht hervor, der nicht gebändigt werden kann. Das Blutvergießen zeigt sich im ganzen Land. Große Trauer und Entsetzen. Die Wahrheit wird sichtbar. Der zurückgekehrte Geist nimmt den Raum ein und bringt den Frieden und die Freiheit.

Dänemark

Der Trauerflor wird durch ein Unglück über dieses Land ausgebreitet. Die Küstenregion wird erschüttert. Die Systeme stehen am Scheideweg. Der neue Weg wird gesucht und die Fackel wird ergriffen.

Niederlande

Ein Attentat wird geplant. Das Wasser belagert die Küstenregion. Die Inseln vergehen. Der Löwe brüllt auf. Das Volk muss wandern. Der alte Hass, der geschürt wurde, wird begraben. Die Grenzen fallen. Die Hand, die sich entgegenstreckt, wird angenommen. Einheit ist sowie ein Neubeginn des Friedens.

Belgien

Das Wasser macht nicht vor dem Land halt und holt sich einen Teil zurück. Der Krake zieht sich zusammen und wird das Haus verlassen.

Tschechien

Ein Reaktorunglück wird von außen herbeigeführt. Ein Supergau entsteht. Ein großes Areal muss geräumt werden und wird unbewohnbar.

Australien

In einigen Teilen des Landes werden die Temperaturen bis auf 70 Grad ansteigen. Anhaltende Hitzewellen für Mensch und Tier. In anderen Arealen wird der Regen nicht aufhören. Ein Teil des Nordens bricht weg und taucht ins Meer ein. Ungeziefer plagt das Volk. Eine Seuche macht sich breit. Erst wenn die Frauen der Aborigines die Zeremonie mit der Göttin praktizieren, wird die Plage ein Ende haben. Die Göttin wird entscheiden, wann diese abzuhalten ist. Die Heiligtümer werden nicht mehr missachtet. Sie werden wieder geehrt als das, was sie sind.

Nepal

Eine weiße Decke wird sich über das Land legen und lange dort verweilen. Der Schnee und die Kälte fordern ihren Tribut. Legt euch Vorräte an, denn ihr werdet sie brauchen.

Russland

Terroranschläge werden dieses Land heimsuchen. Der Golem bricht zusammen. Ein Anschlag wird auf das Gas stattfinden, ein anderer wird in der Innenstadt durchgeführt. Parallel dazu finden Anschläge in Serie statt. Verwirrung ist. Der Fluss färbt sich rot. Der Bär tanzt auf glühenden Kohlen. Die Mobilmachung funktioniert nur teilweise. Ein neuer Virus macht sich breit und legt einen Großteil der Bevölkerung lahm. Achtet auf euer Essen, insbesondere auf die Kartoffeln, die ihr aus dem Gebiet des Nordens einholt. Dort wird ein Käfer den Virus verbreiten, hauptsächlich über die Kartoffeln. Ihr könnt diese Kartoffeln nicht verzehren. Verbrennen solltet ihr diese Ernte. Erst wenn ihr die erste Ernte verbrennt, könnt ihr euch um den Auslöser kümmern, der sich im Kot des Käfers findet. Es ist eine Geisel, die eine Art Widerhaken benutzt und sich vorzugsweise in den Organen niederlässt. Wichtig ist, den Auslöser zu finden und diesen zuerst zu eliminieren. Wenn ihr nicht so vorgeht, werden sich die Probleme vergrößern. Der Kot des Käfers ist im Boden. Also untersucht den Boden.

Eine neue Art zu leben, macht sich breit und wird sehr erfolgreich sein. Der Neid, der dieses Land geplagt hat, wandelt sich in Großmut und führt auf den richtigen Weg. Erhebt euch in Frieden und Nächstenliebe.

Aserbaidschan

Wenn der neue Frühling Einzug hält, wird dieses Land sich verändern. Eine Revolte wird geboren, die sich schnell ausbreitet. Viele sägen an dem Stuhl, der mit Waffengewalt verteidigt wird, aber dennoch bricht. Vermeidet Blutvergießen, sonst halten die Zustände lange an.

Indien

Die Kastensysteme werden aufgehoben. Dem vorangehen wird der Ausbruch einer neuen Krankheit, deren Symptome ähnlich der Lepra sein werden. Die Unberührbaren werden weitgehend davon verschont bleiben. Die Kranken werden versuchen, Heilung im Ganges zu erlangen. Haltet euch fern, denn eure Wunden könnten aufbrechen und den Fluss verseuchen. Die alten

Strukturen brechen ebenfalls auf und das Land muss einen neuen Weg gehen. Ein Teil der alten Traditionen wird weiterhin in Ehren gehalten. Die den Mitmenschen schädigenden Traditionen jedoch sollten aufgegeben werden. Erzürnt die Göttin nicht noch mehr. Der Tanz der Kali im Kali Yuga (Göttin des Zeitalters der Laster, des Streites und des Niedergangs) ist beendet, und es steht euch eine glorreiche Zeit bevor, wenn ihr wieder die Werte der Weisheit des Herzens einführt. Dein Bruder oder deine Frau sind nicht weniger wert, nur weil du Mann bist oder einer höheren Kaste angehörst. Ein Unberührbarer kann dich nicht beschmutzen, da der Schmutz längst bei dir im Inneren angesiedelt ist. Dort muss er bereinigt werden. Wenn es euch gelingt, wieder auf die wahren Werte der Weisheit zurückzugreifen und diese in euren Alltag zu holen, werdet ihr wahrhaftig aufblühen. Die Yogis im Osten der Region und diejenigen, die sich in die Berge zurückgezogen haben, bitte ich, verbindet euch um der wahren Werte willen.

Ein neuer Aufruhr wird zudem stattfinden, der von den Frauen ausgehen wird. Sie werden klarstellen, dass sie keine Haussklaven sind und sich von den Alten nicht mehr missbrauchen lassen. Wenn sich die Männer wie Götter behandeln lassen wollen, sollten sie sich auch wie Götter benehmen. Sonst werdet ihr sehr schnell sehr schlechte Karten haben und das Zepter wird euch über Nacht aus der Hand genommen.

Die Ära der Avatare (jener, die vom Himmel kommen) kann nur erscheinen, wenn in der Achtung des Lebens und göttlichen Seins keine Unterschiede mehr gemacht werden. Eine Kuh kann nicht heiliger sein als ein Grashalm – oder ein Mann oder eine Frau. Gott hat keine Unterschiede in der Heiligung seiner Schöpfung gemacht. Im Gegenteil, seine Heiligkeit umhüllt alles, was existiert.

Hindukusch

Die Energie dieser Gebirgskette ist verbunden mit der Schwingung der anderen Gebirge, und diese Schwingungen haben sich geändert. Daher wird dieser Bereich eine Neugestaltung hervorrufen. Kehrt zurück zum Frieden in den angrenzenden Ländern, denn die Schwingung wird eine friedvolle sein. Wenn ihr euch dagegenstemmt, werden euch die Blockaden, die ihr setzt, selbst treffen. Dann wird der Berg toben, denn aus „Mir" (höchster Gipfel) ist „Wir" geworden. Die Wetter werden euch sehr zu schaffen machen. Einige Regionen der angrenzenden Länder werden unbewohnbar werden. Besänftigt den Berg.

Litauen

Ein Mann wird aufstehen und neue Ideen präsentieren. Euch wäre anzuraten, diesen nicht mundtot zu machen. Wenn ihr seine Ideen aufnehmt und deren Umsetzung überlegt, werdet ihr Großes vollbringen. Solltet ihr diesen Mann angreifen, werdet ihr das Nachsehen haben und diesen Schritt sehr bereuen. Ein Fall wird dann unausweichlich sein.

Riga (Lettland)

In diesem Teil des Landes wird man einen Fund machen, der euch zu den Wurzeln zurückbringt. Dieser Fund ist von weltweitem Interesse. Zeigt ihn der Welt, dann ist der erste Schritt getan und große Veränderungen werden damit einhergehen, die euch ein neues Fundament geben. Das werdet ihr benötigen, um in eurer Entwicklung voranzuschreiten. Die Wurzeln sind wichtig, was ihr noch sehr schnell erkennen werdet.

Friesland
(Dänemark, Deutschland, Niederlande, Helgoland)

Das Mare mit seiner Region wird einen neuen Frieden herbeiführen. Dem vorangehen wird eine mittlere Katastrophe, nämlich die Algenpest, die ein plötzliches, unerwartetes Ausmaß annehmen wird. Allein Sauerstoff ins Mare einzulassen, wird euch nicht helfen, noch weniger hilft es euch, wenn ihr mit chemischen Mitteln vorgeht, ganz im Gegenteil. Voraussetzung ist, dass ihr euch alle zusammensetzt und ein gemeinsames Schutzkonzept erarbeitet. Dieses Schutzkonzept ist vorrangig zu behandeln und Bedingung für die Wiederherstellung des Wassers und die Reduzierung der Algen. Ihr solltet dabei beachten, dass die aufsteigenden giftigen Dämpfe eine Heilung oder auch Ausleitung darstellen. Wenn ihr diese mit Chemie sofort im Keim ersticken wollt, werdet ihr größere Probleme bekommen. Diese gesamte Region will ein reines Naturschutzgebiet sein und bleiben. Es wird neuen Tieren dort Herberge sein. Ihr könnt euch auch die Informationen derjenigen zunutze machen, die mit uns zusammenarbeiten. Wir sind gern dabei.

Freie Arabische Emirate
(Abu Dhabi, Adschman, Dubai, Fudschaira, Ra's al-Chaima, Schardscha und Umm al-Quaiwain)

Eine neue Ära wird eingeläutet. Erst Rebellion, dann Revolution, dann Erneuerung. Bleibt geschlossen beisammen, aber in der Waage des Friedens, sonst könntet ihr abfallen und aus euch würde eine verflixte Sieben werden. In diesem Fall wäret ihr aneinander gekettet und hättet große Probleme, ein Leben in Fülle zu führen. Ihr wäret nur noch mit der Kette beschäftigt und damit, wie ihr freikommt. Wenn ihr aber gleich zum

Frieden übergeht, der den Respekt allen Lebens beinhaltet, wäret ihr frei und die Kette würde von alleine abfallen.

Senegal

Dieses Land wird eine lange Zeit nicht mehr bewohnbar sein. Ein ungeheures Ausmaß an Aggressionen wird der Auslöser sein. Die ausbrechende Gewalt bringt Zerstörung. Eine große Hitze wird dieses Land ereilen und ein großes Areal verbrennen. Die Flüsse drohen auszutrocknen. Große Hungersnot entsteht. Gewährt ihnen Unterschlupf.

Syrien

Die vorangegangenen Unruhen sind nicht einzudämmen. Ein erneutes Aufbäumen entsteht. Wenn ihr nicht umkehrt zu einem freien und friedvollen Miteinander, wird dieses Land viele Tote zu beklagen haben. Die Augen der Welt werden auf dieses Land gerichtet sein. Eine Frist wird gesetzt. Wird diese nicht eingehalten, droht noch größeres Ungemach, das auch auf andere Regionen übergreifen könnte. Der Verlust wäre immens und die Freiheit würde gesucht werden müssen.

Erkenne deinen Bruder und deine Schwester und lebe mit ihnen in Eintracht.

Sardinien

Die wogenden Wellen des Meeres werden diese Insel überspülen. Vor der Westküste werden sich die Wellen auf eine noch nie dagewesene Weise drehen und erheben. Der Aufruhr betrifft auch die umliegenden Inseln, aber insbesondere Sardinien. Ihr solltet euch anfangs in die höheren Bergregionen begeben, mindestens auf eine Höhe von 800 Metern. Die kleinen, angrenzenden Inseln sollten ganz verlassen werden. Der Stiefel, der sich dereinst in den Nacken der Welt stellen wollte, wird erneut zum Stein des Anstoßes. Das große Umdenken ist erforderlich und die Besinnung auf die wahren Werte des Lebens. Großes Ungemach droht sonst erneut.

Bolivien

Großer Hagel wird vom Himmel fallen und enorme Zerstörung anrichten. Die Schamanen sollen sich erheben und der Region Heilung bringen. Kehrt zur Göttin zurück mit Achtung und Ehrerbietung. Menschenmassen werden auf die Straßen gehen und Freiheit und Frieden fordern. Besinnt euch auf eure Wurzeln. Das Land wird einige Zeit in Aufruhr sein.

Surinam

Das Recht des Einen ist das Recht aller. Privilegien gibt es nicht mehr. Unterwürfigkeit geht. Zwar rasseln noch einige Ketten, aber sie werden gesprengt. Eine neue Sonne erhebt sich. Und mit dem neuen Morgen wird sich der Tau auf das Land legen und die Erneuerung bringen. Achtet und ehrt euch.

Vietnam

Der Friede sei mit euch. Kehrt zurück zu der Weisheit der Tempel. Dort findet ihr die Antworten, die ihr schon lange gesucht habt. Stellt eine neue Einheit her und sprecht aus eurem Herzen. Dann habt ihr ein umfassendes Verständnis und euer Licht wird weltweit leuchten.

Türkei

Ein folgenschwerer Aufstand entwickelt sich, der das Land in große Probleme stürzen wird. Alte sogenannte Werte gehen und machen neuen Ideen und einem neuen Fundament Platz. Die Unterdrückung hat ein Ende und ein neuer Wind weht. Dem voran gehen große Erdbeben, die Teile des Landes verwüsten und großen Schaden anrichten. Die Führer untereinander bekämpfen sich, dennoch wird es keinen Sieger aus diesen Reihen geben. Eine Frau geht an die Spitze und reißt das Ruder herum. Erst danach kehrt Ruhe ein und die Menschlichkeit wird neu aufgebaut werden. Eine neue Frage der Solidarität wird gestellt werden, die im Zusammenhang mit den neuen Werten des Menschen steht. Die Frauen nehmen das Zepter an sich und weisen den Weg. Eine neue Blüte kommt. Freiheit und Entfaltung folgen.

Usbekistan

Der Regen wird Säure bringen und Ernten vernichten. Achtet auf eure Tiere, dass sie nicht erkranken. Wenn der Regen die Farbe ändert, solltet ihr Reserven haben und vorerst damit die Tiere füttern, mindestens drei Tage lang. Legt euch Wasserreserven an. Wenn der Regen vorbei ist, kommt die Kälte und sucht diese Region heim. Der Tiefpunkt wird zwischen minus 60 und minus 80 Grad Celsius liegen. Bereitet euch vor, damit ihr nicht erfriert, und nehmt die Tiere mit ins Haus. Trefft rechtzeitig Vorkehrungen. Achtet auf die Vögel. Wenn sie den Gesang einstellen, dann beginnt mit den Vorbereitungen. Auch wenn der Gesang wieder einsetzt, lasst euch nicht beirren und fahrt fort, Vorräte anzulegen, die euch über einen Zeitraum von vier Monaten bei massiver Kälte euer Leben sichern. Es wird euch fast kein Strom zur Verfügung stehen. Macht jeden

Haushalt unabhängig und helft euch untereinander. Es ist wichtig.

Tadschikistan

Eine Insektenplage wird diese Region befallen und Mensch und Tier heimsuchen. Die Insekten treten in Schwärmen auf. Die Vorhut kommt in Intervallen, danach folgt das große Heer. Herkömmliche Mittel werden euch nicht weiterhelfen. Wenn ihr Chemie einsetzt, werden sie mutieren und Schlimmeres wird euch widerfahren. Lagert Essig in Mengen und reibt euch und die Tiere damit ein. Danach nehmt Olivenöl zum Einreiben. Das schützt euch vor dem Gröbsten. Die Regionen, in denen die Ernten vernichtet sind, solltet ihr abbrennen, damit die abgelegten Eier der Insekten ebenfalls vernichtet werden. Sonst wiederholt sich die Plage. Ihr habt auch die Möglichkeit, Duftfeuer in regelmäßigen Abständen zu legen. Stellt darüber Gefäße, die ihr mit Öl füllt, und gebt Nelken, Essig und Wacholder hinein.

Kirgisistan

Eine neue Art der Heimsuchung wird dieses Land befallen. Es wird ein Virus sein, der die Nerven angreift und zerstört. Auslöser werden die Tiere sein, die zuerst befallen werden, was anfangs nicht bemerkt wird. Durch sie wird der Erreger auf die Menschen übertragen. Die Inkubationszeit beträgt vier Wochen, danach klingen die ersten Symptome ab und jeder meint, die Probleme seien überwunden, was nicht der Fall sein wird. Mit den ersten Symptomen sollte sofort eine Behandlung einsetzen, sonst wird es schwierig. Keine Milchprodukte sollten gegessen werden, denn sie stabilisieren den Erreger. Viel

Brennessel schafft Erleichterung sowie Nahrung, die eine grüne Farbe hat.

Kurdistan

Große Unruhen werden in Kurdistan entstehen, die einem Zerfall des Landes fast gleichkommen. Die Einflüsse der umliegenden Länder nehmen mehr und mehr zu, sodass sich dieses Land aufbäumt, ganz plötzlich und unverhofft. Die Unabhängigkeit soll gefördert werden, aber der Weg, der beschritten wird, ist kein gesegneter. Mächtige Wetter werden diese Region heimsuchen in einer noch nie dagewesenen Art und Weise, um die Menschen wieder Achtung und Respekt zu lehren. Chaotische Zustände folgen, die Menschen werden auf gegenseitige Hilfe angewiesen sein.

Turkmenistan

Wenn die Korruption überhand nimmt, wird dieses Land in große Armut gestürzt werden. Die Unterdrückten werden sich gegen die Unterdrücker erheben. Die Jagd wird aufgenommen. Großes Licht wartet, entfacht zu werden, aber dafür muss erst der Friede hergestellt werden.

Pakistan

Erkenne, dass ein Mörder immer ein Mörder bleibt und keinen Zutritt zum Paradies hat. Gott, der Allmächtige, beauftragt niemanden, ein Mörder zu sein. Er erzieht auch seine Kinder nicht zu Mördern. Gott greift Gott nicht an.

Wenn diese Region nicht ihr Herz für den Frieden öffnet, erzeugt sie großes Ungemach. Die Wetter werden dem Land sehr zu schaffen machen, Hungersnot folgt. Geld hilft nicht, Beziehungen helfen nicht, Korruption hilft nicht. Folgt dem Frieden und der Nächstenliebe, damit die Armut sich nicht zeigen muss.

Pakistan wird sich erheben und eine Machtrolle einnehmen wollen. Eine Erweiterung der Grenzen wird nicht möglich sein. Eine neue Zelle keimt auf, die eine neue Art von Terror verbreiten wird. Die Waffe dieser Zelle ist die Mikrobiologie, die sich letztendlich selbst vernichten wird. Sollte sich dieses Land wirklich darauf einlassen, wird es tief fallen.

Kasachstan

Eine große Kälte wird dieses Land heimsuchen. Meidet es, morgens und abends euer Haus zu verlassen. Fettet eure Haut ein. Schützt eure Tiere. Die Kälte wird lange anhalten, sorgt für Vorräte und Heizmaterial. Der Boden wird aufbrechen und Zerklüftungen hinterlassen, in denen sich der nachfolgende Regen sammelt. Große Gebiete von Überschwemmungen entstehen, da der Frost tief in den Boden eindringt und der Regen kommt, bevor dieser völlig aufgetaut ist. Der Boden kann das Wasser nicht aufnehmen. Wenn der Regen einsetzt, begebt euch in höher gelegene Regionen oder verlasst euren Bereich.

Rumänien

Eine Krankheit wird dieses Land heimsuchen, die mit Husten und Müdigkeit beginnt. Dann folgt die Steifheit der Extremitäten. Ein mutierter Virus macht sich breit und erzeugt eine Epidemie. Hohe Ansteckungsgefahr geht von ihm aus durch Tröpfcheninfektion. Dennoch wird der Vernichter sich selbst vernichten.

Island

Wenn sich die Farben des Himmels verändern, erhebt sich der Vulkan zu einem bisher noch nicht dagewesenen Ausbruch. Meidet die Gegenden der Vulkane, denn Lava wird austreten und Gebiete einnehmen, die dann nicht bewohnbar sein werden. Schützt eure Häupter, wenn der Vulkan speit.

Bulgarien

Der Sturz der Regierung ist unausweichlich. Das Volk erhebt sich. Korruption wird beendet. Blutvergießen ist unausweichlich. Katastrophale Zustände werden herrschen. Die Macht wird neu strukturiert. Der Ruf nach Frieden wird laut. Anfangs spalten sich zwei Lager. Die von der Gier der Macht nicht lassen, gehen unter.

Sudan

Das Land verbrennt größtenteils. Lernt, Wasser zu entsalzen. Heißt den Frieden in eurem Land willkommen, sonst wird es unbewohnbar, da die Sonne einen neuen Neigungswinkel eingenommen hat.

Nigeria

Wascht das Blut von euren Händen. Achtet einander, sonst werden Aufstände die Folge sein und die Fundamente sprengen. Fünf Gruppen werden sich bilden und gegeneinander vorgehen. Wenn ihr nicht das Ziel des Friedens habt, werdet ihr euch erneut mit dem Blut auseinandersetzen. Dies wird dann der letzte Kampf sein.

Tschad

Die Wüste schreitet voran. Eine Völkerwanderung ist unausweichlich. Eine Seuche überzieht das Land. Verbrennt die Toten, ob Mensch oder Tier.

Kamerun

Wenn eine Besänftigung der Region von euch ausgeht, schafft ihr Frieden. Wenn ihr euch in die Zwistigkeiten einlasst, werdet ihr die Probleme vergrößern.

Ihr habt die Möglichkeit, den friedfertigen Einfluss geltend zu machen oder die Unruhe zu stärken. Wofür entscheidet ihr euch? Geht ihr den Weg der friedfertigen Diplomatie, habt ihr für euch und euer Land ein Zeichen gesetzt, das Kreise ziehen wird.

Mali

Eine Heuschreckenplage befällt das Land. Sie fallen über alles her, was sich auf ihrem Weg befindet. Es ist eine mutierte Art, die zur Bösartigkeit neigt. Reibt euch mit Tierfett ein.

Algerien

Eisbrocken werden auf dieses Land niedergehen. Es beginnt noch bei Sonnenschein. Dann verdunkelt sich der Himmel und das Eis fällt. Schützt eure Häupter.

Libyen

Auf die Rebellion folgt die Armut. Eine schnelle Einigung ist nicht in Sicht. Das Volk will Rechte und Freiheiten. Der

Kampf flammt erneut auf. Große Verwüstung und Flucht. Ein radikales Ende folgt, das die Freiheit bringt.

Ägypten

Wasserknappheit und der freiliegende Müll schaffen Probleme für das Land. Eine neue Krankheit, die aus dem Müll geboren wird, befällt die Einwohner. Der Beginn sind Schwäche und Übelkeit. Verbrennt den Müll, sonst werdet ihr mit einer schnellen Verbreitung der Krankheit leben müssen. Das Land wird wieder zur Größe aufsteigen, wenn es friedvoll bleibt.

Marokko

Eine Springflut sucht dieses Land heim. Achtet auf die Tiere.

Tunesien

Das Volk kehrt zurück zum Wiederaufbau. Ergreift die neuen Werte, sonst stehen neue Unruhen an.

Abu Dhabi

Die Erde wird wanken unter Abu Dhabi und große Zerstörung bringen.

Eritrea

Diese Region wird heimgesucht werden von einer Epidemie, die einen Großteil des Volkes vernichten kann, wenn nicht in den Anfängen etwas dagegen unternommen wird. Das Erscheinungsbild dieser Epidemie beginnt mit großer Schwäche und dem Bedürfnis nach Schlaf. Ausgelöst wird diese Krankheit von einem mutierten Virus, der eine Kreuzzüchtung und ein Koppler ist. Das heißt, er koppelt sich an rote Blutkörperchen an mit einer verheerenden und zerstörenden Wirkung. Die Welt wird fieberhaft nach einem Gegenmittel suchen. Euer Hauptaugenmerk solltet ihr auf den Hinweis richten, dass ihr die Tarnkappe dieses Virus entfernen müsst, um ihn unschädlich machen zu können. Sucht mit Infrarotlicht. Wenn sich nicht alle auf die Suche nach einer entsprechenden Therapie machen, kann es weltweit zu großen Problemen kommen. Lasst bei der Therapie Penicillin außer Acht, sondern kümmert euch dabei in erster Linie darum, Stachelhalmgift einzusetzen.

Bermuda Dreieck

Das Bermuda Dreieck wird ein neues Gesicht zeigen, das der Menschheit viele Rätsel aufgeben wird. Große Unruhe wird in dieser Region entstehen, und allen ist anzuraten, dieses Gebiet in großem Umkreis zu meiden. Die ersten Anzeichen in dieser Region sind, dass das Wasser sich verändert. Es wird die Farbe wechseln und sich aufbäumen. Stürme großen Ausmaßes werden aus dem Nichts in diesem Raum entstehen, die große Zerstörung bringen auf dem Weg, den sie nehmen. Sie werden die tanzenden Stürme genannt werden, da sie eine eigenartige Bewegung in ihrer Drehung annehmen und diese verändern. Der Schifffahrt ist anzuraten, dieses Gebiet zu meiden, wenn das Wasser eine extrem dunkle Farbe annimmt. Flüge sollten dieses Gebiet weiträumig umfliegen, da es erhebliche Navigationsprobleme geben wird und die Technik oft aussetzen kann. Des Weiteren werden verschiedenartige Töne zu hören sein, deren Ortung nicht einfach ist, da sie permanent die Richtung wechseln.

Insgesamt läuft die Problematik darauf hinaus, dass die Orientierung erheblich gestört wird. Elektromagnetische Felder geraten durcheinander und Erscheinungen werden auftreten, die echt wirken, es aber nicht sind. Lasst euch nicht täuschen und vertraut eurer inneren Führung. Diese Einflüsse werden einige Zeit anhalten und viel Verwirrung bringen.

Somalia

Dieses Gebiet wird von einer großen Hungersnot heimgesucht. Das Meer dort liefert keine Nahrung, die verzehrt werden kann. Das Öl erreicht die Küste. Bürgerkrieg und Flucht. Mogadischu brennt nieder.

Kenia

Eine neue Generation, die heranwächst, wird sich auflehnen und Neuerungen fordern. Ein Dekret wird aufgestellt, aber nicht von der Regierung, sondern vom Volk. Die Unruhen fordern einen erheblichen wirtschaftlichen Rückgang. Eine Umverteilung der Güter wird gefordert. Massensterben droht aufgrund der Unruhen.

Äthiopien

Große Hitze wird über dieses Land kommen und die Erde verbrennen. Wenn Äthiopien nicht mit Trinkwasser versorgt wird oder lernt, selbst Trinkwasser herzustellen, muss dieses Land geräumt werden. Die Temperaturen steigen bis auf 60 Grad Celsius. Die Menschen und Tiere sollten unter der Erde Schutz suchen.

Norwegen

Einfließende Sonnenwinde werden sich weltweit verteilen. In dieser Region werden sie intensiv einfließen und den Strom lahmlegen. Auch die Reserven werden keinen Strom bringen können, da die Systeme einfach nicht funktionieren. Generell fällt der Strom aus. Das betrifft die Haushalte, Krankenhäuser und Wirtschaftsunternehmen, also alle Bereiche der Region. Habt einen Vorrat an Kerzen und Taschenlampen in euren Räumen. Achtet auf die Tiere. Ihr Verhalten ändert sich dahingehend, dass sie ihre alten Pfade verlassen und neue suchen. Verwehrt ihnen den Zutritt nicht.

Wenn ihr euch auf die Erforschung neuer Energien spezialisiert, seid ihr vorn. Strom als solcher wird ganz und gar verschwinden, da er zu den Systemen der Trennung gehört. Sucht ein Modell, das zur Vereinigung gehört, und achtet bei der Suche darauf, dass ihr in Gruppen von jeweils wenigstens fünf Wissenschaftlern arbeitet. Denkt neu und gegensätzlich. Es wird euch voranbringen. Wir helfen euch gern.

Schweden

Was den Stromausfall betrifft, gilt das gleiche für Schweden. Auch hier werden die Sonnenwinde um sich greifen. Wie wollt ihr eure Atommeiler bzw. Brennstäbe kühlen? Macht euch darüber Gedanken und beginnt jetzt schon, sie abzuschalten. Auch eigene Generatoren funktionieren nicht, weil eben das System des Stroms generell in Zukunft nicht mehr funktionieren wird und als solches nicht zuverlässig ist. Beginnt jetzt schon, neue Technologien zu suchen, die Althergebrachtes ersetzen.

Ein Trauerflor legt sich über das Land, noch bevor der Nachwuchs geboren wird.

Finnland

In der Zeit der kalten Nächte gehen die Temperaturen weit nach unten. Meidet es, das Haus zu verlassen. Versorgt euch mit Brennstoffen und Lichtern. Viele Tote durch Erfrieren wird es geben. Durch die Kälte brechen die Systeme zusammen. Helft euch und weist niemanden ab.

Kaukasus

Die Schwingungen, die von diesem Gebirgszug ausgehen, treffen alle Länder, die mit ihm in Berührung kommen. Diese Vibration verändert die Regionen dahingehend, dass ihr Probleme haben werdet, euch zu konzentrieren. Durch diese Schwingungen verändern sich weiterhin die Gebiete selbst. Einiges wird abgestoßen. Das sind Felsen des Gebirgszuges, das sind Gebäude und Menschen, die mit dieser neuen Schwingung nicht umgehen bzw. sie nicht umsetzen können. Es ist eine höhere Schwingung, die greift und Neues fordert. Seid flexibel im Denken und Handeln. Nehmt an und lasst los. Das ist der Schlüssel.

Georgien

Dieses Land wird eine große Veränderung erleben. Durch eine plötzlich entstehende Armut, die weit um sich greift, wird ein neues Denken erwachen und zu neuer Blüte führen. Konzentriert euch auf die wahren Werte des Lebens, dann seid ihr schnell in der neuen Energie.

Südafrika

Große Rassenunruhen werden dieses Land ins Chaos stürzen. Die Frage der Rassendiskriminierung wird zur Klärung wiederholt. Das Recht der Einen ist das Recht der Anderen, denen man die Rechte nicht vorenthalten kann. Das Thema stand schon vor vierzig Jahren im Raum und bedarf einer erneuten Klärung, sonst nimmt dieser Aufstand Zustände eines Bürgerkriegs an.

Sambia

Eine große Hungersnot wird auch in dieser Region Einzug halten, die mit Wasserknappheit einhergeht. Baut euch Gemeinschaftsräume unter der Erde.

Simbabwe

Dieses Land wird in einen tiefen Abgrund schauen und entscheiden müssen, welchen Weg es gehen will. Diese Entscheidung ist die wichtigste, die es zu treffen gilt. Wenn ihr den Stufen des Abgrundes folgt, was im ersten Augenblick die einzige Lösung zu sein scheint, werdet ihr es bereuen. Also lasst euch Zeit mit der Entscheidung, die euer weiteres Sein massiv beeinflussen wird.

Rhodesien

Wenn Sambia und Simbabwe wieder den Weg des Lichts gehen, wird Rhodesien erblühen.

Malawi

Wenn ihr euch in den Zeiten des Umbruchs mit denen zusammenschließt, die in Frieden miteinander leben wollen, habt ihr einen großen Sprung getan. Solltet ihr allein voranschreiten wollen, werdet ihr Rückschritte erleben, die euch weit zurückwerfen in der Entwicklung.

Botswana (Botsuana)

Die Region wird erfüllt sein von den Veränderungen der inneren Strukturen. Ihr könnt voranschreiten, wenn ihr einseht, dass es allen gut gehen kann. Achtung und Respekt dem Einzelnen gegenüber sind wichtig. Was achtet ihr? Was respektiert ihr?

Weltweit

Alle Länder, die hier nicht gesondert erwähnt sind, werden durch die Ereignisse in den anderen deren Auswirkungen miterleben und sich davon nicht abgrenzen können.

Natur

Weltweite Naturphänomene werden sich zeigen. Ihr werdet in Zukunft mit stehenden Sandwänden zu tun haben. Unwetter, die tiefschwarze Wolken mit sich bringen in neuer Form, werdet ihr kennenlernen. Das Wasser wird sich zu stehenden Wellen aufbäumen. Hagel in bisher nicht dagewesener Größe fällt. Schnee wird fallen in Ländern, die bisher keinen Schnee kannten. Hitzewellen werden euch überrollen, wie auch Kältewellen neuen Ausmaßes. Trefft diesbezüglich Vorsorge für eure Ernten.

Das Verhalten der Tiere wird sich ändern, achtet darauf!

Wirbelstürme, die sich bisher einzeln gezeigt haben, werden in Massen und Formationen auftreten, sodass einer dem anderen folgen wird.

Erdbeben helfen der Erde, eine Neuausrichtung zur Urzentralsonne in Bewegung zu setzen. Verschiebungen der Erdplatten finden dadurch statt. Landmassen werden untergehen und andere neu erstehen. Inselbewohner sollten besonders achtsam sein.

Aufgrund der Verschiebungen und Naturerscheinungen wird sich eine Völkerwanderung in einigen Teilen der Welt ergeben. Helft ihnen.

Entscheidung treffen

Am Anfang hatten wir über die Bedeutung gesprochen, die ein Jeder einer Sache gegeben hat, da er diese im Herzen trägt. Das, was in dir ist, zeigt sich also im Außen. Es muss so sein, da nichts anderes vorhanden ist, was sich zeigen könnte. Und für die kommende Zeit ist es besonders wichtig zu verstehen, warum sich ein Chaos entwickelt hat und weiter ausufert mit den daraus entstehenden Folgen. Wir haben euch im ersten Buch P'taah immer wieder aufgefordert, eine Entscheidung zu treffen, doch ihre Wichtigkeit haben bisher die Wenigsten erkannt, weil ihr nicht wusstet, welche Wahl ihr habt und welche Entscheidung ihr treffen sollt. Im Grunde genommen ist es die Wahl zwischen nur zwei Möglichkeiten, die wir uns nun genauer ansehen wollen, damit die Klarheit Einzug halten kann, denn eure Wahl besteht lediglich zwischen zwei Räumen: dem Raum der Illusion und dem Raum der Wahrhaftigkeit. Der Raum der Illusion gehört zum Ego, der Raum der Wahrhaftigkeit gehört zum Urschöpfer.

In den Anfängen eurer Inkarnationen oder Runden, die ihr gedreht habt, seid ihr in das Reich der Maya, also in das Reich der Illusionen, hinabgestiegen. Um euch dort zurechtzufinden, habt ihr Symbole gewählt, auf die ihr euch geeinigt habt. Symbole, die anfangs von allen einheitlich angenommen wurden, später jedoch national unter Beibehaltung der Basis gewandelt wurden, wie zum Beispiel eure Sprache, für die ihr eine Buchstabenreihe gewählt habt. In einigen Ländern gibt es mehr und in anderen Ländern weniger oder geänderte Symbole. Ihr habt euch darauf geeinigt, wie man die Formen der Natur benennt, welche Ausbildungsqualität jemand für einen bestimmten Beruf benötigt, habt die Berufe selbst symbolisiert usw. Das habt ihr so eingerichtet, damit ihr euch überhaupt in der Welt der Illusion zurechtfinden könnt. Das Hauptproblem der Illusion ist, dass euch der Spiegel der Welt die Dinge verzerrt darstellt. Ihr könnt nicht wirklich erkennen, was ihr seht. Mit euren Augen seht ihr die Formen und daher glaubt ihr, dass diese verzerrte Form Wahrheit ist, weil eure Augen es so sehen. Aber es gibt mehr als nur die Form.

Allein das Gen-Potenzial eurer Au-Gen ist unterschiedlich, und zwar erheblich von Mann zu Frau und zu Kind. In dem Fall haben den besten Blickwinkel noch die Kinder, wenn sie klein sind, denn die Anbindung an die geistige Welt besteht noch intensiv. Sie sprechen von sich in der dritten Person, weil sie sich noch als Einheit erkennen und nicht als Individuum. Das geschieht nicht bewusst, sondern ist Bestandteil der Entwicklung. Mit Ende des ersten Lebensjahres beginnen die Kinder zu „fremdeln", und bis zum dritten Lebensjahr lernen sie Individualität, wobei sie dann auf die „Ich-Person" übergehen. Soweit ist bis hierher alles in Ordnung. Das, was die Kinder nun lernen, bewusst und auch unbewusst, ist, dass sie als Individuum ums Überleben kämpfen müssen. Ums Überleben müssen sie deshalb kämpfen, weil außerhalb von ihnen nur Feinde erkennbar sind. Und die Freunde entpuppen sich oftmals im

Leben auch als Feinde, sodass ihnen letztendlich nicht bedingungslos zu trauen ist. Und so entsteht gedanklich und emotional ein Feindbild von der Welt da draußen, das pausenlos aufrecht erhalten wird. Die Aufrechterhaltung geschieht entweder äußerst primitiv oder ausnehmend hinterhältig. Erinnert euch, dass auch ein Lachen das Lachen eines Feindes sein kann. So ist die Menschheit immer mehr mit der Welt der Illusionen beschäftigt worden, weil sie sich im Reigen von Feinden verteidigen muss. Die Gedanken über Vergangenheit und Zukunft drehen sich in der Hauptsache um Angriff und Verteidigung, gefolgt von Kontrollen jeglicher Art. Kontrollen gehören zur Angst, und was man kontrolliert, hat man besser im Griff, und man kann sich auf einen Angriff besser einstellen. Und die Kriege, die ihr im Außen gesehen habt, entstammten eurem inneren Krieg, der sich im Außen gezeigt hat. Das Ego ist schlau und heimtückisch und hat gut trainiert, euch zu verwirren. Stammt doch der Raum der Illusion vom Ego. Es ist sein Werk, wie auch das Chaos zu ihm gehört. Und in dem Chaos setzt die Angst ein, die das Ego benötigt, um willige Gefolgsleute aus euch zu machen. Existenzängste sind sein Lieblingsthema, denn dann könnt ihr keinen klaren Gedanken fassen und seid noch bessere Marionetten an seinem Gängelband. Die größte Angst dabei hat das Ego selbst davor, dass es seine Macht verlieren könnte. Deshalb muss es sich schützen, da es ausnahmslos jeden zum Feind erklärt hat, Gott inbegriffen, der vom Ego auch als außerhalb seiend betrachtet wird, sodass der Mensch weder Ruhe noch Frieden, noch Freunde hat. In diesem Zustand ist der Mensch gezwungen, einsam und allein gegen den Rest der Welt vorzugehen, um sich selbst zu schützen. Allein die Diskussionen, die ihr führt, sind Angriff und Verteidigung. Es geht um Rechthaberei und nicht um Wahrheit. Die Wahrheit kann aus dem Mund beider Teilnehmer kommen, je nach Blickwinkel und Erfahrung, dennoch wird gestritten, weil das Ego es so will, denn es muss jeden Kampf bestehen, und sei es der kleinste, um als Sieger hervorzugehen.

So hat sich euer Adam/Eva-Kadmon-Körper mit der Zeit verdunkelt und ist immer materieller und dichter geworden. Denn mit jedem Kampf habt ihr euch vom Raum der Wahrhaftigkeit entfernt, wo das Licht leuchtet und Frieden herrscht. Euer eigenes Licht habt ihr im Laufe der Zeit zugeschüttet und fast erstickt, denn der Kampf ist das Gegenteil des Friedens, den ihr damit verloren habt, den ihr aber benötigt, um das Tor des Goldenen Zeitalters aufzuschließen.

Nun haben viele Menschen im Laufe ihres Lebens auf Erden versucht, zwei Herren zu dienen, einmal dem Menschen, also dem Ego, und auf der anderen Seite Gott. Dadurch wurde die innere Zerrissenheit der Seele nach außen getragen, die Schizophrenie, die das Leben erleichtern sollte, damit man sich letztendlich doch heilig fühlen kann.

Das Ego ist stolz und arrogant. In seiner Überheblichkeit hat es bis heute nicht erkannt, dass es keine zwei Herren gibt, denen man dienen kann. Es gibt nur einen Herrn, der andere gehört der Illusion an und ist ein Nichts. Wenn ich nun einer Illusion diene, für sie kämpfe, mich mein Leben lang dafür einsetze, um letztendlich den Tod zu ernten, kann ich nicht aus der Wahrhaftigkeit sein. Und es ist das Ego, das dir den Tod beschert, denn sein Hass ist unermesslich, noch größer ist seine Verachtung allem Leben gegenüber. Der Mensch hat denken gelernt, aber was nützt es, wenn er simple Vorgänge nicht in Wahrheit zu ergründen versucht, sondern sein Denken nur mit den Verzerrungen im Reich der Illusion vergeudet. Und wenn du zu denen gehörst, die vielleicht studiert haben und eine Menge auswendig gelernt haben, ist das Ego in seiner

Verachtung anderen gegenüber meist nicht zu bremsen. Umso unterwürfiger wird es, wenn es ums Obrigkeitsdenken geht, bis man auch dieses Feinbild im Griff zu haben glaubt.

Bis jetzt nehmt ihr uns das Gesagte nicht wirklich ab, weil ihr den Gedanken, dass ihr nur Feinde in der Welt seht, nicht wirklich glaubt und das Bild von euch selbst, das von eurem Ego so herrlich erschaffen wurde, ins Wanken gerät.

In der Welt da draußen kann das Ego nur die Formen des Feindbildes erkennen und ist deshalb immer kampfbereit, weil ein Angriff erfolgen könnte. Eine uralte Überlebensstrategie der Anfänge hat euch geprägt. Die Höhle und der Mensch mit der Keule sind noch allgegenwärtig. Und genau dieses System will euch nun dazu verführen, eine Entscheidung zu treffen, die folgendermaßen aussieht: Ich bin gut, ich bin Liebe, ich will in das Goldene Zeitalter eintreten. Und nun wird das alte System mobilisiert, die Verzerrungen in den Koffer gepackt und los soll die Reise gehen. Wohin? Ihr wisst es nicht wirklich, sonst wäre eine Entscheidung schon lange getroffen worden und ihr würdet bereits den goldenen Boden unter den Füßen haben.

Nun sind seit einiger Zeit die ersten aufgestanden und haben gesagt, dass der Untergang naht, was dem Ego das Liebste wäre, denn das ist sein Element. Sorgt es doch dafür, dass Streit, Kampf und Tod in beständigem Rhythmus aufrechterhalten werden. Andere hingegen schleichen sich heimtückischer ein, indem sie falsche Loblieder auf die neue Zeit singen, die sich in unseren Ohren wie Katzengejammer anhören. Der Phantasie des Egos sind keine Grenzen gesetzt. Eine Entscheidung wurde dennoch nicht getroffen, denn bis hierhin hat das Ego nur seine eigenen Vorteile gesucht.

Bei eurem Einstieg in den Raum der Illusion habt ihr den freien Willen erhalten, der den meisten heiliger ist als alles andere. Und genau durch diesen freien Willen ist das Leid der Welt entstanden. Das Ego lebt den freien Willen nur auf eine Art, nämlich auf seine Art: individuell und ihm allein zum Vorteil gereichend. Dass dieser freie Wille sich gegen alle anderen richtet, stört das Ego dabei wenig, wenn es ihm nur selbst dabei gut geht. Das zeigt sich in allen Lebensbereichen. Auch wenn Seilschaften gegründet werden, wo sich gemeinsame Interesse verbünden, geht es letztendlich um Feindschaft. Denn wenn der Stuhl des Obersten wackelt, findet sich schon der nächste „Freund“, der ihn einnimmt. So kaschiert die Feindschaft im Alltag gelebt wird, so bleibt es dennoch eine Feindschaft. Und auch der Urschöpfer wurde zum Feind erklärt, schließlich ist er letztendlich schuld, weil er „so etwas zugelassen hat“. Er hätte die Feinde zerschmettern sollen, damit die „Guten“ gerettet werden. Somit wird auch er zum Kämpfer degradiert, damit er in das Feindbild des Bösen, des Strafenden, des sich ewig rächenden Gottes passt. Schließlich benötigt das Ego zum kämpfen Feinde, und wenn es keine gibt, macht es sich welche. Noch nicht einmal vor Gott macht es halt und der größte Triumph ist der Tod. Wenn seinem Angriff der Tod folgt, fühlt es sich als absoluter Sieger, auch wenn es nicht erkennen kann, dass es immer ein Verlierer ist, weil es keinen Tod gibt.

Das ist zurzeit der aufwühlende Status der meisten Menschen, die sich im Tunnel des Übergangs befinden. Sie merken, dass die Welt der Illusion nicht wahrhaftig ist, haben aber die Wahrhaftigkeit noch nicht gefunden. Die Energie des Übergangstunnels presst vorhandene Energien zusammen, damit sie besser erkannt werden. Es entsteht sozusagen ein Druck auf jeden Einzelnen, sich mit sich selbst auseinanderzusetzen. Der Wahnsinn in der Welt da draußen macht müde, denn kämpfen schwächt, und dazu gehört auch das momentan gängige Burn-Out-Syndrom. Der suchende Mensch ist ermüdet. Er will nicht kämpfen, nicht belogen werden, kein Feindbild mehr haben, sondern sucht seinen Frieden. In den meisten Fällen beginnen die Menschen mit Ersatzbefriedigungen, indem sie einkaufen und sich auf die Suche nach dem Glück begeben. Und sollte es wirklich jemand finden, hat er es schon wieder verloren, denn das Glück ist nicht von Dauer, wie nichts von Dauer ist in einer Welt der Illusion. Dann beginnt die Depression, und die Schuld wird bei sich oder anderen gesucht. Einige beginnen im Außen zu verändern in der Hoffnung, dass sie sich dann besser fühlen. Inzwischen kann keiner mehr wirklich die Grausamkeiten der Welt ertragen und niemand will diese mehr. Durch den Einfluss der Urzentralsonne und durch die Lichtpartikel des Photonenrings wird den Menschen immer mehr klar, dass sie sich verirrt haben. Und wenn man sich verirrt hat, benötigt man eine Orientierung in Form einer Landkarte, eines Wegweisers oder eines Leuchtturms. Wir sagten euch, dass es die Zeit der Eskalation ist, denn das Ego berstet vor Hass. Es wittert, dass die Menschen sich abwenden wollen, und wetzt die Klingen. Sein Hochmut und seine Heimtücke treten immer mehr zu Tage. Dieses Ego ist genau der Versucher, von dem seit Beginn der Schöpfung die Rede ist. Das Ego hat sich nicht gescheut, Gott anzugreifen, und hat ihn im Gebet sogar selbst als Versucher dargestellt: „…und führe uns nicht in Versuchung…“, lautet die Gebetsstelle. Als wenn der Urschöpfer, der die reine Liebe ist, je die Absicht gehabt hätte, einen Menschen in Versuchung zu führen! Wenn das Ego nicht so dummstolz wäre, würde es erkennen, dass der Urschöpfer die Illusion klar als nichts erkennt. Wenn etwas nicht ist, kann es nicht in Versuchung geführt werden. Zum anderen tut die Liebe das, was sie ist, nämlich lieben. Die Liebe benötigt keine

Versuchung und hat auch keinen Versucher in einer Welt der Wahrhaftigkeit.

Wer also sollte hier wen versuchen?

Es gibt keinen Grund und es wird auch niemand tun. Der einzige Versucher ist der Versucher selbst. Und je mehr und lauter jemand schreit und droht und Gott Vater/Mutter als Rachegott darstellen will, desto mehr will er den Menschen an sich binden. Das Feindbild, mit dem er Gott darstellt, wurde erschaffen, um den Menschen an sich zu binden. Wer würde sich denn trauen, vor seinen Feind zu treten und zu bitten: „Vater, hilf uns"? Und somit bleibt jeder dem Ego ausgeliefert, der diese Richtung eingeschlagen hat. Und der Zorn des Egos steigt noch gewaltig. Da es nur die Formen erkennt, aber nicht die Wahrheit dahinter, ist ihm entgangen, dass die Frequenzhalter der Liebesfrequenzen schon lange am Werk sind. Und noch immer denkt das Ego in seiner Überheblichkeit, dass es Sieger sein wird. Steht es doch bereit wie kein anderer, um Zweifel zu säen. Schließlich hat doch der Mensch seinen freien Willen und lässt sich keine Vorschriften machen. Und mit diesem Willen des Menschen sind unermesslich Pläne geschmiedet worden, die alle noch auf ihre Erfüllung warten. Diese Pläne will niemand aufgeben, denn in der Phantasie ist man von ihrer Herrlichkeit geblendet. Die Erfüllung eines Planes geht auch mit Kampf einher, denn die Devise des Menschen ist doch: durch Kampf zum Sieg, und wenn niemand kämpfen muss, kann auch kein Sieg errungen werden. Dies betrifft den Sieg des Einzelnen.

Nun lasst euch gesagt sein, dass wir mit dieser Art Sieger keinesfalls zusammenarbeiten werden, denn es sind nicht unsere Sieger. Es sind Kämpfer, die sich gegen Gott und die Liebe stellen, was immer eins ist. An ihren Gewändern klebt das Blut des Kampfes der niederen Beweggründe. Das Ego kennt nur den Feind und den Kampf. Es macht erst halt, wenn der Tod eingetreten ist. Feinde kann man versklaven oder töten. Dass sich das Ego dabei selbst vernichtet, erkennt es nicht mehr. Es ist dabei, die Erde zu vernichten, auch das ist ihm egal, schließlich ist sie für ihn ein Kampfplatz, eine Arena, in der es ums Besiegen des Feindes geht. So ist das Ego eben, es kann nicht anders, es hat auch nichts anderes gelernt.

In den letzten Jahren sind nun viele aufgestanden, und etliche nennen sich Lichtarbeiter, ohne jedoch das Licht gesehen zu haben oder es selbst zu tragen. Wie wollen sie also Lichtarbeiter sein? Meist kämpfen auch sie gegen die Finsternis und sind damit genauso dem Ego verfallen wie die anderen auch. Sie können sich genauso einreihen in das Heer der Kämpfer, denn auch sie schreiben anderen vor, wie sie die „Guten" zu werden haben, genau wie die Religionen der Welt, die ihren Gläubigen Vorschriften machen, wie sie Gott zu dienen haben, denn so steht es ja auf dem Papier geschrieben. Und wer dem Aufruf nicht folgt, ist der Feind, den man tötet, damit die anderen wieder Angst bekommen, um einem Gott zu dienen, den sie nicht kennen und dessen Zorn sie fürchten müssen. Und weil sie so schlecht sind, müssen sie um Vergebung winseln. Spätestens an diesem Punkt ist dir klar, dass das Ego dem Wahnsinn verfallen ist und in seiner eigenen Illusion die Orientierung verloren hat.

Auch die großen Denker dieser Welt haben ihre Weisheit nicht klar nach außen gestellt. Entweder haben sie sich nicht getraut, oder sie sind nicht die Denker, für die sie sich halten.

Wenn der Urschöpfer Liebe ist, kann er nicht verurteilen. Liebe verurteilt nie, sondern sie tut, was sie ist, nämlich lieben. Daher kennt die Liebe auch keine Schuld. Ohne Schuld brauchst du keine Vergebung. So einfach ist das. Vielleicht zu einfach, denn das Ego liebt es, alles kompliziert zu gestalten, damit die Wahrheit schwerer zu erkennen ist und das Gefolge ihm treu bleibt. Der Mensch nun fühlt sich schuldig und daher minderwertig, soll aber andererseits Selbstvertrauen leben, ohne sein Selbst wirklich zu kennen. Wir könnten unendlich viele Beispiele anführen, die euch die Schizophrenie des Egos deutlich machen, und dennoch halten die Menschen das für die wirkliche Welt. Daran beißen sie sich fest und kämpfen für ihre Ansichten bis zum bitteren Ende.

Das ist der Raum der Illusion, dessen Mittel und Methoden nun mitgenommen werden sollen in das neue Zeitalter, um gleich aus diesem ein altes, bekanntes Zeitalter zu machen und um dort die Kämpfe fortzusetzen, schließlich will man ja nur Gutes. Nun, genauso funktioniert es nicht.

Der Raum der Wahrhaftigkeit

Wir wenden uns nun dem Raum der Wahrhaftigkeit zu. Das Goldene Zeitalter mit dem neuen Bewusstsein gehört zum Raum der Wahrhaftigkeit. Wir hatten schon im ersten Buch P'taah gesagt, dass der freie Wille abgegeben werden muss, wenn du ein wahrhaftiger Weltendiener sein willst. Und auch wenn du dich beim Lesen dieser Zeilen verkrampfst und das Ego sich wehrt, sei aufmerksam und lies erst weiter.

Das Licht, das Urschöpfer ist, die Liebe, die er ist, die Quelle allen Lebens, die er ist, teilt er mit dir. Im Raum der Wahrhaftigkeit findest du die Glückseligkeit, die immer mit dir ist. Hier herrscht Frieden, denn die Liebe ist friedvoll, hier ist Licht, hier ist Erleuchtung und hier findest du nur Freunde. Hier halten sich die Sieger auf, mit denen wir zusammenarbeiten. Sie haben gelernt, dem Ego als Versucher zu widerstehen, und es besiegt. Niemand von ihnen hat sich mehr auf die niederen Ebenen ziehen lassen. Genau das sind die wahren Sieger.

Im Raum der Wahrhaftigkeit sind sie die wahren Lichtarbeiter, denn sie tragen das Licht in sich und halten die Liebesfrequenz, daher bevorzugen wir den Ausdruck Frequenzhalter. Und sie sind es, die dann in der Lage sind, das Licht weiterzureichen. Sie teilen den größten Schatz, den man auf Erden teilen kann, denn es ist ein ewiger Schatz, den es zu teilen lohnt.

Was dir die Illusion reicht, zerfällt zu Staub, weil sie aus Staub entstanden ist, und nichts davon kannst du mitnehmen. Erinnere dich, du kannst nur geben, was du hast, und du hast nur, was du bist, um es weiterzureichen, zu teilen und zu mehren. Deine Wahrhaftigkeit ist nicht von dieser Welt, denn diese Welt hat dich nicht erschaffen. Im Gegenteil, du bist einst ausgezogen, um zu dienen und zu sein, was du wahrhaftig bist. Mit dem ersten Atemzug auf Terra hast du das vergessen. Aber die Wahl ist immer dein.

Im Raum der Wahrhaftigkeit gibt es die absolute Ordnung, weil die Liebe Ordnung ist. Es gelten die kosmischen Gesetze hier genau wie im Raum der Illusion, was wir uns noch genauer ansehen wollen. Wenn du den goldenen Boden betreten willst, kann es nicht nach deinem freien Willen gehen. Das ist nur soweit möglich, wie es die Umsetzung des göttlichen Willens auf Terra bedarf. Hierzu nutzt du deinen Verstand, wobei wir dir dabei kräftig unter die Arme greifen. Solange du an deinem eigenen Willen hängst, hat Gottes Willen keinen Raum, sich durch dich zu verwirklichen, und somit weist du auch dein Recht auf Glückseligkeit und Liebe zurück. Denn was dich wirklich glücklich macht, weißt du nicht, weil dein kalter Verstand es sich nicht vorstellen kann. Dieser dreht sich um die Möglichkeiten, die der Raum der Illusion dir anzubieten hat, und dieser ist ausgesprochen gering bemessen. Gottes Wege und Möglichkeiten sind ganz andere, und wenn du ihn gewähren lässt, erhältst du mehr, als du dir je erträumt hast.

Denn dann öffnen sich alle Türen für dich, die du nur zu durchschreiten brauchst.

Im Raum der Illusion denkt der Mensch, wenn er nur Wunschzettel an das Universum schickt, ist sein Glück perfekt. Und genau darum geht es, um das eigene Glück. Dies kann für andere ein Unglück sein und daher hat sein kleines Glück schon keinen Bestand. Und wenn sich dieser Wunsch dann nicht erfüllt, ist es vielleicht das eigentliche Glück für ihn, damit er kein Unglück dadurch auf sich zieht. Aber das erkennen die Wenigsten und hadern mit Gott und behaupten, dass andere ihnen „ihr Glück“ nicht gönnen. So ist der Mensch voll von Wünschen, und weil die Befriedigung nicht vorhält, setzt die Gier des Egos ein und es werden immer mehr Wünsche, während die Seele immer teilnahmsloser wird, weil die Ersatzbefriedigung nicht funktioniert.

Wenn du nur auf deine eigenen Wünsche bedacht bist, nimmst du Raum von Gottes Raum. Du hast ihn nicht gefragt und gehst in die Selbstbedienung. Wir sind gern bereit, eure Wünsche zu erfüllen, soweit es möglich ist, dennoch bleibst du ein Dieb, der Gott den Raum stiehlt, den er sich für seinen Willen vorbehalten hat. Und wenn du dir deine Wünsche und Wunschlisten so ansiehst, erhebt sich die Frage, wo Gott da überhaupt noch Platz hat.

Unser Medium hat nur einen Wunsch an das Universum abgegeben, und auch nur den, der ihr benannt worden ist. Glaubst du wirklich, sie hätte damit einen schlechten Tausch gemacht? Glaubst du wirklich, sie hätte „nichts“ hergegeben und vom Raum der Wahrhaftigkeit etwas Wertloses erhalten und dass dies ein minderwertiges Geschäft wäre? Du siehst, sie hat weise gewählt. Die Vorstellung, die euch immer noch zu lähmen scheint, ist diese, dass ihr denkt, im Raum der Wahrhaftigkeit sitzen alle rum und spielen heilig. Ganz im Gegenteil, hier ist jeder pausenlos mit dem Weltendienst beschäftigt. Hier ist der Ort, wo es wirklich zur Sache geht und wo ausschließlich die Win-Win-Situation herrscht, anders geht es nicht. Denn wir alle haben den freien Willen abgegeben, der allein zum Ego gehört. Wir haben den gesamten Raum Gott zur Verfügung gestellt, damit sein Wille geschehe. Und nun ahnst du sicher schon, dass sein Wille immer für alle ein Gewinn ist, da er Liebe und Liebe die Fülle ist. Und wo Fülle herrscht, kann es nur Gewinner geben, über die immer und immer wieder das Füllhorn ausgeschüttet wird. Dadurch, dass wir Gott den gesamten Raum übergeben haben, herrscht ewig Frieden, denn sein Wille kann nur immer wieder Frieden bringen, weil er Frieden ist. Jeder hier ist Glückseligkeit, und wer glückselig ist, hat keinen Bedarf zu streiten. Also, wir stellen fest, im Raum der Wahrhaftigkeit herrscht Liebe, Frieden, Licht und Weisheit. Und das alles untersteht der kosmischen Ordnung, den kosmischen Gesetzen, die unveränderlich sind. Deshalb kann nur die Harmonie in diesem Reich zu Hause sein, anders ist es nicht möglich. Und du erhältst, was du gibst. Das Gesetz des Kreises bringt dir, was du gegeben hast. Dieses Gesetz gilt im gesamten Raum und macht auch vor dem Raum der Illusion keinen Halt.

Was heißt das nun für diejenigen, die dem Ego dienen?

Das Gesetz des Kreises

Stelle dir einen Kreis vor, in dem du lebst, dich bewegst und deine Gedanken, Gefühle und dein eigener Wille zum Tragen kommen. Dein Ziel ist es, alles das im Außen zu sehen, um davon zu lernen und zu erkennen, was du tust. Dafür hat der Mensch vom Baum der Erkenntnis gegessen, damit er die Unterscheidung erlernt: was ist nur gut für ihn oder auch gut für die anderen und was ist schlecht. Gut und Böse, diese beiden Welten waren und sind es, um die es bei diesem Spiel geht. Was die meisten jedoch vergessen haben, dass der Kreis dir auch zeigt, was du kaschierst oder dir nicht bewusst ist, was weder bei dem Gesetz des Kreises noch in der Natur berücksichtigt wird. Ihre Aufgabe ist es, deinen eigenen Willen sichtbar zu machen, damit du und auch andere davon lernen können, und das bedeutet, dass sie dir deine Schöpfung widerspiegeln. Das heißt, dass du immer das im Leben erhältst, was du selbst in deinem Kreis erschaffen hast. Wenn du es nicht änderst, wird es sich von selbst nicht ändern, und schon gar nicht von außen. Und der Wille des Egos denkt sich in jedem Moment das aus, was es ist. Etwas anderes kann das Ego nicht. Da das Ego nicht Liebe ist, kann es sich auch keine Schöpfung der Liebe kreieren. Das Ego ist das genaue Gegenteil von Gott, der Liebe ist. Ein Ego hasst und führt mit seinen Feinden beständig Krieg auf allen Ebenen. Das Ego ist pure Angst, weil es Angst hat unterzugehen, und deshalb führt es jeden Kampf. Es würde auch den letzten Baum zerstören und vor der eigenen Zerstörung nicht Halt machen.

Dir wird allmählich klar, worum es also geht und dass sich deine Entscheidung wirklich nur auf diese beiden Räume beschränkt, nämlich den Raum der Illusion, der Angst ist, und den Raum der Wahrhaftigkeit, der Liebe ist. Deine Entscheidung, die du hoffentlich triffst, ist, ob du im Raum der Illusion verbleiben willst und somit im alten Bewusstsein oder in den Raum der Wahrhaftigkeit wechseln willst, den Raum des neuen Bewusstseins. Um nichts anderes als das geht es. Und das Gesetz des Kreises zeigt dir, wofür du bis jetzt gelebt hast, denn alles, was in diesem Kreis vorhanden ist, begegnet dir immer und immer wieder, bis du es erkennst. So ist das Gesetz des Kreises.

Daher verzweifeln die Menschen und sagen, dass ihnen immer das Gleiche begegnet, sie immer das Gleiche tun, das sogenannte Sysiphos-Syndrom des ewig sinnlosen Daseins und daher der ewigen Suche nach dem Sinn deines wahren Lebens.

Der Wunsch auszubrechen ist vorhanden, und dann folgt die Frage nach dem Wohin. In diesem Stadium nehmen die Orientierungslosigkeit und die Depressionen zu. Ihr alle seid nun in dem Raum der großen Gnade angelangt, wo euch die Orientierung erleichtert wird. Urschöpfer hat Generalamnestie erlassen, das heißt, eine Beschleunigung der Entwicklung darf stattfinden und alle Hilfestellungen sind erlaubt. Da du dich in der polaren Ebene befindest, ist auch die Entscheidung polar: Angst oder Liebe, Raum der Illusion oder Raum der Wahrhaftigkeit. Das genau ist die fehlende Orientierung, die du benötigst, um eine Entscheidung zu treffen. Nun hast du die klare Wahl im wichtigsten Moment deines Lebens, der wichtigsten Inkarnation aller Leben, die du hier verbracht hast.

Das weiß auch das Ego, deshalb wird draußen in der Welt das Chaos erzeugt, damit die Angst greifen soll. Und die erzeugte Angst in euch stärkt das Ego, damit es noch mehr Besitz von euch ergreift, immer nach dem Motto: Gott ist weit weg, aber ich bin hier. Und hier begegnen wir dem nächsten Irrtum, dem ihr aufsitzt.

Deine wahre Identität

Wir gehen zurück zu den Anfängen und verweisen auf das erste Buch von P'taah, verknüpft mit der Frage: „Was bist du wirklich und wahrhaftig? Bist du Form oder Inhalt, der die Form benutzt? Wie sieht der Inhalt aus? Wie sieht dein wahrhaftiges Sein aus?"

Wie bereits erwähnt, ist Urschöpfer reines, klares Licht, von dem er einst Aspekte, also Lichtfunken, ausgesandt hat. Und einer dieser Lichtfunken bist du, sofern du nicht das Licht völlig zugeschüttet oder erstickt hast. Er ist ein geistiges Prinzip, er ist Liebe, er ist Weisheit, und somit sind auch alle diese Attribute in dir, denn du bist sein Kind, das das Wesen und die Anlagen des Vater/Mutter-Gottes geerbt hat. Und als dieses Lebenslicht bist du in eine erschaffene Hülle, eine Form eingezogen, aus der du nach dem Tode wieder ausziehst. In der Zwischenzeit verbringst du dein Leben in dieser Form oder Körper, ohne deshalb die Form zu sein. Diese dient dir nur als Haus. Und da sein Licht in dir ist, ist er immer mit dir, geht mit dir und lebt mit dir, weil du nur durch ihn lebensfähig bist. Und weil er immer mit dir ist und du zugleich in ihm bist, kannst du niemals von Gott verlassen sein. Des Weiteren haben wir gesagt im ersten Buch des P'taah, dass es nichts außerhalb von Urschöpfer gibt. Wenn er in dir ist und du in ihm bist, bist du immer in einem geschützten Raum, denn es ist der Raum der Liebe und der Wahrhaftigkeit. In dem Moment, wo du beschließt, diesen Raum zu verlassen, um in den Raum der Illusionen zu wechseln, wo du nur Verzerrung sehen kannst, bist du in die Finsternis eingetreten, wo du das Licht wieder suchst.

All das geschah mit deiner Entscheidung und einem Schritt, nämlich dem Schritt der Verwirklichung der Absicht, in die Welt der Illusion einzutreten. Und hier stehst du mit beiden Beinen im Hass, denn du befindest dich diametral entgegengesetzt zu Gottes wahrhaftigem Raum der Liebe, also bist du im Gegenteil dessen, was er ist, gelandet. Der Hass wiederum verdunkelt noch mehr. Ihr könnt euch das wie eine dunkelbraune bis schwarze energetische Masse vorstellen, durch die ihr nicht hindurchsehen könnt. Somit ist auch das letzte Lichtfünkchen verdunkelt. Vorher wart ihr rein und klar und lichtvoll, jetzt erkennt ihr euch selbst nicht mehr, denn ihr blickt in einen Spiegel, der euer wahres Selbst nicht zeigt. Aber erst wenn du dein wahres Selbst wiedererlangt hast, kannst du auch im Selbstvertrauen sein. In dieser Finsternis brauchst du Führung, wenn du den Weg zurück nach Hause finden willst. Durch die Finsternis kannst du auch deine Brüder und Schwestern nicht mehr wahrnehmen, die nach wie vor vorhanden sind, aber der Schleier der Dunkelheit, den du zugezogen hast, nimmt dir die

Sicht der Wahrheit und gibt dir das Gefühl, abgeschnitten von anderen und vom Rest des Universums zu sein. Du hast vergessen, dass innerhalb der Form alle gleich sind. Um nun aus den Wirrnissen der äußeren Welt herauszutreten, benötigst du den Weg nach innen, deshalb kommst du ohne Meditation nicht voran.

Der innere Weg

Warum es nur diesen inneren Weg gibt? Der göttliche Lichtfunke ist in dir, nicht außerhalb von dir. Somit sind das Leben, die Liebe und die damit verbundene Weisheit ebenfalls in dir. Also suchst du im Außen vergebens. Alles, was du dort findest, wird dich niemals dauerhaft befriedigen oder dich voranbringen. Der wahre Frieden ist nur in dir zu finden, und ohne den wahren Frieden gelangst du nicht in das Goldene Zeitalter. Erst wenn die Waffen des Egos niedergelegt worden sind, wenn du zu dir selbst findest, wenn du Gott die Führung deines Seins überlässt, wirst du den wahren Frieden finden. Denn nun lebst du seinen Willen und hast die Sicherheit, dass alles, was du tust, gesegnet ist, mit Heiligkeit umhüllt ist, sich erfüllen muss, denn Urschöpfer ist die Macht, von der alles ausgegangen ist und zu der wieder alles zurückkehrt. Sein Licht ist es, das in dir leuchtet, dir voranschreitet, dich leitet und, wenn du seine Hand ergreifst, er die Führung übernimmt, damit dein Fuß an keinen Stein mehr anstoßen muss. Er sorgt dafür, dass du nicht mehr strauchelst, sondern dich erheben kannst, weil er es ist, der dich erhebt. Und somit bist du erhaben über die niederen Absichten des Egos, denn wenn Urschöpfer die Führung und den gesamten Raum zurückerhält, kann wieder eine Zusammenarbeit zwischen euch stattfinden. Da du aber immer noch in der Welt der Natur, also der Materie, bist, benötigst du den Heiligen Geist als Mittler und Weisheitsträger deines Seins hier, damit die Triade wiederhergestellt ist, die sich immer aus dem männlichen, dem weiblichen Anteil und dem Heiligen Geist zusammensetzt. Nun kannst du auch wieder die Stimme in dir vernehmen, die seinen Willen verkündet, und diesem Willen Folge leisten, wenn du deinen eigenen Willen beiseite gelegt hast. Du stehst nun im Dienst des All-Einen auf dem Weg zum Weltendiener und Hüter dessen, was Urschöpfer dir anvertraut hat und zu dessen Treuhänder er dich erkoren hat. Nun kannst du mit allen Wesenheiten auf allen Ebenen zusammenarbeiten, weil Urschöpfer über dich verfügt und auch wir über dich verfügen, damit der Wille des All-Einen sich immer und überall erfüllt. Und wenn dich bei diesem Satz hier dein Stolz einholt und du nicht willst, das Urschöpfer oder wir über dich verfügen, bist du schon wieder im Gefolge des Egos, das sich eine Papierkrone aufs Haupt gestülpt hat und sich als König vorkommt. Nun duldest du, dass das Ego über dich verfügt, wie bisher.

Die aber, die erkannt haben, welcher Schatz ihnen gereicht wurde, erhalten die wahre Krone, denn sie sind die Krone der Schöpfung, sie sind die wahren Könige unter Königen im Raum der Wahrhaftigkeit, wo sich Schöpfergötter begegnen und die wahre Krone der Schöpfung sind. Diese Sieger finden sich und stehen aufrecht im Schulterschluss mit dem All-Einen, dessen Macht und Herrlichkeit im Licht der Wahrheit sie ausstrahlen, denn die Wahrheit steht über allem, weil er selbst Wahrheit ist. Es muss so sein, weil das Ego Lüge ist und niemals Wahrheit sein kann. Denn nichts kann nicht Wahrheit sein, nichts kann nur ein Nichts sein und geben, was es ist und hat. Nun hat sich der Kreis der Erkenntnis geschlossen, und die neue Qualität der Zeit steht bereit, dich zu empfangen, damit du den Schlüssel zum Tor erhältst, das dir den Zutritt gewährt. So erhebe dich, stehe aufrecht und, wenn du willst, sprich laut diese Worte:

Himmlischer Vater,

siehe, dein Kind hat sich verirrt.

Ich will zurück nach Haus, zu dir, denn meine Sehnsucht ist groß.

Ich will sein, was meines Vaters ist, und fordere mein angeborenes Recht zurück. Vergib mir bitte, dass ich dich angegriffen habe auf jede Art und auf verschiedenen Ebenen. Da ich mich schuldig fühle, bin ich auf deine Vergebung angewiesen, also vergib mir bitte und hilf auch mir, allen zu vergeben.

Nimm meine Hand und führe mich aus dem Raum der Illusion, in dessen Finsternis ich nicht sehen kann und nichts verstehen kann von dem Chaos, das sich mir zeigt.

Sei mein Licht in dieser Welt und schreite mir voran, denn ich will dir folgen, wohin auch immer du mich führst.

Ich will dienen, daher verfüge über mich nach deinem heiligen Vaterwillen.

Hilf mir, ein Sieger nach deinem Willen zu sein, und schütze mich vor den Anfechtungen des Egos.

Gib mir bitte, was mein ist, auf dass ich teile, was von wahrem Wert ist, und dir diesen Schatz mit nach Hause bringe.

Ich will bedeutungsvoll sein in deinem Namen, darum weise mir bitte eine Aufgabe zu, die du für mich erkoren hast, in der ich dienen kann in deinem Namen.

Nimm bitte die Isolation von mir, denn ich habe Sehnsucht nach meiner himmlischen Familie, nach meinen Brüdern und Schwestern.

Ich übergebe dir das Einzige, was mir gehört, und lege meinen eigenen freien Willen in deine treuen Vaterhände, auf dass von nun an und immerdar geschehe nach deinem Willen und somit aller Wohlergehen gesichert ist.

Gib mir den Beweis deiner Übernahme, denn die Verwirrungen hier sind groß und ich will mich ganz sicher in dir fühlen.

Übernimm mich ganz und lasse mich erwachen in dir.

Sei du meine Autorität und lass mich allein deinen Gesetzen unterstellt sein. Lebe deine Stärke auch durch mich, auf dass sich erfüllen dein Plan und dein Wille im Himmel wie auch auf Erden von Ewigkeit zu Ewigkeit,

im Namen des Vaters, des Sohnes und des Heiligen Geistes.

Amen.

Vater, ich danke dir.

Der goldene Schlüssel

Und nun lass dir den goldenen Schlüssel reichen zum Tor des Goldenen Zeitalters, das du damit durchschreiten kannst. Die Familie der Schwerter wird dir helfen und die Illusionen von dir abschlagen, denn sie führen das Schwert auf Gottes Geheiß und trennen die Illusion von der Wahrheit. Überschreite nun die Brücke, die diese Räume verbindet, um das Tor zu öffnen, und wenn du es geöffnet hast, schreite hindurch. Du bekommst Engel zur Seite gestellt, die über dich wachen und Ungemach von dir abwenden, denn nun sollst du nicht mehr mit den Banalitäten des niederen Egos beschaftigt sein, sondern dich höheren Aufgaben zuwenden.

Wir empfangen dich mit Freude und heißen dich willkommen. Denn du hast diesen einen Schritt wieder in den Raum der Wahrhaftigkeit getan, dein Zuhause, von dem du ausgezogen bist, um zu lernen, um die Unterscheidungskraft zu erlangen.

Im Raum der Wahrhaftigkeit erhältst du die Weisheit, die du brauchst, um in der dir möglichen Vollkommenheit zu dienen. Hier bist du in das Reich des Lichtes wieder eingetreten, wo du unter Freunden, deinen Clans oder deinen Stämmen bist, von denen du einst ausgezogen bist und zu denen du gehörst, deiner Seelenfamilie. Hier ist der Ort, wo die Verzerrungen aufgehoben sind und wo du wieder in den Spiegel der Wahrheit blicken kannst, um dich zu erkennen und dein Licht leuchten zu lassen in den gesamten Raum. Groß ist unsere Freude, haben wir doch so lange auf diesen Augenblick gewartet, der sich nun endlich erfüllt hat! Wir zünden ein geistiges Feuerwerk der Freude an und feiern mit dir, dem verlorenen Sohn, der verlorenen Tochter, die deshalb verloren waren, weil sie sich verirrten. Ihr habt zurückgefunden und den Schleier der Dunkelheit weggezogen. Im Reich der Wahrhaftigkeit gibt es keine Trennung, keinen Schleier, nichts, was die Wahrheit verhüllen könnte.

Die Wahrheit ist bei Gott, sie steht über allem und kann niemals verändert werden. Somit ist die Lüge aufgehoben und überführt, weil sie erkannt wurde durch die Erkenntnis, und die Früchte der Weisheit werden eingeholt.

Nun bist auch du ein Frequenzhalter der Liebe, dessen Baumkrone in die Himmel reicht und dessen Wurzeln in der Erde sind. Du bist es nun, der anderen Halt gibt und ihnen in aller Klarheit den Weg weisen kann, damit sie sich nicht weiter verirren und verzweifeln. Sie können nun die Armut des Nichts fallenlassen und sich wieder dem Reichtum zuwenden. Tretet euer Erbe an, es ist euer eingeborenes Recht. Verzichtet nicht auf euer Recht zugunsten anderer, die es sonst an sich reißen werden, um damit Schindluder zu treiben. Hütet diesen Schatz sorgsam und weist alles zurück, was nicht aus der Liebe ist. Alles, was nicht aus der Liebe ist, versucht wie ein Dieb in der Nacht, die Schätze einzusammeln, um sich unrechtmäßig zu bereichern. Dem Dieb wird der Schatz durch die Finger rinnen wie Sand. Wenn ihr jedoch euren Schatz hütet und euch vom Ego abgrenzt, seid ihr der Schatzhüter, der beständig diesen Schatz mehren wird. Und der Reichtum ist euer, denn Reichtum steht euch allen zu, da Urschöpfer die Fülle ist. Sein Sein ist grenzenlos und somit die damit verbundene Fülle. Nun kannst du zur Quelle des Lebens zurückkehren, um deinen Lebensauftrag entgegenzunehmen und diesen Dienst anzutreten. Und du wirst sofort erfahren, wie sich dein Leben von Stund an verändert. Verwundert wirst du feststellen, dass dein Sein eine Leichtigkeit und Anmut erfährt und sich deine Lebensaufgabe wie von selbst erfüllt, so du damit beginnst.

Du bist aus der Trennung herausgetreten wieder in die Einheit, und das fühlst und spürst du. Es zeigt sich im Alltag und dem, was dir begegnet.

Nun bist du in der Lage, den Himmel auf die Erde zu bringen, und hast deinen Fuß auf den Boden Edentias (weibliche Form von Eden) gesetzt, denn das bedeutet nichts anderes, als dass alle Bewohner Edentias den göttlichen Willen leben. Deshalb herrscht ein dauerhafter Frieden und Fülle für alle. Du bist nun Erbauer einer neuen Welt, die ein goldenes Fundament hat. Gold steht symbolisch für die höchste Allmacht. Also verbleibe im Raum der Wahrhaftigkeit, damit du dir nicht eine erneute Hölle bescherst im Reich der Illusion. Die Entscheidung liegt bei dir.

Weltendiener

Eine neue Erde entsteht durch die wahrhaftigen Frequenzhalter, die auch Hüter dieser Erde sein werden, denn sie hüten den Raum der Wahrhaftigkeit, weil sie dienen. Und wenn sich der Stolz des Menschen gegen das Dienen stellt, weil es unter seiner Würde ist, dann wirst du weiterhin auf deinem alten Weg verbleiben. Der größte Diener aller ist Urschöpfer, der einen ständigen Dienst an seiner Schöpfung erfüllt. Und wenn er als Allmacht sich nicht zu schade ist, dir zu dienen, warum schreckst du dann bei dem Gedanken zu dienen zurück? Der Begriff „dienen“ hat auf Erden den Beigeschmack von Sklaventum und Unterwürfigkeit. Allerdings warst du dir ein Leben lang nicht zu schade, dem Ego gegenüber die absolute Unterwürfigkeit zu leben und ihm heute noch zu dienen.

Bei uns hat dienen mit dem Dienst an dem Gott in dir zu tun, den du lebst, dem Dienst an Urschöpfer. Und es braucht niemand zu glauben, dass Urschöpfer je etwas anderes als dein Wohlergehen im Auge hat. Wenn es hier einen misstrauischen Beigeschmack bei dem Begriff dienen gibt, dann nur, weil der Stolz des Egos das nicht zulässt. Hat das Ego doch Gott weit weg in den Himmel verbannt, in der Hoffnung, dass es sich selbst als Gott aufspielen könnte, Befehle erteilen und, wenn die anderen dann nicht mitmachen wollen, mit Gewalt vorgehen kann. Die größte Drohung des Egos ist der Tod und das damit verbundene Ende, und auch hier impliziert das Ego lediglich seine eigenen Ansichten.

Und wir sagen dir, es gibt keinen Tod. Wie kann ein lichtvolles Geistwesen der Ewigkeit, das sich eine Form oder einen Körper als Leihgabe für eine bestimmte Zeit geliehen hat, vom Tod sprechen, wenn dieses Wesen lediglich die Ebenen wechselt, indem es aus dem Körper auszieht, um in einen anderen Körper einzuziehen. Du bist es, der über die Form bestimmt, und nicht umgekehrt.

Du warst Zeit deines Lebens in Gefangenschaft des Egos, das behauptet, es gäbe keine geistige Welt. Es sagt, dass du dich nur in deinem Körper aufhalten kannst, sonst musst du sterben. Nun, dann frage ich euch, was macht ihr nachts, wenn ihr träumt? Dann seid ihr aus eurem Körper ausgezogen und zu anderen Ebenen gereist, die meisten jedenfalls zur Astralebene. Nach der Ansicht des Egos müsstest du nach dem ersten

Traumerlebnis bereits gestorben sein, aber du bist noch hier. Die wahren Frequenzhalter sind jedoch in der Lage, auch auf Reisen in andere Ebenen oder Welten zu gehen, denn ihr Dienst bezieht sich nicht nur auf Terra. Sie sind geschützt und begleitet von Engeln, die sie dabei führen und anleiten.

Das Ego behauptet auch, dass nur das existiert, was du sehen und beweisen kannst. Damit argumentieren viele, wenn sie nicht weiterwissen. Dabei stellt sich die Frage, was du wirklich siehst, von dem du meinst, dass du es siehst. Du als Mensch siehst nur Formen und deine Welt spielt sich im Außen ab. Daher suchst du alles im Außen, denn dort muss es ja zu finden sein. Sogar deine Erlösung suchst du im Außen, wie auch deine Heilung. Dann hast du vergessen, dass du in einen Spiegel der Verzerrung schaust und dich selbst nicht erkennst. Wenn du dich erkennen würdest, würdest du dein wahrhaftiges Sein erblicken und nicht mehr an der Form hängen als an deinem Inneren. Um dein wahrhaftiges Sein zu erblicken, benötigst du aber die geistige Schau, die bei Urschöpfer ist. Mit dieser Schau kannst du hinter die Form blicken, um die Wahrheit zu erkennen, wie du auch jede Absicht erkennen kannst, die sich hinter einer Sache oder einer Tat verbirgt. Es wird dir alles klar gezeigt, denn du bist im Raum der Wahrhaftigkeit. Wahrheit bleibt immer Wahrheit, die wir auf dieser Ebene nicht zensieren. Und wenn du wieder zur Quelle des Lebens zurückkehrst und dich im Strom des Lebens befindest, wer, bitte, will dir dann mit Tod drohen? Es ist allein das Ego, das die Weltherrschaft an sich reißen will, in den Krieg mit jedem Universum ziehen will und vor Gott selbst nicht Halt macht.

Wir sprachen bereits im ersten Buch darüber, dass wir jeden Angriff auf Gott ahnden werden. Was heißt das?

Alles, was nicht aus der Liebe ist, alles, was ein Angriff auf deinen Nächsten in jedweder Form oder Tücke ist, kommt zu dir zurück, gemäß dem Gesetz des Kreises, diesmal mit potenzierter Kraft. Vor sechzig Jahren noch war die Frequenz der Erde langsamer und der Rücklauf eurer Taten dauerte lange. Ihr wisst alle, dass diese Frequenz inzwischen beschleunigt wurde. Wir gehen zurück zu dem Gesetz des Kreises. Stell dir vor, du verbringst dein Leben in einer Kugel, in der du immer gerade aus wanderst, dich eigentlich im Kreis bewegst. Alles, was du tust, denkst, sagst, fühlst, spielt sich in dieser Kugel in erster Linie ab. Und somit begegnest du immer deiner Schöpfung, weil deine Schöpfung auch immer dir begegnet. Diese Kugel reflektiert dir deine Schöpfung im Außen in allen Lebenslagen. Die Drehung der Kugel ist nun beschleunigt, damit du schneller den Rücklauf merkst und erfährst. Und solange du Diener des Egos bist, verbleibst du in dieser Kugel. Erst wenn du bereit bist, dich der Liebe zuzuwenden, erlangst du Erlösung. Und auch die Erlösung sucht der Mensch im Außen, was wir nicht verstehen. Wenn das Ego dich als Sklave missbraucht, wie kannst du dann vom Ego Erlösung erwarten? Erlösen kann doch nur der Erlöser und heilen kann nur der Heilsbringer. In dem Fall sind beide ein- und dasselbe, nämlich Urschöpfer. Wenn nun dein göttlicher Lichtfunke in dir ist, findest du auch den Erlöser nur in dir. Die Absicht, ihn zu finden, reicht aus, das ist schon die neue Qualität.

Die Masse der Menschen, die sich noch im Tunnel des Übergangs der Zeitwende befindet, erfährt durch diesen eine Komprimierung der Illusion mit dem entsprechenden Druck. Ihr fühlt euch unter Druck gesetzt, damit euch die Illusion und das Vorgehen des Egos deutlich gemacht werden soll. Viele sind bereits erwacht und es werden stündlich mehr. Und was passiert dann? Diese Menschen reagieren nicht mehr auf die

Angstszenarien, die vom Ego verbreitet werden. Sie sind dabei, zu dem Sehen der Augen noch die göttliche Schau zu erhalten, die ihnen immer und überall die Wahrheit zeigt. Für sie wird die Verzerrung aufgelöst und sie werden als die wahrhaft Selbstbewussten über die Erde gehen, da sie sich ihres Selbst bewusst sind, denn es ist lebendig in ihnen. Und auch wenn sie mit Hohn und Spott bedacht werden, was das einfache Mittel des Egos ist, wenn es nicht weiterweiß und dem nichts entgegenzusetzen hat, werdet ihr sie noch suchen.

Das weltweite Chaos verstärkt die Angst, und verstärkte Angst dient dem Ego noch intensiver. Das ist der Kampf von Licht und Dunkelheit, der in höherem Maße stattfindet.

Die Schlange, die auf die Erde gebannt war und sich dort windet und auf dem Bauch kriechen muss, ist das Ego, während die sich emporwindende Schlange zur Sonne gehört und den Aufstieg, die Erhebung ankündigt.

Alles, was ihr im Außen erschaffen habt, sind Ersatzbefriedigungen, die das Gefühl der Getrenntheit von Urschöpfer kaschieren sollen. Damit hat euch das Ego versorgt, damit ihr nicht weiter nach der Wahrheit und Wiedervereinigung suchen sollt. Und alle diese Ersatzbefriedigungen halten nur für einen Moment vor, dann bleibt die Leere zurück. Wenn ein Planet einen Bewusstseinssprung macht, dann macht sich das auch in euren Körpern bemerkbar, seid ihr doch mit eurer Mutter Erde verbunden. Und die Verschiebungen der Bewusstseinsschichten der Erde finden auch in euren körperlichen Systemen statt, da ihr euren Körper mitnehmen wolltet. Die Anpassung ist erforderlich. So wie jemand eine einzige Änderung der Erkenntnis vornimmt, verschieben sich Bewusstseinsschichten und formatieren sich neu, damit Heilung einsetzt.

Einer der schwierigsten Schritte, den ihr zu tätigen habt, wenn ihr mit uns zusammenarbeiten wollt, ist, Vertrauen zu haben. Der zweite schwierige Schritt für euch ist, anzunehmen, was euch vorgehalten wird und der Erlösung bedarf, sonst tretet ihr auf dem Fleck.

Das Misstrauen, dass man euch schon mit der Muttermilch eingetrichtert hat, ist in der Welt der Illusion auch berechtigt. Wenn Eltern oder Erwachsene hilflose Kinder misshandeln und morden oder anderweitig missbrauchen, bezeugt das wieder und wieder, wie wahnsinnig das Ego ist, denn nur ein Wahnsinniger kann sich an solch wehrlosen Geschöpfen vergreifen. Das Ego sucht sich immer die Schwäche des anderen, um anzugreifen, und der Mensch an sich ist immer schwach, auch wenn er sich körperlich für stark hält. Infolgedessen wehrst du alles ab, was dich belasten könnte oder dir zeigt, wo du gefehlt hast, wo du nicht aus Liebe gehandelt hast. Wenn du aber den Raum der Wahrhaftigkeit betreten willst, kommst du nur ohne Altlasten rein. Der gesamte Müll eurer Erde ist der Müll, den das Ego produziert. Nicht mal ein Tier produziert Müll. In der Natur findet alles Verwertung und geht in den Kreislauf des Lebens ein. Das Gift, das ihr vorfindet, wie auch mutierte Viren sind das Konstrukt des Egos, das im Kampf immer hinterhältiger in den Krieg zieht. Es ist der größte Intrigant, der am liebsten andere vorschiebt, um selbst gut gedeckt in seinem Versteck zu verbleiben. Dort wähnt es sich unerkannt und unentdeckt. Wir aber sagen dir, dass wir den Schleier weggezogen haben und dass du entlarvt bist. Deine Machenschaften sind offensichtlich und dein Sein ist zu Ende. Die Produkte deiner Illusion schwinden, wie die Illusion selbst, denn ein Nichts hat keine Wurzeln, und so du dem Ego folgst, wirst auch du umhergewirbelt werden. Halt findest du nur im Raum der Wahrhaftigkeit, wo du eine goldene Wurzel erhalten kannst, da du dich hier erst wieder zurechtfinden musst.

Geld – der illusionäre Gegengott

Bis zum Ende des Jahres 2012 eurer Zeitrechnung wird vieles gehen, insbesondere der größte illusionäre Gegengott, den das Ego erfunden hat, mit dem es euch die Sicherung eurer Existenz und das Glück versprochen hat. Dieser illusionäre Gegengott ist das Geld, das euch als Wunscherfüller und Glücksbringer dienen sollte und das größte Leid über die Menschheit gebracht hat. Nun aber habt ihr festgestellt und werdet es noch intensiver erleben, dass die ersten Staaten wie angekündigt pleite sind. Das wird noch nicht an die große Glocke gehängt, schließlich hat man noch keinen neuen illusionären Ersatzgötzen erfunden, den man euch vor die Füße werfen kann. Die Führer der Länder haben Angst vor Revolten, denn die Völker bleiben nicht mehr ruhig, weil ihre Versprechen nicht eingehalten wurden. Versprechen, die nicht eingehalten wurden, sind Lügen, wie es das Ego nun mal beherrscht. Und die Masse hat gelernt, mit der Lüge zu leben, und versucht, sich das eigene Leben danach einzurichten. Da aber der Bewusstseinswandel unumstößlich ist, geht es bei allem um Angst oder Liebe, Lüge oder Wahrheit, Illusion oder Wahrhaftigkeit.

Durch die beschleunigte Frequenz hat das Ego Probleme, da es sich so schnell nichts Neues ausdenken kann, um die Massen an sich zu binden, und wird sich selbst entlarven. Eure Geldinstitute wie auch eure Systeme haben euch wunderbar ausgenommen und waren die Jongleure, die mit dem Geld nur so um sich geworfen haben. Die Pleiten sind dennoch offensichtlich und vergrößern das Chaos. Und der Schlund des gierigen Egos ist weit aufgerissen, um noch mehr zu verschlingen, was sich in offensichtlichen oder versteckten Kostenanhebungen zeigt, verkleinerten Verkaufspackungen, weniger Inhalten oder steigenden Kosten in allen Bereichen. Da das Ego krank ist, merkt es nicht, dass es alles verschlingt, um sich selbst zu vernichten. Es wollte Gott vernichten und selbst als ein Gott auf Erden und im Universum herumstolzieren, nun steht es seiner eigenen Vernichtung gegenüber. Und es wird kämpfen bis zum Letzten, in der Hoffnung, doch noch zu siegen. Es läuft seinem Untergang entgegen, blind wie ein Maulwurf, und wird noch unverschämter lügen und betrügen.

Die Frequenzhalter sind aufgerufen, ihr Licht nicht mehr zu verstecken und anderen den Weg zu weisen. Hilf deinem Bruder und deiner Schwester in den Raum der Wahrhaftigkeit. Und wenn jemand glaubt, dass er die Weisheit der Frequenzhalter in kleinen Teilen an sich reißen kann, um sich von der Welt beweihräuchern zu lassen und im eigentlichen Sinn damit bei anderen Schaden anrichtet, so lass dir sagen, wir werden es zu verhindern wissen, dass du dich im falschen Licht sonnen kannst. Das Gesetz des Kreises wird es dir zurückbringen auf dem schnellsten Weg. Und deine Unglaubwürdigkeit wird sich zeigen, weil dir das Bewusstsein gefehlt hat, Weisheit zu vermitteln, die nicht dir gegeben wurde, die du aber missbraucht hast. In Eitelkeit hast du, ohne zu fragen, genommen, um hofiert zu werden und im Glanz des Stolzes zu schwelgen. Wenn du wirklich bedeutungsvoll sein willst, dann nimm an, was es anzunehmen gilt, ohne zu verurteilen, damit auch du erhalten kannst, was von Bedeutung ist. Wenn du verurteilst, lehnst du ab und folgst dem Gesetz des Egos. Die Liebe verurteilt nicht. Sie zeigt, was es zu erkennen gilt, nicht mehr und nicht weniger. Wir helfen dir dabei auf deinem Weg der Erkenntnis. Und wenn du dann mit uns zusammenarbeiten willst, bist du willkommen, und auch du sollst erhalten.

Im Raum der Wahrhaftigkeit haben alle den gesamten Raum Urschöpfer übereignet, da ihm sowieso alles gehört, da alles von ihm ausgegangen ist. Es wurde ihm sozusagen sein Eigentum zurückgegeben. Und wir alle wissen und leben in dem Bewusstsein, dass wir nichts sind und uns nichts gehört, Urschöpfer jedoch die Kraft ist, die durch uns wirkt und schafft und die gesamte Stärke durch uns lebt. Stolz kannst du sein, wenn du willst, weil du dich entschieden hast, ein Weltendiener zu werden in aller Demut, und den Mut hattest, dir deine Werte anzusehen, die nicht aus der Liebe waren, um sie von Urschöpfer wieder transformieren zu lassen in die wahren Werte des Lebens der Liebe. Wenn du mit der lila Flamme arbeitest, kannst du Geschehnisse selbst transformieren.

Auch unser Medium war lange stur wie ein Esel, weil sie nicht begriffen hatte, wie das Spiel geht, und meinte, sie müsse alles selbst machen, was nicht funktionierte. Und hier ist das Zauberwort Erleuchtung, das ich euch reiche, denn mit den Geistesgaben, der geistigen Schau, der Erleuchtung, die du erhältst, weißt du, was geschehen muss. Am besten du bittest Urschöpfer, dir seinen Willen immer kundzutun, dann bist du auf der sicheren Seite. Folge seiner Stimme in dir. Bitte ihn, zu dir zu sprechen.

Sei im Vertrauen, denn die Zusammenarbeit mit uns funktioniert noch überwiegend auf der geistigen Ebene, der Telepathie oder der Weisheit, die du durch das Licht- oder Quantentriggern erhältst. Dazu benötigst du die geistige Schau wie auch den Weg nach innen, denn nur dort findest du, was du suchst. Erinnere dich, dass das Reich Gottes in dir ist. Dort ist der Ort, wo du es findest, und nicht draußen in der Welt der Illusionen. Wenn du soweit bist, geht es rund, denn wir sind aktiv und arbeitsintensiv.

Die nächste große Angst, die die Menschen vor einer Entscheidung zurückhält, ist die Angst, dass die Erde verschwinden könnte. Beruhigt euch, das wird nicht geschehen. Seine Kinder, die Friedfertigen, werden die Erde erhalten, so wurde es bezeugt und so wird es sein. Urschöpfer hat die gesamte Schöpfung nicht aus sich herausgestellt, um sie von einer Illusion vernichten zu lassen. Ein Nichts kann keine Wahrhaftigkeit verschwinden lassen. In solch einem Fall würde keine Schöpfung mehr existieren. Und nur weil die Illusion verschwindet, verschwindet deshalb nicht gleich eine Schöpfung der Wahrhaftigkeit. Diese ist von Gott und hat Bestand. Glanz und Glorie waren damit verbunden. Sein Wille war es nicht, dass Menschen in Armut und Krankheit leben und vor vergifteten Müllhalden stehen. Das war der Wille des Egos, damit es Geschäfte machen kann. Da ihr den freien Willen erhalten habt, kann auch Gott sich von allein nicht einmischen, wenn ihr standhaft in der Illusion verweilt. Ihr wolltet es so. Und wenn du deine Meinung nun ändern willst, kannst du Gott bitten, dass er sich einmischt, was für alle das Beste wäre.

Wir kommen auf das Geld zurück, das dem Raum der Illusion angehört und daher verschwindet. Ihr erlebt es doch alle, dass es dabei ist zu gehen. Wie kann Geld euch glücklich machen, das Tag ein und Tag aus mit Hass, mit Rache, mit Blut, mit Lug und Betrug befleckt ist?! Allein aus diesem Grunde ist das nicht möglich, auf dieser Basis Glück zu erlangen. Dass diese Illusion befristet ist, wissen alle, deshalb sind sie so gierig, weil sie es nach dem Wechsel auf eine andere Ebene nicht mitnehmen können. Du bist nackt und bloß gekommen, erinnere dich, und so wirst du gehen. Und wenn du Schätze mit nach Hause nimmst, dann sind dies innere Schätze der Wahrhaftigkeit. Geld ist kein Gott, obwohl es angebetet wird, und hat daher auch nicht die Gabe, dafür zu sorgen, dass die Erde rund läuft. Ihr seid noch nicht einmal von selbst in der Lage, zu atmen oder zu leben. Ihr werdet geatmet und gelebt, ihr seid getragen durch die Gnade Urschöpfers, der euch erhält. Auch wenn euch das nicht bewusst ist und ihr es leugnet, ist es dennoch so, sonst wäret ihr nicht. Da ihr euch nicht selbst erschaffen habt, muss es eine Macht geben, die euch am Leben hält, die eure autonomen Funktionen steuert. Und wenn nun die ersten den Versuch unternehmen, eine wissenschaftliche oder medizinische Erklärung abzugeben, die das Ego immer schnell bei der Hand hat, warum ist es all diesen Wissenschaftlern nicht gelungen, eine wirkliche Schöpfung zu kreieren, wenn sie so klug sind? Das, was bisher nur als Funktionsmodell ohne Seele herumläuft, hat damit nichts zu tun. Es ist einer der größten Angriffe auf Gottes Schöpfung und der absolute Beweis, dass der Mensch wie Gott sein will, indem er seelenlose Kreaturen schafft und darüber verfügt. Da der Mensch sich aber selbst nicht erschaffen hat, kann er niemals wie Gott sein. Ein Sohn kann nicht zugleich Vater sein.

Wegen ein bisschen Papier mordet oder betrügt der Mensch. Nichts weiter ist das Geld. Dieses Papier habt ihr auf eine bestimmte Größe zugeschnitten, damit ihr es nicht im DIN A4-Format mit euch tragen müsst. Dennoch bleibt es nur Papier. Der einzige Wert, den es wirklich hat, ist das Papier selbst. Und so gebt ihr dem anderen nichts für nichts. Und wenn ihr wirklich etwas Wertvolles erhaltet, gebt ihr Papier dafür. Tief in eurem Inneren wollt ihr alles umsonst und am liebsten gar nichts geben. Das zeigen euch die diversen Billigläden, die den Geiz als solchen bezeugen. Die Weltmeisterschaft im Fordern besteht schon lange. Weiter geht die Welt, indem die Illusion deutlicher wird, indem sie mit virtuellem Geld spielt oder spekuliert. Obwohl die letzten Veränderungen und

Probleme des Geldes in der Welt sichtbar geworden sind, habt ihr euch immer noch nicht klargemacht, dass ihr es mit Spielern und Spekulanten zu tun habt. Und die meisten sind ausgesprochen süchtig danach. Sie erfinden Luftblasen, mit denen sie spekulieren und die sie verkaufen. Andere kaufen diese Luftblasen, bis sie zerplatzen und die Menschen ins Unglück stürzen. Diesen Spielplatz nennt ihr Börse und nehmt das wirklich ernst, obwohl es Luftblasen sind. Ihr könnt über euer eigenes Geld nicht mehr in vollem Umfang verfügen, damit diese Spekulationen nicht zur Gefahr werden für Banken, Institutionen und letztendlich für eure Führer. Diese können mit Geld nicht umgehen, was sie euch jeden Tag aufs Neue beweisen. Sonst würden sie nicht immer wieder Schulden in Milliardenhöhe aufnehmen. Und der Bezug zu Milliarden oder Billionen übersteigt auch deren Vorstellungsvermögen. Letztendlich ist es ihnen egal, denn sie wollen damit eine Illusion aufrechterhalten, die nicht mehr aufrechtzuerhalten ist. Und die gegenseitigen Schuldzuweisungen werden noch massiver werden. Bisher werden sie nicht müde, euch täglich zu erklären, warum sie euch euer Geld nicht zurückgeben können und immer mehr fordern, sind aber allesamt nicht in der Lage, ein funktionierendes System zu etablieren. Sie behaupten, dass es nur zu eurem Wohl ist, nur fühlt sich die Menschheit so nicht wohl, das ist das Problem. Und zuletzt wird man euch die Schuld zuweisen, denn das ist das Prinzip des Egos – die Ablenkung der eigenen Machenschaften vorzugsweise mit Schuldzuweisungen, die ablenken sollen vom eigentlichen Fehlverhalten. Ist das nun Fähigkeit oder Unfähigkeit?

Gibt es einen Reichtum der Illusion? Kann ein Nichts reich machen? Bist du sicher, dass ein paar geschnittene Papierstücke dich wirklich dauerhaft glücklich machen können? Willst du es nicht doch mal mit Urschöpfer versuchen und dich auf die

Suche nach deinem wahren Glück machen? Triff eine Entscheidung, denn die Illusion wird schwinden und das Geld ebenfalls. Wenn ein Nichts verschwindet, ist es kein Verlust, kann es auch nicht sein. Im Gegenteil, es ist eine Befreiung, denn dieser Raum kann nun mit wirklichem Leben erfüllt und die Bedeutungslosigkeit kann durch Bedeutungsvolles ersetzt werden.

Die Natur zeigt euch den tiefen Hass des Egos auch in dem Wetter: in den schwarzen Wolken, die die Farbe des Hasses haben, in der Kälte den eiskalten Verstand, in der Hitze den Zorn eurer selbst, der vor Wut kocht, in den Krankheiten die Krankheit des Egos, wie Gott sein zu wollen. Wenn ihr also etwas ändern wollt, könnt ihr nur in euch und mit euch selbst beginnen. Alles andere ist zwecklos. Den Spiegel im Außen könnt ihr nicht verändern. Ihr könnt ihn versuchen zu zerschmettern, damit ihr nicht mehr seht, was ihr nicht sehen wollt, was sich aber immer zeigen muss, denn das Gesetz des Kreises geht mit dem Reflexions-Gesetz einher: Wie innen, so außen. Wir sagten euch im ersten Buch des P'taah, dass die Universellen Gesetze unumstößlich sind und immer und überall ihre Gültigkeit haben, also auch im Raum der Illusion. Die Illusion kann die göttlichen Universellen Gesetze nicht außer Kraft setzen. Ein Nichts hat keine Macht, und die Macht selbst interessiert sich nicht für Illusionen und hält die Gesetze immer aufrecht.

Wir sehen nun, dass ihr nicht wirklich wisst, wie ihr in den Raum eures Herzens kommt, den Ort, wo dieses Schauspiel stattfindet. Uns ist ebenso klar, dass euch nicht bewusst ist, was ihr tut, denn was ihr tut, ist euch oftmals für euch selbst nicht klar erkennbar. Und weil das so ist, wurde Generalamnestie erlassen. Urschöpfer steht bereit, diese Arbeit zu übernehmen, umzugestalten nach seinem Willen, und wir helfen dabei. Das Ego hat dir bisher diese Erkenntnis verwehrt und alle, die sie dir versprochen haben. Also wende dich direkt an ihn, an die Quelle. Nur wer Wahrheit ist, kann sie auch geben. Nur wer Erlöser ist, kann dir auch Erlösung bringen. Erlösung wovon? Erlösung von der Welt der Illusionen und des Selbstbetruges. Auch das ist etwas, was du wissen solltest, denn der Selbstbetrug wird immer ein Betrug bleiben, und du wirst dich dadurch immer betrogen fühlen und dir selbst den Zugang zur Wahrheit verbauen.

Erlösung von der Welt der Illusionen

Auch eure Zeitrechnung ist ein Betrug, denn das, was ihr für das Jahr 2012 geplant habt, ist Illusion, weil die Jahresrechnung auf Erden Illusion ist und nicht der Zeitrechnung der Natur entspricht. Die falsche Zeitrechnung ist lediglich eine Blase der Illusion, die ebenfalls zerplatzt. Seitdem die Erde besteht, habt ihr immer mehr Schleier der Illusionen über die Wahrheit gelegt und müsst diese nun lüften, um zur Wahrheit zu gelangen. Wir haben im ersten Buch des P'taah von der neuen Zeitqualität gesprochen, und die Zeitqualität ist jetzt, also ist auch deine Entscheidung jetzt gefordert. Und wenn du den goldenen Schlüssel erhalten hast, kannst du jederzeit das Tor aufschließen, um in den Raum der Wahrhaftigkeit einzutreten. Je eher du dich dafür entscheidest, umso besser.

Im Raum der Wahrhaftigkeit bist du ein wahrer Erbauer und ein wahrhaftiger Hüter der Erde. Du bist in der Lage, die wahrhaftige Weisheit auch aus der Natur zu lesen, die sie dir zeigt. Du paarst dein Wissen mit der Weisheit allen Seins und kehrst als Meister zurück, einst ausgezogen, einen Raum der Illusion zu betreten und der Liebe dabei den Rücken zu kehren. Wir sprechen hier von der wahren Liebe, nicht von dem, was du für Liebe hältst, denn diese ist an Bedingungen geknüpft. Und wenn diese Bedingungen nicht erfüllt werden, ist auch schon Schluss mit der Liebe. Im Raum der Wahrhaftigkeit herrscht die bedingungslose Liebe. Das ist der große Unterschied. Und diese Art der Liebe duldet keine Verunreinigungen und weist sie entschieden zurück. Hier ist die Stärke zu Hause, denn Urschöpfer allein ist Stärke. Der Mensch ist immer schwach, schon deshalb, weil er allein dasteht und das Ego ein Einzelkämpfer ist. Im Raum der Wahrhaftigkeit gibt es den Zusammenschluss des göttlichen Willens, der unumstößlich ist, weil alle diesen Willen teilen und dieser der Allmacht der Liebe untersteht. Wir lassen uns von der Form nicht verwirren, denn wir sehen, dass in der Form alle gleich sind, Licht von seinem Licht, ein Aspekt des Gesamten. Und genau dieser Inhalt wird bedingungslos geliebt. Wer in der Welt der Illusion Bedingungslosigkeit fordert, will nur Narrenfreiheit. Und die Heilsversprecher dieser Zeitqualität, die euch Vorschriften machen und von euch fordern, wie ihr zu sein habt, quellen über vor Bedingungen, die Gott nie gestellt hat und nie stellen würde. Warum nicht? Weil wir euch immer wieder erinnern, dass die Wahrhaftigkeit sich niemals mit dem Nichts auseinandersetzt und die Liebe das tut, was sie ist, nämlich lieben – ohne Wenn und Aber. Das ist einzig und allein die Provokation des Egos, weil es sich im Kampf ernstgenommen wissen will, im Mittelpunkt der Eitelkeiten stehen will und die gesamte Aufmerksamkeit auf sich ziehen will. Dennoch bist du Ego ein Nichts und niemand von uns wird dich wahrnehmen, denn im Raum der Wahrhaftigkeit wird nur die Wahrheit angenommen. Und so ist jeder deiner Versuche vergebens und dein Aufbäumen dein Untergang, wie eine Spekulationsblase, die sich aufbläht, um zu zerplatzen.

Heil ist Heilung

So kommen wir zum Thema Heilung, denn im Raum der Wahrhaftigkeit gibt es keine Krankheiten. Urschöpfer ist heilig, und das Wort heilig beinhaltet das Wort heil. Entstanden sind deine Krankheiten aus der Verzerrung deiner Vorstellungen heraus, die aus deinem Inneren stammen, vorzugsweise durch das System der Verurteilungen, das System von Gut und Böse. Wenn sie aus deinem Inneren stammen, können sie auch nur wieder im Inneren geheilt werden, denn dort muss also Heilung ansetzen. Das chemische Pulver, das du Pillen nennst, weiß nichts über dich und erzeugt lediglich eine chemische Reaktion. Dein Inneres hat es damit nicht verändert, was es auch nicht kann. Also ist der Heilungsansatz bei dem wahren Heiler zu suchen, bei Urschöpfer, der allein Heilung auslösen kann. Wenn die Ursache erkannt und transformiert wird, tue und mache das, was für deinen Körper erforderlich ist. So ist Heilung angeordnet. Wäre dein System der Illusion wirksam, gäbe es keine Krankheiten mehr, sie wären ausgerottet. Und auch wenn das Ego argumentiert, dass es sich schließlich gegen Viren nicht erwehren kann, dann brauchst du dich über mutierte oder resistente Viren nicht zu wundern. Es sind deine Festlegungen, die Erfüllung suchen. Bei deiner Argumentation hast du außer Acht gelassen, dass es Menschen gibt, die auch durch Viren nicht erkranken. Und auch wenn du ihre Form oder ihren Körper massiv beschädigen würdest durch Gewalt, wäre die Ewigkeit ihre Gabe von Gott.

Schwierig für dich ist es nur, wenn du um Heilung bittest, aber standhaft im Raum der Illusion verhaftet bist. Was soll Urschöpfer dann machen? Mit Gewalt wird er dich nicht zu einem Raumwechsel nötigen. Keinesfalls. Hier ist dein freier Wille gefragt, dazu hast du ihn erhalten, um die einzige wichtige Entscheidung allein und frei zu treffen, wo und was du leben willst.

Im Raum der Illusion findest du die Finsternis, das Leid, die Krankheiten und alles, was du dort abgelegt hast. Es wird dir immer und immer wieder begegnen, weil nichts anderes vorhanden ist, was dir begegnen könnte. Und wenn du umziehst oder neue Leute triffst, wirst du dennoch auch von ihnen immer das Gleiche erhalten, was sich in deinem Raum oder Kreis befindet. So ist es unumstößliches Universelles Gesetz des Kreises. Und sie können nur reflektieren, was du dort abgelegt hast. Erst wenn du dich für den Raum der Wahrhaftigkeit entscheidest, die Liebe lebst, das Licht erwacht, wirst du die Veränderungen finden, die Urschöpfer für dich bereitgestellt hat. Hier legt er für dich die Lichtpakete ab und hier überhäuft er dich wieder mit Wundern, die für dich bereitstehen.

Und wenn nun die Frage nach der Zukunft gestellt wird, ist es die Frage des Egos und der Angst, damit es sich schon rechtzeitig auf die neue Kampfarena einstellen kann. Seine Vorstellung ist, du schaust in eine Glaskugel, dort erhältst du alle Antwortungen und kannst dich darauf einstellen, um die Angst im Zaum zu halten. Genauso wird es nicht sein.

Im Raum der Wahrhaftigkeit hast du die geistige Schau und wirst wieder die Geisteskräfte erhalten, weil du es Urschöpfer überlässt, darüber zu verfügen. Alles andere wäre Anmaßung und du würdest aus diesem Raum herausfallen. Das wäre der erneute Fall in den Raum des Egos. Da die Wunder bei Gott sind, hat Gott es nicht nötig, dir in allen Einzelheiten jeden seiner Schritte und Pläne klar darzulegen und vielleicht noch zu verteidigen. Liebe ist Vertrauen und genau das ist von dir gefordert. Vertraue ihm und seiner Führung. Was ist so schwer daran? Er ist es, der dich bisher am Leben erhalten hat, und wenn er für dich sorgt, erlangst du das wahre Wohlergehen. Und durch seine geistige Schau zeigt er dir immer und überall die Wahrheit. Er wird dir nichts vorenthalten, da doch sein

Licht mit deinem Licht wieder eins sein wird, also die Einheit wiederhergestellt wird. Und hier wirst du dich mit dem Licht der anderen verbinden und die Einheit erweitern. In der Einheit erhältst du von ihm Offenbarungen, von denen du wissen wirst, was du wem sagen darfst. Dass alle nicht das Gleiche erhalten werden, ist nun ganz klar, denn jemand, der nicht aus der Wahrhaftigkeit ist, jemand, der nur im Raum der Illusion agieren will und in der Finsternis bar jeder Erleuchtung ist, wird nicht dasselbe erhalten wie jemand im Raum der Wahrhaftigkeit. Und vorrangig erhältst du, was der Allgemeinheit dient und was mit deiner Lebensaufgabe im Zusammenhang steht. Urschöpfer gibt dir im Überfluss, da hier die Fülle herrscht und die Quelle der Liebe nie versiegen kann. Hier kannst du prassen und verschwenderisch sein, denn je mehr du gibst, desto mehr wirst du erhalten. Immer neue Türen werden sich für dich öffnen, weil du wieder im Fluss des Lebens fließt und nichts den Willen Gottes aufhalten kann.

Warum nun haben wir immer wieder seit dem ersten Buch des P'taah gefordert, dass ihr euch entscheiden sollt? Es geht um euer Seelenheil und um eure Lebensqualität. Wenn ein Planet aufsteigt und du dich für den Raum der Wahrhaftigkeit entschieden hast, bist du heil und lebst keine innere Zerrissenheit mehr. Die konzentrierte Kraft des Lichts ist hier zu Haus. Mit dem Energieschub, der das gesamte universelle System erfasst, wirst du in die Wahrhaftigkeit emporgehoben, weil du alles Urschöpfer zur Verfügung stellst und er es ist, der dich emporhebt. Hier erhältst du deine Geistesgaben und wirst Licht-geflutet. Die gesamte Kraft steigt also empor in das Licht. Das ist die sich erhebende Sonnenschlange, die die Krone erhält und die Krone der Schöpfung darstellt.

Wenn du aber im Raum der Illusionen verbleibst und die ganze Kraft in den Raum der Finsternis geht, leitest du die Kraft in das Ego, bleibst du dort gebannt und kannst nur dort agieren als die auf dem Bauch kriechende Schlange. Der Weg ins Licht wird umso schwerer, weil der erneute Fall des Egos dann bewusst und mit viel mehr Kraft erfolgt. Also wähle mit Bedacht.

Urschöpfer stellt seine Energie jedem zur Verfügung in einem gewissen Maße, und es ist an dir, was du daraus machst.

Die Welt der Illusion ist das Blendwerk, das die Augen des Körpers gefangennimmt und die Wahrheit dahinter nicht mehr erkennen lässt. Die einstigen Geistesgaben sind in dir verkümmert wie Muskeln, die du nicht mehr bewegt hast, sodass du dem Blendwerk noch mehr erlegen bist. Und du bist frustriert, weil du der Meinung bist, das die Welt dir dein Glück vorenthält. Du selbst aber bist deines Glückes Schmied, es liegt in deiner Hand und bedarf nur deiner Entscheidung. Und schon folgt die nächste Angst, dass du Vertrautes aufgeben sollst. Niemand verlangt das. Nur wenn du dein wahres Glück finden willst, wirst du ändern müssen, nämlich alles, was deinem wahren Glück entgegensteht, das du aber nicht erkennen konntest, da du dich verirrt hattest. Das Ego betrachtet jedes Aufgeben als Niederlage. Wir aber fragen dich, was ist so schlimm, etwas niederzulegen, das dich im Leid gefangenhält und dir den Weg ins wahre Glück versperrt? Willst du wirklich der ewige Jäger sein, der dem Glück hinterherjagt, ohne es je zu erreichen? Willst du wirklich auf Versprechungen vertrauen, die sich nie erfüllen und denen immer Ausreden folgen, warum sie sich nicht erfüllen? Willst du weiterhin den Tanz des Nichts tanzen, nach einer Musik, die dir die Freiheit und dein Geburtsrecht vorenthalten? Willst du weiterhin manipuliert werden gleich einer Marionette, deren Fäden man pausenlos zieht?

Du hast jetzt die Möglichkeit, das wahre Glück zu finden, indem du es bist, der entscheidet, und niemand sonst. Du bist es, der den goldenen Schlüssel erhalten kann, um das Tor aufzuschließen und den Raum der Wahrhaftigkeit zu betreten. Dies ist der Raum, wo auch dein Glück zu Hause ist, weil es dein Zuhause ist. Hier findest du den inneren Frieden, weil du in der Wahrhaftigkeit und nun frei von Schuld oder Schuldgefühlen bist. Im Bewusstsein des Goldenen Zeitalters leben die Menschen den göttlichen Willen, die einzige wahrhaftige Autorität. Genau das ist es, was Avatare tun. Sie stellen ihr gesamtes Sein Gott zur Verfügung, der darüber verfügt. Glaubst du, Avatare hätten ein schlechtes „Geschäft" gemacht? Im Gegenteil, sie haben den größten Reichtum erlangt, den man erlangen kann. Sie sind immer glückselig, weil sie keinen Fehler machen können. Es geht nicht, es ist unmöglich, wenn man Gottes Willen lebt. Was immer durch sie geschieht, ist für alle gut, auch wenn die Geblendeten es nicht immer erkennen. Hier ist die Isolation aufgehoben, denn du bist wieder eins, weil inzwischen der Himmel auch in dir ist und du es bist, der ihn auf die Erde bringt. Du bist ein Licht in der Dunkelheit geworden, und wo Licht herrscht, gibt es keine Dunkelheit. In einem Moment ist sie verschwunden und mit ihr alle Illusionen.

Niemand will dir deine Bequemlichkeit nehmen in der neuen Energie, nur strebe nach wahrhaftig Neuem und versuche nicht, den alten Schrott der Vergangenheit mitzunehmen. Höre auf, dich zu beklagen über dein eigenes Tun, und stelle dich endlich der Wahrheit, damit wir zusammenarbeiten können. Nur die Wahrheit gibt dir die Sicherheit, die du benötigst, um voranzuschreiten. Wir helfen dir gern, aber darum bitten musst du.

Wir kommen im Licht

Die Eskalationen auf Erden werden rasant zunehmen. Und die Führer der Welt der Illusion werden behaupten, dass wir nur kommen, weil wir die Erde vereinnahmen wollen, diese sozusagen übernehmen wollen, womöglich wegen irgendwelcher Bodenschätze.

Und wir sagen euch, wenn das wirklich in unserer Absicht gelegen hätte, warum hätten wir es nicht schon längst getan? Glaubst du wirklich, dass wir vor Angst bibbern vor einem kleinen Ego oder uns beeindrucken lassen von altmodischen Waffen? Warum, denkst du, sollten wir an einer Welt der Illusionen interessiert sein? Warum sollten wir kämpfen für ein Nichts, das sich gerade selbst auflöst? Glaubst du wirklich, ein paar eurer Kampfjets könnten auch nur einen unserer Raumgleiter aufhalten oder beschädigen? Die Mutterschiffe allein sind in der Lage, ganze Universen auszulöschen, wenn wir das wollen würden. Glaubst du wirklich, wir setzen uns hin und diskutieren mit egomanen Führern und lassen uns Vorschriften machen, die nicht Gottes sind und die uns vorschreiben, was wir tun dürfen und was nicht? Wenn wir wirklich so wären, wie das Ego behauptet, wären wir mit Gewalt gekommen und eine Übernahme hätte schon lange stattgefunden. Was hätte uns aufhalten sollen? Das ist das, was dem Ego lieb und recht wäre, denn dann könnte es sein Feindbild aufrechterhalten und die Klingen für den Kampf schärfen. Schließlich haben wir gelernt, dass jeder der Feind des Egos ist und als solcher abgestempelt wird.

Nun lasst euch gesagt sein, wir sind nicht die, die in der Isolation vom Rest des Raumes leben, sondern ihr seid es. Wir sind Einheit. Wir unterstehen Urschöpfers Autorität, und wir bitten euch um eure Entscheidung, ob ihr mit uns zusammenarbeiten wollt. Wären wir übernahmewillig, bräuchten wir um keine Entscheidung zu bitten, die von eurem freien Willen stammt. Es ist unser Mitgefühl, es ist unsere Fürsorge, dass ihr nicht noch tiefer fallt in der Zeit der Eskalation, weil ihr euch noch mehr an die Illusion klammert, die durch eure Hände rinnen wird wie Sand. Wir sind hier im Orbit und stehen für die bereit, die den goldenen Schlüssel erhalten haben und noch erhalten wollen. Wir stehen für die bereit, die sich goldene Wurzeln holen, damit sie als ein vollwertiges Mitglied der Familie wieder in der Einheit mit ihren Clans oder Stämmen dienen und sich wirklich wichtigen Aufgaben widmen wollen. Wir stehen bereit für diejenigen, die sich der Wahrheit öffnen, damit die Erde ein wirkliches Edentia wird. Wir stehen bereit, damit diejenigen, die nach Hause wollen, nicht aufgehalten werden können, und stehen ihnen zur Seite Tag und Nacht im Geiste wie in der Wahrheit. Wir kündigen uns an, weil wir in Liebe, Achtung und Respekt kommen.

Achtet also auf die Machenschaften des Egos, auf dessen Machtansprüche und Vorgehensweise. Das, was es uns hier unterstellen will, hält es selbst in den Händen.

Nun klingen schon die ersten falschen Töne wider, die behaupten, wir würden das alles nur vorgeben, um die Menschheit zu versklaven. Wir sagen euch, dass ihr bereits Sklaven seid, nämlich die Sklaven des Egos. Versklaven bräuchten wir niemanden, eigentlich bräuchte man nur einen Sklavenmarkt zu eröffnen und die Sklaven weiterverkaufen. Dies wäre eine geschäftliche Übernahme, von der eure Führer noch profitieren würden. Und wenn ihr an die sogenannten Grauen denkt, die Unheil über die Menschheit gebracht haben, dann nur, weil eure Führer damit ein Geschäft der Technik im Gegenzug erhalten haben. Ihr wäret technisch nicht so weit ohne die Grauen. Aber auch deren Weisheit ist am Ende und sie sind bereits verschwunden. Sie haben ein eigenes Territorium erhalten als letzte Chance, ihrer Auslöschung zu entgehen. Sie haben Gott in der massivsten Weise angegriffen, um ihre Art zu erhalten. Das wird ihnen jetzt bewusst. Auch sie müssen sich die Wahrheit ansehen oder untergehen. Es ist deren Entscheidung.

Wir aber kommen im Licht, und nur weil du in der Finsternis hockst und das Licht nicht sehen kannst, stellst du Angstbehauptungen auf oder glaubst denen der anderen. Wärest du schon im Raum der Wahrhaftigkeit, hättest du Erkenntnis und Unterscheidungsvermögen von Licht und Dunkel. Dann würdest du erkennen, dass wir im Licht kommen, dass wir uns an die Universellen Gesetze des All-Einen halten, dass wir nicht die sind, die Gott angreifen. Wir dienen Gott mit jeder Faser unseres Seins, und wenn wir dienen, dann greifen wir nicht an. Eins geht nur. Und wenn du der Angst folgst, wirst du dich noch weiter verirren und an die Illusionen klammern. Du erhebst die Angst zu deiner Autorität und beginnst, existentielle Kämpfe auszutragen. Lass dir gesagt sein, das wir nicht kämpfen. Wir sind Licht und Liebe, und die Macht ist mit uns. Wir tragen das Schwert der Gerechtigkeit des Michael, der einst die Illusion aus dem Himmel gebannt hat, damit sie in einem gesonderten Raum existieren möge, ohne einen Gesamtschaden anzurichten. Ihr seid es, die sich von uns getrennt haben, wir sind die, die euch hinterhergelaufen sind, um für euch da zu sein. Und wir lassen uns deshalb nicht in eine Schublade des niederen Egos schieben, dass uns mit seinem Dreck bewerfen will. Wir sind rein und bleiben es, da die Wahrheit niemals verunreinigt oder manipuliert werden kann. Dann wäre sie eine Lüge, und eine Wahrheit kann niemals eine Lüge sein. Die Lüge kann nur versuchen, die Wahrheit mit einem Schleier zuzudecken, aber dennoch bleibt die Wahrheit als solche immer unantastbar. Die Wahrheit ist bei Gott und Gott ist Wahrheit. Und nur weil das Ego wieder einmal einen Angriff auf die

Wahrheit und auf Gott startet, wird es sich diesmal gehörig die Finger verbrennen. Wir sagten euch bereits, dass jeder Angriff auf Gott geahndet wird um der Gerechtigkeit willen. Und der, der den Angriff ahndet, ist in euch, der Erlöser, der Erlösung bringt. Er ist es, der nicht mehr duldet, dass jemandem die Wahrheit und die Erlösung vorenthalten werden. Diesen Satz merkt euch wohl, denn ein Angriff auf Gott ist es, wenn du deinem Nächsten das Licht, die Wahrheit und die Liebe verwehrst. Dann hast du angegriffen und dich mit deinem Angriff ihm in den Weg gestellt, damit er sich nicht mit dem göttlichen Licht vereinigen kann, weil du es nicht willst. Die Kehrseite davon ist, dass das Ego damit versucht, seinen Nächsten an sich zu ketten, in der Hoffnung der Rache, dass dieser in den Kampf einsteigen wird, um zu kämpfen, und so das alte Spiel fortbesteht.

Vater/Mutter Gott wurden gebeten, sich einzumischen, und sie tun es. Der alte Kreis wird so beschleunigt, dass das Ego nicht anders kann, als die eigene Ernte sofort zu erhalten. Genau das ist dein eigenes Richtertum. Erkenne, dass du dein Richter bist, weil du erhältst, was du gegeben hast. Die Summe deiner Taten wird sichtbar für dich und das Ergebnis ist dein – während Vater/Mutter Gott geduldig warten, dass du es erkennst. Das große Reinemachen ist unaufhaltsam, wie auch wir unaufhaltsam vorgehen. Wir sind hier und bleiben hier, um der einzigen wahren Autorität zu dienen. Und diejenigen, die euch Angst machen wegen unserer Anwesenheit, sind diejenigen, die selbst Angst haben wegen ihrer eigenen Machenschaften. Es sind die Panikmacher dieser Zeitqualität, die sich euch in den Weg stellen wollen in der Absicht, dass sie euch von der Liebe und dem Licht abhalten wollen. Und damit enthalten sie euch die Freiheit vor, die euer Geburtsrecht ist. Und

Die Beschleunigung des Kreises

es werden noch mehr Lügen über uns verbreitet werden, in der Hoffnung, dass die Menschheit sich gegen uns stellt, damit wir wieder friedlich abziehen oder weiter im Hintergrund bleiben und ihr im Kreislauf der Angst gefangen bleibt. Nur ist euch dabei nicht klar, dass ihr immer weiter in den Photonenring eintretet, der euch mit reinen Lichtpartikeln versorgt. Und das bedeutet, dass die Wahrheit immer weniger aufzuhalten ist. Sogar diese Lichtpartikel sorgen dafür, dass die Wahrheit ans Licht kommt und aus der Dunkelheit heraustritt. Sie aktivieren den eigenen Richter in der eigenen Brust, der über Fall und Aufstieg eines Jeden mitentscheiden wird, solange derjenige selbst nicht eine Entscheidung getroffen hat. Das Ego will verhindern, dass du das Licht in deinem Nächsten siehst und erwachst und dich erinnerst, wer du wirklich bist. Urschöpfer wird wieder Wunder geschehen lassen, und diese werden für alle sichtbar sein. Niemand wird mehr in der Lage sein, die Wahrheit zu verhüllen, deshalb sind auch wir hier. Und lasst euch unmissverständlich gesagt sein: „Wir bleiben." Keine Lüge der Welt wird uns bewegen können weiterzuziehen, denn das würde bedeuten, dass wir uns einer einfachen Lüge ergeben. Haltet uns bitte nicht für so billig. Und sollte nur ein Einziger sich für den Raum der Wahrhaftigkeit entscheiden, wäre unser Kommen nicht umsonst gewesen und unser Bleiben gerechtfertigt.

Und würde das Ego wenigstens das Licht erkennen, wüsste es, dass mit zunehmendem Eintritt in den Photonenring auch das Licht Einzug hält. Der Tanz der Finsternis ist vorbei, denn wenn es Licht ist, gibt es keine Finsternis mehr. Kali Yuga (Kali = Göttin, Yuga = Zeitalter der Finsternis, da sich der Mensch am weitesten von Gott entfernt hat, oder auch das Zeitalter der Verderbtheit) wird in Indien das Zeitalter der Zerstörung, der Gier, der Verwirrung und des Krieges genannt. Die Finsternis hat den Tanz der Zerstörung beendet und sich zurückgezogen, damit nun die Auflösung folgen kann. Kali kommt von Kala, was Zeit bedeutet, und ein Zeitrahmen ist immer befristet. Die Zeit der Dunkelheit ist zu Ende und hört auf zu existieren. Das Tor zum neuen Bewusstsein ist schon lange weit geöffnet und der Tanz der Kali hat schon lange begonnen. Der Photonenring ist die Vorhut des Lichts, und die neue Ära ist eine Ära des Lichts. Und es ist eine Ära der Avatare (die aus dem Himmel herabsteigen), mit denen das Licht des Himmels zur Erde herabsteigt, um dort den Raum der Wahrhaftigkeit einzunehmen. Diese tragen das aktive, lebendige, reine Licht in sich, das mit dem Urlicht des Einen und aller anderen ständig in Verbindung steht. Keine Entfernung oder Störung in Raum und Zeit kann dies verhindern. Sie halten die Lichtfrequenz und somit die Liebesfrequenz. Es sind die wahren Frequenzhalter der Zeit, die dem Licht den gesamten Raum und ihr gesamtes Sein zur Verfügung gestellt haben, sodass Urschöpfer ungehindert durch sie wirken und schaffen kann. Ihr werdet sie treffen und könnt von ihnen lernen. Es sind in der Hauptsache Lehrer der Melchisedeks, von denen ihr viel lernen könnt. Ihr könnt den Frieden fühlen, der von ihnen ausgeht.

Die Ära der Avatare

In der Zeit der Finsternis benötigt das Ego immer Führer, die ihm sagen, was es tun soll. Das Ego hat hier auf dieser Ebene den ständigen Drang, einer Obrigkeit im Massenzusammenschluss zu folgen, damit die Isolation und die Angst kaschiert werden. Deshalb allein gelang die Erstellung eurer Systeme, weil sie aus einem inneren Antrieb heraus befolgt wurden. Die Menschen des neuen Bewusstseins, die die Meister der neuen Zeitqualität sind, kennen nur eine wahre Autorität. Sie schreiten weiter voran, auch wenn ihr Tun von der Masse nicht verstanden wird. Sie haben die Meisterschaft erlangt, weil sie das Ego mit seinen Machenschaften durchschaut haben, das Licht gefunden haben und ausschließlich ihrer eigenen göttlichen Autorität folgen. Sie sind es, die sich zu den Siegern der Zeit einreihen und das Lied der Herzen anstimmen, dessen Klänge schon im weiten Raum zu hören sind. Das Seelenlied wird immer klarer, und wir stimmen in den Gesang mit ein. Sie sind es, die schon lange den Tanz um den heißen Brei beendet und über den Tellerrand hinausgesehen haben. Sie haben nicht auf die Erlaubnis der anderen gewartet, sondern haben sich selbst ermächtigt, den Weg nach Hause anzutreten. Denn im Licht bist du zu Hause, da du einst von dem Licht ausgezogen bist. Du bist Licht von seinem Licht, und diese Wahrheit ist unveränderbar und unabhängig davon, was immer du in deiner Form getan hast. Im tiefsten Mittelalter, als der Tanz der Kali am wildesten war, wurden die meisten Frequenzhalter gemordet und gefoltert mit dem Ziel, Macht, Gier und Finsternis zu halten. Das hat euch tief zurückgeworfen in die Dunkelheit. Da ihr inzwischen bereits in den Photonenring eingetreten seid, ist das Licht unaufhaltsam und die einmalige Möglichkeit gegeben, ein Zeitalter der Avatare (Kali Avatar) in großem Ausmaß herbeizuführen. Sie sind es, die wahren Shen-Aburianer (Shen-Abu = Wurzel-Vater), die immer mit der Urquellexistenzebene im Einklang stehen wie auch mit den anderen Avataren. Sie sind die Erbauer eines glorreichen Garten Edentias und halten diesen. Die Avatare, die diesmal in großer Zahl kommen, zum Teil schon hier sind, nutzen diese einmalige Gelegenheit, die dem Universum zuteil wird. Sie sind die Veredeler des Goldes, aus dem das flüssige Gold entsteht. Vorher kam jeweils ein Avatar, der die Menschheit lehrte. Er trat in eine Form oder einen Körper ein, wie ihr es nennt, um ein begrenztes Sein hier auf Erden zu verbringen, und lehrte die universelle Weisheit. Jetzt ist die universelle Konstellation der gesamten Räume so, dass eine Verwirklichung des Kali Avatar in großem Ausmaß möglich ist und gefördert wird. Es ist sozusagen ein Geschenk an die Menschheit, die vor einem kleinen Schritt steht, der, aus einem anderen Blickwinkel heraus betrachtet, einen riesigen Schritt für die Entwicklung und Entfaltung der Menschen und den gesamten Raum darstellt. Die Wunder stehen für euch bereit, und das Füllhorn wird über euch ausgeschüttet. Und ihr werdet dadurch eine wirkliche Freude erfahren und noch mehr eine wirkliche Dankbarkeit leben. Jetzt versteht ihr sicher, warum sich so viele Schiffe hier im Orbit aufhalten, die gespannt sind, ob ihr diesen Schritt vollzieht und den Garten Edentia errichtet, den alle schon lange herbeigesehnt haben.

Der Raum, in dem ihr euch zur Zeit bewegt, ist der Übergangsraum von einer Periode zur anderen, deren Zeitraum 26.000 Jahre beträgt. Die Erde ist jetzt angefüllt mit alten Seelen, die alle einen bestimmten Lebensauftrag erhalten haben. Dass ihr diesen Auftrag jetzt lebt, ist von enormer Wichtigkeit in dieser Zeitqualität. Was bedeutet es, einen Lebensauftrag zu erhalten? Warum ist dieser so schwer zu finden?

Der Lebensauftrag

Ein Lebensauftrag ist immer vom Urschöpfer gegeben, er stammt sozusagen direkt aus der Quelle des Lebens. Er wurde demjenigen übergeben, weil gerade dieses Wesen am besten dafür geeignet ist. Dieser Auftrag muss nichts mit dem zu tun haben, was ihr bisher ein Leben lang getan habt, im Gegenteil. Das, was bisher eure Tätigkeit gewesen ist, mag mit der eigentlichen Aufgabe wenig oder gar nichts zu tun haben. Viele beschweren sich, dass sie noch keine Klarheit über ihren Lebensauftrag erhalten haben, aber wir sagen euch, dass alles, was bis jetzt geschehen ist, genau so gewollt war, damit ihr lernt, und erst, wenn ihr ausgelernt habt, was ihr euch vorgenommen hattet und diese eine wichtige Entscheidung getroffen habt, könnt ihr euren Lebensauftrag leben. Da der Lebensauftrag von Gott gegeben wurde, fließt er sozusagen aus dir heraus wie eine sprudelnde Quelle, denn es ist genau das, was du immer machen wolltest. Auch wenn du glaubst, kein Talent dafür zu haben, wirst du entdecken, dass du viel mehr Talente besitzt als bisher zum Tragen gekommen sind. Und jetzt ist genau der richtige Zeitpunkt, um Klarheit über deinen Lebensauftrag zu erlangen. Schließe deine Augen und bitte dein Höheres Selbst, dich direkt an den Ort zu führen, wo du in aller Klarheit deinen Auftrag erkennst und begreifst. In der Zeit des Chaos und dem, was noch vor euch liegt, wird es immer wichtiger, dass ihr lernt, mit eurem Höheren Selbst intensiv zusammenzuarbeiten, wie auch mit euren Geistführern. Sie bringen euch immer auf dem kürzesten Weg ans Ziel, wenn ihr das geschehen lasst. Arbeitet mehr mit eurer Intuition, das wird wichtig. Sie ist euer Begleiter durch die Zeit der Wirrnisse, die noch vor euch liegen. Wir gehen später noch direkter darauf ein. Das Chaos wird noch um ein Vielfaches zunehmen und eine Menge Zorn aus den Menschen herausholen, Zorn wegen des Betruges an ihnen und nicht eingehaltener Versprechungen, denen sie geglaubt haben. Diese für die Menschheit lange Entwicklungsperiode geht zu Ende und mit ihr alles, was nicht aus der Liebe ist. Wir sagten es bereits im ersten Buch des P'taah. Wenn das Ego aber nur Angst und Schrecken verbreitet, was soll dann in das Goldene Zeitalter mit hinübergenommen werden? Wieder Angst und Schrecken?

Das wird wohl niemand glauben, der das Buch aufmerksam bis hier gelesen und auch verstanden hat. Viele hoffen, dass Gott ein Rachegott ist und seine Vernichtungsblitze auf die Erde schickt, damit die Bösen vernichtet werden. Wir erinnern euch, dass Gott ein Gott der Liebe ist und Liebe niemals Rache sein kann. Gott ist Leben und kann daher niemals sein Vernichter sein. Damit widerspräche er sich selbst, was er nie tut, und wäre damit unglaubwürdig, was er nicht ist. Also lasst diese Hoffnung fallen, so ihr sie denn hegt. Es sind nur Produktionen des Egos, das seinen beständigen Angstkampf führen will und wieder einmal Gott davon nicht ausnimmt. Gottes sind die Universellen Gesetze. Wer diese hält, lebt gut. Die Universellen Gesetze sind so gestaltet, dass jeder das erhält, was er gibt. Das klingt einfach, ist es auch. Dennoch begreifen viele den Sinn nicht wirklich, weil sie glauben, dass eine gute Tat, die vielleicht mit der verborgenen Absicht der Berechnung getätigt wurde, als „Lohn" Gutes bringt, obwohl sie aus dem Ego kommt und mit Liebe nichts gemein hat.

Wir sagten, dass die Universellen Gesetze auch im Raum der Illusion wirksam sind, eigentlich im gesamten Raumgefüge, wenn ihr so wollt. Und das bedeutet, dass dir dein eigener Kreis, in dem du lebst, immer das zurückgibt, was du ausgesendet hast. Damit ist jetzt klar, dass jeder sein eigener Richter ist, wenn wir in dem Zusammenhang den Begriff verwenden wollen. Nicht Gott straft, sondern das Gesetz des Kreises gibt dir zurück, und letztendlich bist du es, der gibt und erhält.

Beenden des Kreislaufs

Sollte jemand sterben, wie ihr es nennt, und hoffen, dass er damit dem Gesetz entgangen ist, sagen wir ihm, dass er wiedergeboren wird und ein Leben in genau seinem Energiekreis führen muss. Das bedeutet, dass sein neues Leben mit dem Einstieg in seinen alten Kreis beginnt und vielleicht wieder endet. So ist der Kreislauf. Und dieser Kreislauf ist nur zu durchbrechen oder zu beenden, wenn du dich entscheidest, ob du Angst oder Liebe leben willst, dem Ego oder Gott dienen willst. Nun kannst du bei aller Entscheidung den alten Kreis der Illusion nicht einfach liegen lassen und sagen, das war's dann. Es muss etwas mit diesem Kreis passieren, sonst haftet er dir nach wie vor an. Du bist sozusagen an den alten Kreis gefesselt, weil du ihn nicht aufgelöst hast. Im Universum gibt es keinen energetischen Müll, den man liegen lassen kann, und dieser Kreis ist ein energetischer Kreis, der der Auflösung bedarf. Auflösen kannst du den Kreis nur, indem du dir und deinen schlimmsten Feinden, dir und deinem Tun, dir und dem Tun der anderen vergibst. Fühlst du dich schuldig, benötigst du entweder den Richter oder die Vergebung. Wenn noch irgendwo in dir ein Funke Zorn und Rache glimmt, bist du verpflichtet, diesen Funken in Liebe umzuwandeln. Es geht hierbei um Transformation oder Umwandlung von Angst in Liebe. Und wenn du dich bis hierhin auf den Weg gemacht hast, wird das Ego versuchen, dich mit aller Macht wieder zurückzugewinnen. Deshalb ist es so wichtig, dass du Halt hast in der neuen Energie durch die Wurzeln, die du erhalten musst, damit du wie ein Fels in der Brandung stehst bei den Anfechtungen des Egos, das nun noch heimtückischer vorgehen wird. Da wir dir aber zur Seite stehen, sei unserer Hilfe und unseres Schutzes versichert und richte deine Augen nur auf das Ziel. Ignoriere diese Anfechtungen und lass diese Energien im Wind vergehen. Wir alle stärken dich. Dennoch wirst du auch zugleich geprüft, inwieweit du noch versuchst, mit einem Bein im Raum der Illusion zu verweilen. Denn die Geistesgaben, auf die du ein Anrecht hast, sind für deinen lichtvollen Kern, nicht aber für dein Ego, dass sich in voller Eitelkeit damit brüsten und in Anerkennung wälzen will. Wir haben das klare Unterscheidungsvermögen, und wir werden keine Perlen vor die Säue werfen und sie vom Ego zertreten lassen, das damit ohnehin nur gegen seinen Nächsten vorgehen will.

Oft wurde euch gesagt, dass alles Wissen bereits in euch ist und ihr nur zuzugreifen braucht. Nur habt ihr bisher nicht den

Ort gefunden, wo dieses Wissen angesiedelt ist. Das Licht enthält diese Informationen, und wenn ihr euch nicht mit dem reinen, klaren Licht vereint, kommt ihr nicht an diese Weisheit heran. Das Ego wird mit euch ein Rennen veranstalten in der Hoffnung, vor euch an das Wissen zu kommen, denn für das Ego ist Wissen Macht. Wir sagen euch, das Wissen ist für die Friedfertigen, denn sie können damit umgehen. Das Wissen ist für diejenigen, die Gott dienen und somit allem, was ist. Sie sind es, die dieses Wissen in Liebe anwenden lassen durch Urschöpfer, ohne sich in den Vordergrund zu drängen. Die lauten Macher der Welt sind die Egos, weil sie ständig Bewunderung und Macht wollen. Ihr werdet in Kürze des Unterschieds gewahr werden zu den Frequenzhaltern, die leise vorgehen, aber unaufhaltsam sind. Durch sie wird die wahre Macht des Urschöpfers verbreitet, und die Ergebnisse sind sichtbar für alle.

Die Energie der Urzentralsonne

Wir haben gesagt, dass ihr in die Ära des Lichts eingetreten seid. Den vollen Umfang dieses Lichts habt ihr noch nicht empfangen, da die Erde ihren Winkel zur Urzentralsonne noch weiter ausrichten muss. Das Grandiose dieser Zeit ist es, dass ihr eben direkt die Energie aus der Urzentralsonne erhalten werdet. Diese Energie oder reinen Lichtpartikel müsst ihr aber auch halten können. Und das könnt ihr nur, wenn euer Nervensystem in der Lage ist, dieses Licht auch aufzunehmen. Das allein wird ein Grund sein, warum viele Menschen regelrecht durchdrehen und aggressiver werden. Die Nerven können dann das reine Licht noch nicht halten. Des Weiteren haben wir davon gesprochen, dass Licht Informationen enthält. Das ist besonders wichtig, denn diejenigen, die als Weltendiener bereitstehen, können Wissen durch diesen Einfluss von Licht getriggert erhalten. Banal formuliert könnt ihr euch das so vorstellen, dass ihr ein Lichtpaket erhaltet, es öffnet und die damit verbundene Weisheit oder das Wissen habt, was ihr auf Erden umsetzen sollt. Nun versteht ihr sicher, wie einmalig dieser Gnadenakt ist und welche unbegrenzten Möglichkeiten damit verbunden sind. Das Einmalige daran ist, dass die Urzentralsonne ihr Licht in dieser Konstellation zum einen direkt auf die Erde sendet, zum anderen über die Sonnen der Systeme verteilt und über diesen Weg ebenfalls zur Erde bringt. Ihr befindet euch also in einem Lichtregen. Was ihr selbst nicht aufnehmen könnt, wird in die Erde eingebracht und dort gespeichert, wo es für alle abrufbar ist. Wir sind wirklich interessiert, was ihr aus dieser einmaligen Möglichkeit macht und ob ihr sie überhaupt ergreift.

Die allzu materiell Orientierten können nur schwer etwas damit anfangen, aber auch Materie ist Frequenz, und wenn die Frequenz auf Liebe umgestellt ist, verändert sich auch die Materie im Außen. Sie passt sich sozusagen der Musik an. Und wenn du zu denen gehörst, die behaupten, dass sie nur glauben, was sie sehen, wirst du noch sehr staunen. Dennoch darfst du in dem Raum deiner Isolation verbleiben und deinen Kreislauf weiter fortführen, während andere ihrer Inspiration folgen, den Reichtum entgegennehmen und diesen mit anderen teilen.

Teilen hat auf Erden immer den Beigeschmack des Verlierens, nämlich ich gebe dem anderen ab, weil der nichts hat, und habe nur noch die Hälfte von dem, was ich vorher hatte. Diese Art des Denkens stammt von der Gier des Egos.

Die Unerschöpflichkeit der Liebe

In der neuen Energie teilst du erst mal die Liebe mit der Liebe, und glaube mir, nichts vermehrt sich so schnell wie diese und nichts ist so unerschöpflich wie diese. Hier gibt das Ego nicht dem Ego, sondern das Licht gibt dem Licht in erster Linie, und vertraue darauf, dass du auch immer für die Formen und dich selbst genügend zur Verfügung haben wirst. Das ist das Gesetz des Kreises der Liebe. Es geht gar nicht anders. Und du wirst von Herzen geben, denn du erkennst das Licht im anderen, das mit deinem eigenen Licht gleich ist, denn ihr seid von ein und demselben Licht ausgegangen und gehört zusammen. Und dann erkennst du das Göttliche in deinem Nächsten wie er das deine in dir, und der Kreislauf des Dienens als Weltendiener hat begonnen. Dann erkennst du den Urschöpfer oder das Urlicht im Anderen, und du gibst mit einer Freude, die du vorher nicht hattest und nicht kanntest. Du weißt nämlich, dass der Urschöpfer in dir lebendig ist und das Regiment übernommen hat. Er ist es, der für dich sorgt. Glaube mir, wenn ich dir sage, dass es niemanden gibt, der besser für dich sorgen könnte.

Wir haben gesagt, dass Licht Information ist, also auch Weisheit und Wissen vermitteln kann. Licht ist ebenso Frequenz, die höher und schneller schwingt als die Frequenz der Angst, die tiefer angesiedelt ist und sehr langsam schwingt. Also ist klar, dass die Frequenzhalter des Lichts die wahren Lichtarbeiter sind. Und wenn du mit deinem Höheren Selbst kommunizieren kannst, kannst du mit allen im gesamten Raum kommunizieren. Das Licht ist es, das mit dem Licht des Höheren Selbst in Kommunikation steht, und das Licht ist es, das die Verbindung zu allen anderen im gesamten Raum herstellt. Licht braucht keine Entfernungen zu überbrücken, weil der Geist der Wahrhaftigkeit in dem Licht enthalten ist. Und der Geist oder Heilige Geist steht mit sich selbst überall und immer sofort in Verbindung. Also, kannst du das Eine, kannst du auch das Andere.

Wenn du nicht weißt, wie du die Verbindung zu deinem Höheren Selbst herstellen sollst, suche dir einen Frequenzhalter, der das beherrscht und dich mit deinem Höheren Selbst zusammenführt.

Wenn du erst mal in den Genuss der neuen Energie gekommen bist, wirst du sie nie mehr missen mögen. Und das Licht, das von dir ausstrahlt, entfacht das Licht in anderen. Auch das ist teilen und mehren. Alles ist Energie, und diese kennt keine Hindernisse.

Das, was euch ungeduldig sein lässt, ist die Frequenz der Dichte, die es den Formen nur langsamer ermöglicht, sich zu verändern. Auf anderen Ebenen ist das Leben in der neuen Energie schon längst aktiv.

Und so wird die alte Energie, werden die alten Kreisläufe mit einem neuen Frequenzband überschrieben, das die Möglichkeiten und damit verbundenen Fähigkeiten festlegt. Ihr könnt euch das so vorstellen wie einen durchgesägten Baumstamm. Da findet ihr die Jahresringe. Je mehr Jahresringe, desto dicker der Stamm. Um die alte Erde wird sozusagen eine neue gelegt mit einem neuen Ring, der neue Programme enthält, nämlich die Programme der Liebe, des Lichts und des Lebens. Damit ist die alte Erde transformiert und die neue geboren. Reiht euch also ein in die Erbauer der goldenen Erde und öffnet euch für das, was noch kommt.

Allein von diesem Blickwinkel aus könnt ihr vielleicht ermessen, wie nah verwandt ihr mit den Bäumen wirklich seid. Sie sind eure Brüder, die für euch sorgen und euch mittels Sauerstoff und Kohlendioxyd im Austausch die Möglichkeit des Atmens geben. Ihr solltet sie achten und ehrerbietig behandeln mit unendlicher Dankbarkeit.

Denjenigen, die schon mal Zettel schreiben, was sie dann alles manifestieren wollen im neuen Bewusstsein, sei gesagt, dass ihr nicht einfach Raum von Gottes Raum nehmen könnt für egoistische Zwecke. Dann seid ihr im alten Kreislauf. Überlasst es Urschöpfer, zu manifestieren nach seinem Willen, denn dann geschieht das, was sichtbar wird und für alle gut ist.

Der Kreis des Goldenen Zeitalters bedingt die Liebe und Hingabe an Gott-Vater und -Mutter. Es ist ein Kreis des Gebens. Erinnert euch, im ersten Buch P'taah haben wir euch gesagt, dass Arcturus Dominion das neue Spiel freigegeben hat, was bereits begonnen hat. Es ist das Spiel des Gebens. Sinn und Zweck dieses Spiels ist das genaue Gegenteil des egomanen Spiels der alten Energie. Ziel des neuen Spiels ist: Wie überhäufe ich Urschöpfer mit allem, was mir zu Gebote steht. Urschöpfer insgesamt und natürlich in deinem Nächsten und allem, was ist. Gewinner ist, wer das meiste zu geben hat. Der Hinweis für dieses Spiel ist, dass im Zusammenschluss mehr möglich ist als im Alleingang. Wenn du das Spiel als Konkurrenz betrachtest, hast du schon verloren. Es ist kein Gegeneinander der alten Energie, sondern ein Miteinander, ein Zusammenschluss des Lichts, das auch der Urzentralsonne zurückgibt und sie mit Geschenken überhäuft. Das Spiel wird euch gefallen, weil es alle glücklich macht. Noch ein Hinweis! Wenn du geben willst, musst du auch annehmen lernen, überlege aber genau, was du annimmst. Was du erhältst, ist das, was du zu geben hast. Es kommt aber bei dem Spiel auf die Qualität an, nämlich Gold zu verfeinern und zu flüssigem Gold zu machen.

Geben und Nehmen

Wir jedenfalls laden euch ein, mit uns zu spielen und zu siegen. Deshalb sind wir hier, weil wir Spieler des neuen Spieles sind, in dem wir jedenfalls mitten drinstecken und hoffen, dass ihr uns nicht mehr lange warten lasst. Wir haben viel zu geben und wir hoffen, dass ihr unsere Gaben annehmt.

Es ist wichtig, dass ihr die Tragweite dieser momentanen Möglichkeit und Konstellation begreift. Dadurch, dass sich die Erde auf die Zentralsonne ausrichtet, seid ihr in der Lage, wirkliche Quantensprünge in der Entwicklung zu machen. Früher ging der Aufstieg nur Stufe um Stufe, jetzt kannst du Stufen überspringen. Eine einmalige Chance, die ihr wirklich nutzen solltet. Wenn ihr diese Chance vorbeiziehen lasst, werdet ihr nach eurer Zeitrechnung ca. 1000 Jahre warten müssen, bis sich euch wieder so eine Gelegenheit bietet.

Die Hauptangst der Menschen

Wir haben die ganze Zeit über die beiden polaren Möglichkeiten der Angst und der Liebe gesprochen und wollen uns ansehen, worin denn die Angst besteht. Wovor hat der Mensch wirklich Angst? Im Alltag sind es vielleicht mehrere Vorgänge, die euch Angst machen, aber wir sprechen hier über die Hauptangst, die die Menschheit ergriffen hat und die deshalb ein sehr willkürliches Spiel mit den Menschen treibt. Die eigentliche Hauptangst besteht darin, dass du dich von der Liebe entfernt hast und immer weiter in die Dunkelheit gegangen bist. Und immer, wenn du dich von der Liebe abwendest, verlässt du diesen Pol, um den Pol der Angst aufzusuchen. Das alles verdrängt der Mensch noch oder versucht es zumindest zu beschönigen. Bei dem, was ihr Tod nennt, dem Übergang auf eine andere Ebene, werden dir alle Situationen und Taten vor Augen geführt, wo du die Möglichkeit der Liebe nicht genutzt hast. Dann setzen die Scham und das Schuldgefühl ein, die du erfahren wirst, denn hier hast du einen anderen Blickwinkel und die Erinnerung, wer du wirklich bist. Und du erkennst, dass du Gott in deinem Nächsten angegriffen hast und letztendlich dich selbst, denn Licht kann nicht vom Licht getrennt sein. Der Selbstangriff hat anderen Leid gebracht, das auf dich zurückfällt, und auch hier suchst du dann nach Vergebung. Also vergib gleich, dann hast du es hinter dir und kannst deinen inneren Frieden erlangen. Solange dir die Angst im Wege steht, wirst du immer unruhig sein. Vergebung ist Liebe und Liebe ist immer im Frieden mit sich selbst. Der Frieden ist immer zuerst ein innerer Frieden, der sich dann im Außen zeigt. Und wenn du dem Licht die Liebe nicht mehr vorenthältst, dann erfüllst du die Aufgabe, nämlich in Liebe zu dienen. Du kannst dann endlich in die Bedingungslosigkeit einer Liebe gehen, die annimmt und akzeptiert. Es bedeutet nicht, und das betonen wir, dass der Mensch Narrenfreiheit hat, mit dem Argument: Ihr müsst mich lieben, wie ich bin. Wie soll das Ego geliebt werden können, wenn es angreift? Wie soll die Liebe ein Nichts lieben? Ein Nichts kann keine Liebe aufnehmen, wie eine Illusion nie die Wahrheit aufnehmen kann. Wir also sprechen von der bedingungslosen Liebe zu deiner wahren göttlichen Identität. Diese ist gemeint. Sie zensiert dich nicht und sie will dich nicht verändern, aber sie wird die eigene Liebe schützen und nicht dulden, dass du sie missachtest in aller Klarheit. Dann wirst du auch der Heiligkeit dessen bewusst, was der göttliche Kern in dir ist und von dir ausströmt. Es wird für alle sichtbar sein. Wir sehen schon die entfachten Lichter, die bis zu uns empor leuchten und ihr Licht in den gesamten Raum aussenden. Wir haben unsere Frequenzen schon auf die Liebesfrequenz eingestimmt, damit der Klarheit und Reinheit des Dienens nichts im Wege stehen kann. Und wir sind klar, weil wir Licht sind. Und wir sind eins mit euch, weil ihr Licht seid und das Licht sich mit dem Licht vereinigt. Und wenn du ganz und gar im Licht erwacht bist, weißt du, wer du wirklich bist.

Wenn du dich nun entscheidest, im Raum der Wahrhaftigkeit zu leben, wirst du Veränderungen wahrnehmen, die dich vielleicht irritieren könnten. In dieser schizophrenen Welt der „zwei Herren" wirst du dir auf einmal wirklich schizophren vorkommen, denn du wirst lernen, zwei Welten zu sehen, nämlich die der Illusion und zugleich oder in Folge die Welt der Wahrhaftigkeit. Das könnte dich anfangs irritieren, aber du wirst dich schnell zurechtfinden. Du lernst, uns zu hören und zu verstehen, denn dein Höheres Selbst wird dir die Telepathie eröffnen, die Kommunikationsebene des gesamten Raumes. Du kannst auch durch einen Frequenzhalter Telepathie erlernen. Deine geistigen Ohren und dein geistiges Auge oder auch das Dritte Auge werden geöffnet werden, damit du nicht nur hörst auf geistiger Ebene, sondern auch sehen kannst. Du wirst vielleicht spazierengehen oder auf dem Weg zu deiner Arbeitsstätte sein und feststellen, dass die neue Welt schon fest verankert ist. Du wirst den Eindruck haben, schon auf dieser neuen Welt zu leben. Anfangs werden es Momente sein, die immer häufiger auftreten. Und da du die Angst verlassen hast, interessiert sie dich auch nicht mehr. Du wirst nun mit Menschen zusammengeführt, die ebenfalls der Wahrhaftigkeit angehören. Ihr werdet euch erkennen, auch wenn ihr euch nicht seht und nur miteinander telefoniert, denn Licht erkennt sich immer. Dein Leben wird sich rasant ändern, denn der Raum der Wahrhaftigkeit fordert den Boden der Liebe und duldet keine Altlasten, die sich ohnehin hier nicht halten können. Dann kommt der Moment, wo das Ego auch über andere Personen versuchen wird, dich in den alten Kreis der Illusionen zu ziehen. Und wie immer hast du ewig die Wahl, wo und wie du leben willst. Bleibst du im Raum der Wahrhaftigkeit, wirst du beginnen, noch mehr Licht zu halten in deinen Systemen,

Veränderungen im Raum der Wahrhaftigkeit

die sich daran gewöhnen müssen. Stell dir vor, du bist in einem dunklen Raum und plötzlich macht jemand das Licht an. Du musst dich einen Moment daran gewöhnen, bis du alles erkennen kannst, weil dich das Licht blendet. Nun, gewöhnen wirst du dich an vieles, vor allem wenn du erkennst, dass Licht keine Geheimnisse hat. Dem Licht ist alles zugänglich, wobei wir uns auch diskret zurückziehen, wenn es dein Wunsch ist. Unser Medium hat uns freie Hand gelassen, und wir haben dankend angenommen. Wir sind sozusagen unzertrennlich.

Wir haben ihr Angebot in vollem Umfang angenommen, und was das heißt, werdet ihr in der nächsten Zeit sehen und hören, denn wir haben sie vereinnahmt. Du kannst ihr ruhig Fragen dazu stellen, wir werden sie gern beantworten.

Und das, was sie lernen musste und ihr ebenfalls lernen müsst, ist anzunehmen, nämlich die Liebe in vollem Umfang. Eine Liebe, die nichts fordert, sondern euch überhäuft, denn du bist in den Raum der Gebenden eingetreten und hast den Kreis der nehmenden Gier verlassen. Liebe braucht keinen Grund. Hier triffst du nur auf Freunde, die auf dein Wohlergehen bedacht sind. Das bedeutet aber auch, dass wir dir schon sagen, was nicht in Ordnung ist, das gehört dazu. Wir sind keine Schmeichler oder Speichellecker, sondern Klarheit und Wahrheit. Den Unterschied wirst du sehr schnell merken. Bei all dem, was dir Neues widerfährt, ist es enorm wichtig, dass du ehrlich bist zu uns, und vor allem auch zu dir selbst. Erinnere dich, du bist im Raum der Wahrhaftigkeit und nicht mehr der Lüge oder des Selbst-Betrugs.

Wenn wir hören, dass du etwas nicht verstehst, gehen wir darauf ein, weil wir wollen, dass du verstehst. Wir sind auch Fürsorge. Wir räumen Hürden aus dem Weg oder heben dich darüber. Wir halten fern von dir, was dein Licht wieder verhüllen will, denn wir dienen dir unermesslich und ohne Feierabend. Unsere Schicht geht rund um die Uhr von Ewigkeit zu Ewigkeit. Und je mehr du in der Wahrhaftigkeit bist, desto klarer und dankbarer bist du, und damit einher geht auch die Zufriedenheit. Du weißt es doch. Du brauchtest nur einen kleinen Schubs, der dich aufweckt. Und du bist ein Wiederentdecker der Heiligkeit und der Wunder, die du nun selbst erlebst – die schon immer für dich bereitstanden und nur auf dich und deine Entscheidung gewartet haben. Du wirst nun weiter neue Räume der Liebe eröffnen, die sich in Liebe erweitern, und du wirst dem göttlichen Kern nicht mehr diese Liebe vorenthalten. Im Gegenteil, es ist dir ein besonderes Anliegen, die Liebe zu lieben. Du wendest dich dem Bereich Achtung und Respekt zu, die eine neue Dimension für dich haben, denn dies ist der Raum, der wirklich Achtung und Respekt verdient. Du bist in ein neues Leben eingetreten, und du wirst jeden Moment dieses Lebens in vollen Zügen genießen. Und auch wenn du allein in einem Zimmer bist, wird ein Lächeln auf deinem Mund liegen. Deine Ruhe und dein Frieden werden den Frieden im anderen entfachen. Du weißt nun, was du zu tun hast, und bist ebenfalls unaufhaltsam geworden, denn das ist genau das, was du schon immer tun wolltest, und zwar mit all der Liebe, die dabei mit einfließt. Und weil die wahre Liebe mit einfließt, wird auch diese Liebe weitergetragen und zündet neue Feuer, die schon fast verloschen waren. Du bist gerade dabei, alle glücklich zu machen, und auch das war dein Ziel seit Anbeginn der Zeiten. Du wirst klar „ja", aber auch klar „nein" sagen, und auch das wird zum Wohle aller sein. Die göttliche Stimme in dir wirst du hören, denn du hast das Licht freigesetzt, das nun die Führung übernimmt und zu dir spricht. Folge diesen Anweisungen, es ist enorm wichtig, auch wenn du es nicht immer erkennst oder verstehst. Erinnere dich, auch Vertrauen ist

Liebe, und Vertrauen ist eine Säule des Fundaments, das du errichten musst. Vertraue darauf, dass Urschöpfer das Beste für dich bereitgestellt hat, weil er sich danach sehnt, dich glücklich zu machen.

Die Vorstellungen des Menschen

Die Vorstellungen eines Menschen sind klein und begrenzt, weil ein Mensch die Vorstellungen an seine Erfahrung gebunden hat und an seinen Glauben, was möglich oder wahr ist. Insofern sind die Vorstellungen äußerst eingeschränkt. Gottes Gnade und Liebe sind für euch unvorstellbar, genau wie Urschöpfer selbst. Stell ihn dir als ein strahlendes Licht vor, das unbegrenzt ist und keine Form hat. Das wird dich voranbringen. Nimm keine Personifizierung vor, denn das träfe nicht zu. Betrachte vielleicht auch eine Kerze vor der Meditation und stelle fest, dass das Feuer zwar materiell ist, aber von dir als materielle Form nicht in der Hand gehalten werden kann. Es ist in Ruhe oder Bewegung, und der aufsteigende Rauch ist die nächste Ebene, eine noch feinere Frequenz. Wenn du dann in dir das Licht siehst, erkennst du die Wahrheit, eine Wahrheit, die nur Liebe ist. Er hält dich in seiner Hand, um dich zu beschützen, halte du auch seine und lass dich von ihm führen in die höchsten Höhen, die dir als Mensch möglich sind. Diese Zeitqualität ist jetzt.

Nun bist du auch bereit, geschehen zu lassen, was Urschöpfer für dich geplant hat. In dem Raum der Illusionen wurden die Macher bejubelt, egal, was sie machten, und wenn es der gröbste Verstoß an dem Leben selbst war. Du wirst es unermesslich genießen, dass alles ganz von selbst geschieht und sich fügt. Du brauchst weder einzugreifen noch dich einzumischen. Du erkennst, dass das wahre Leben Hand in Hand arbeitet. Weiterhin ist dir gegeben, zu erkennen, dass deine Einmischung vielleicht Probleme für die anderen Beteiligten darstellt, weil es dir auch gezeigt wird. Du weißt, dass du geschützt bist, dass für dich gesorgt ist, und widmest dich ausschließlich dem Plan des Urschöpfers. Du kümmerst dich um die Erfüllung des heiligen Willens. Das ist dein ganzes Bestreben, und dafür erhältst du aus dem gesamten Raum Unterstützung.

Vergebung

Du bist fähig, die Macht der Vergebung einzusetzen. Im Raum der Illusionen hast du dich damit als Verlierer betrachtet, während du im Raum der Wahrhaftigkeit erkennst, wie kraftvoll die Vergebung vorgeht. Sie ist Bestandteil der Liebe und nimmt dem Ego sofort den Wind aus den Segeln. Es hat keine Handhabe mehr und der Frieden in dir ist wiederhergestellt, der auch den anderen berührt. Er kann sich davor nicht drücken oder verstecken. Mit der Vergebung bietest du dem Ego keine Angriffsfläche, also keinen Grund zu kämpfen. Und da dein eigenes Licht nun leuchtet, erkennt das Ego langsam, woran es ist. Es muss die Waffen strecken, denn Liebe ist All-Macht, und All-Macht wird niemals durch ein Ego erschüttert. Es erkennt, dass du nicht mehr hörig bist und zu Höherem geboren bist, als im Sumpf der Niedertracht zu waten. Du trachtest nach Höherem, und das ist für alle gut. Denn du tauschst billiges Plastik gegen Gold ein, um es zu verflüssigen, zu erheben und zu erhöhen. Warum, glaubt ihr, kaufen sie bei euch schon seit einiger Zeit euer Gold auf? Sie zumindest wissen, dass mit dem Papier nichts mehr los ist, dass es keinen Wert besitzt. Und ihr seid gerade dabei, wertvolles Gold für ein paar geschnittene Papierstücke herzugeben.

Wir haben hier im Orbit schon Vorkehrungen getroffen und halten die neue Frequenz. Das Alte stirbt und die Erde wechselt die Ebenen. Die neue Erde ist dabei, geboren zu werden in voller Vitalität, Kraft und Herrlichkeit, und wir alle wohnen dieser Geburt eines neuen Lebens bei. Wir alle sind die Geburtshelfer einer neuen Erde, die einen goldenen Boden hat. Die Werte der Menschen werden sich radikal ändern, und ihr werdet zu Recht Qualität fordern, eine Qualität, die eurem Leben einen Sinn gibt und den Willen des

All-Einen unbedingt erfüllt. Ihr werdet immer mehr erkennen, wie billig man euch abgespeist und was man euch zugemutet hat. Die Unwürdigkeit eures Daseins wird euch immer mehr bewusst in einer Welt der Illusionen. Die Wahrheit jedoch zeigt sich auf allen Ebenen. Vergebt, wendet dem Alten den Rücken zu und kümmert euch um das Goldene Zeitalter. Hier liegt das neue Potenzial, was aufgenommen werden will. Und mit der neuen Geburt der Erde werdet auch ihr neu geboren, denn ihr gehört zusammen. Die Menschenfamilie als solche wird die Erde wieder achten und lieben. Du wirst dir im Raum der Wahrhaftigkeit von der Erde deinen Platz zuweisen lassen, an dem du leben sollst und in ständiger Kommunikation mit ihr stehst. Sie wird dir sagen, was du wo und wann machen sollst, und sie wird zu dir sprechen in den jetzigen Zeiten des Chaos und der Verwirrung. Du wirst ebenfalls wissen, wann du einen Ort zu verlassen hast, weil dieser nicht mehr sicher ist. Erinnere dich, du bist jetzt unter führsorglichen Freunden, die anderen nichts neiden, weil sie wissen, dass für alle gesorgt ist und dass Fülle alle überhäuft. Dir ist klar, dass du niemandem etwas wegnehmen musst, du brauchst nur zu bitten und Urschöpfer wird dir geben. Dann erkennst du immer mehr, dass du um nichts mehr zu bitten brauchst, weil Urschöpfer dir unermesslich gibt, auch ohne dass du eine Bitte an ihn richtest. Und alles, was du durch ihn erhältst, wird dir gefallen. Denn er ist es, der dich erschaffen hat, der immer in dir ist und somit überall ist, wo du bist, und immer weiß, was du gerade denkst, tust oder planst. Nichts bleibt ihm verborgen. Und du wirst überrascht sein, welche Freude du durch ihn erfährst und wie glücklich er dich macht. Denn nun lässt du seine Vorstellungen zu, die deine bei weitem übertreffen, und es geschehen Dinge, die du nicht für möglich gehalten hast, weil du es dir nicht vorstellen konntest. Alleine deine begrenzte Vorstellungskraft hat Urschöpfer in seinem Wirken eingeschränkt, weil du es nicht zugelassen hast. Du wirst feststellen, dass der Raum der Liebe keine Grenzen hat und du auf einmal in großem Stil arbeitest, sozusagen raumübergreifend. Du erinnerst dich, dass die Liebe und das Licht grenzenlos sind und für den Heiligen Geist als Dritten im Bunde die ständige Kommunikation mit dem Gesamten eine permanente heilige Begegnung ist. So wird deine Zusammenarbeit über den Orbit in den Raum hinausgetragen, um dort zu dienen, wo es erforderlich ist, um auf der Erde und im Raum den Urschöpfer in allem zu sehen, was vorhanden ist. Du wirst es lieben, den anderen zu verwöhnen, damit er sich wohlfühlt und der Urschöpfer sich in ihm.

Die wahre Größe der Freiheit und die damit verbundene Verantwortung werden dir immer bewusster, weil Gott die Universellen Gesetze für dich hält. Menschen machen immer Fehler, es geht nicht anders, weil sie nie den Überblick des Gesamten haben. Urschöpfer jedoch macht niemals Fehler. Er allein ist in der Lage, die Universellen Gesetze zu halten. Die Freiheit der göttlichen Ordnung wird für dich der Alltag werden, ein Alltag, der jeden Tag ein Sonntag für dich ist, weil du glücklich bist und andere glücklich machst. Du übernimmst nun gern die Verantwortung für den göttlichen Willen. Dort, wo du dich im Raum der Illusion vor Verantwortung gedrückt hast, weil sie deinen Vorteil einschränkte, wirst du sie nun gern in vollem Umfang wahrnehmen. Es ist die Verantwortung, alles Leben zu achten, zu ehren, zu behüten und zu beschützen. Du erfährst immer mehr die Heiligkeit seines Seins, die Größe seines Seins und wirst mit Ehrfurcht die Wunder bestaunen, die er für alle sichtbar vollbringt. Und auch mit diesen Attributen und all deiner Liebe nährst du über die goldene Wurzel den Boden, auf dem du stehst. Es ist dir ein wahres Herzensbedürfnis, die Freude, die du empfängst, mit anderen zu teilen.

Im Raum der Illusion hat deine Freude den Neid des Egos heraufbeschworen, das die Säbel gezückt hat, um dir sofort die Freude zu verderben. Im Raum der Wahrhaftigkeit gibt es keinen Neid, weil du weißt, dass der Urschöpfer für das Wohl aller sorgt. Du bist dabei, in die Wunschlosigkeit zu gehen, weil du erkennst, dass du keine Wünsche mehr nötig hast. Und falls dich doch etwas interessieren sollte, wirst du ihn fragen, damit das Gefüge der Liebe nicht durcheinander gerät, weil du einen Wunsch hast. Und du wirst nicht zu stolz sein, um ihn zu bitten oder deinen Nächsten. Du bittest, weil du den anderen achtest und ehrst und es dir ein Anliegen ist, ihn nicht zu verletzen.

Im Raum der Illusionen war es gang und gäbe, dass das Ego den Nächsten mit Worten oder Taten verletzt hat. Im Kampf zieht man sich Verletzungen zu, und ein verletzter Gegner ist ein schwacher Gegner.

Im Raum der Wahrhaftigkeit freuen sich alle mit dir, weil du den göttlichen Willen lebst und einen neuen Ausdruck dieses Willens auf die Ebene der Sichtbarmachung geholt hast. Alle werden diesen Ausdruck, der nun Form angenommen hat, bestaunen und die Freude mit dir teilen, denn sein allein ist die Herrlichkeit. Deshalb werdet ihr euer Leben verändern, eure Wohnstätten und alles dieser Herrlichkeit anpassen, ihr sozusagen immer neuen Ausdruck verleihen wollen. Nun bist du das

Instrument geworden, auf dem er spielt und dessen Lied der Liebe durch den gesamten Raum schallt, in das alle einstimmen. Und ein neuer Chor ist geboren, dessen Herzen gemeinsam jubilieren. Du wirst dich unablässig entfalten in immer neuer Weise, denn die Möglichkeiten des Urschöpfers sind unermesslich. Jetzt weißt du, dass die eigentliche Freiheit darin liegt, Urschöpfer zu dienen, denn diese Freiheit ist immer unbegrenzt, weil er unbegrenzt ist. Das ist das, was dir das Ego jeden Tag im Raum der Illusion verwehrt hat. Es hat dich mit falschen Versprechungen hingehalten und mit einer Freiheit gelockt, die sich gegen den gesamten Raum richtete und immer einen Angriff auf Gott darstellte. Es hat deinen Zorn genährt, damit du noch nicht mal an die Liebe denken solltest. Der Zorn ist die Nahrung des Egos, denn es ist die Nahrung der Angst. Und die im Raum der Illusion verbleiben, werden davon genug erhalten.

Deine Freiheit, die du nun lebst, ist ein Dienst am Nächsten, der dir dient, der wie du nicht anders kann und will. Du lebst die wahre Freiheit ohne Schuld und Scham, denn sie ist vom Glück getränkt. Das Selbst-Vertrauen hat den Platz des Selbst-Betruges eingenommen, das du ausstrahlst, denn die Stärke und Allmacht, die Urschöpfer durch dich leben kann, wird nie verborgen bleiben. Es geht gar nicht anders. Ewig hast du ihn warten lassen auf diesen einen Moment der Vereinigung, um dein Versprechen des Dienens einzulösen. Das Ego hat dir erzählt, dass du viel zu wertlos bist, als dass der Urschöpfer sich mit dir abgeben würde.

Glaubst du wirklich, dass der Urschöpfer je etwas Wertloses erschaffen würde?

Er gab dir deinen freien Willen, dich zu entscheiden, ob du im Licht oder in der Dunkelheit wandeln willst, und solange du den freien Willen selbst lebst, wirst du immer wanken im

Sturm, immer auf Schmeicheleien reinfallen, die dich in der Dunkelheit und Unkenntnis halten sollen, fern ab vom wahren Leben und vom Glück, das Urschöpfer für dich bereitgestellt hat. Dunkelheit ist immer mit Unkenntnis verbunden und scheut die Erkenntnis, denn dann könntest du ja etwas ändern wollen. Und Erkenntnis war dein Ziel, von dem man dich fernhalten wollte. Und wenn schon mehrmals angeklungen ist, dass unser Medium ihren freien Willen abgegeben hat, hat sie gut daran getan. Denn der Wille des Menschen ist immer schwach, weil der Mensch an sich schwach ist. Er verfügt nicht über die nötige Weisheit, Erkenntnis und Geisteskraft wie auch nicht über die Stärke Gottes. Wenn du nun deinen freien Willen abgibst und es Urschöpfer überlässt, für dich zu sorgen, dann wirst du mit seiner Stärke belebt, erhältst die Klarheit, die du benötigst, um die Geister zu unterscheiden, die dich fordern. Nun wirst du eine Stärke des Friedens, der Klarheit und der Weisheit in dir tragen, die durch dich zum Ausdruck kommt. Und kein Sturm der Welt kann dich mehr ins Wanken bringen, denn du bist standfest im All-Einen. Und glaube wohl, dass er dich niemals fallen lassen wird. Hast du ihm gegeben von dem bisschen, was dir zur Verfügung stand, wird er dich überhäufen mit all seinen Gaben, und diese sind wahrhaftig, sodass die Lüge keine Handhabe haben wird. Und zudem ist der gesamte Raum mit dir inklusive deiner himmlischen Familie, die immer bei dir war, die du nur vergessen hattest. Nun wirst du über dich selbst hinauswachsen im wahrsten Sinne des Wortes, denn nun bist du wieder grenzenlos geworden in deinem gesamten Sein und stehst wieder in Verbindung mit allem, was ist.

Du bist unaufhaltsam, weil er unaufhaltsam ist. Teilt er doch mit dir alles und wird dir nichts vorenthalten, es sei denn, es könnte dir zum Schaden sein. Jetzt bist du in der

Lage, wieder ein Kind zu sein, das mit Vater/Mutter-Gott eine Einheit bildet, sich behütet fühlt und keine Gedanken mehr macht, was der nächste Moment oder der nächste Tag bringen werden. Du bist ins Vertrauen gegangen und folgst den Anweisungen deiner Eltern, weil du weißt, sie wollen nur dein Bestes. Sie weisen dich liebevoll oder klar auf alles hin, was mit dir im Zusammenhang steht, und leiten dich an. Sie bereiten dich auf noch höhere Ebenen vor, damit weiter aufsteigst.

Sie geben dir das Beste, und du teilst mit anderen das Beste, die einzige Qualität, die Wirklichkeit hat und lebendig ist. Damit erhöhst du den Wert in jedem Moment deines Seins, den du teilst, wie auch den Wert allen Seins im gesamten Raum. Du bist gerade dabei, ein Avatar zu werden, der sich in den Dienst des Gesamten stellt, da das Gesamte nicht von dem Einzelnen zu trennen ist, und somit ist ein neuer Weltendiener geboren, der einen neuen Dienst erhält oder den bestehenden verfeinert. Je nachdem, welche Aufgabe Urschöpfer für dich bereithält. Und der Raum deiner Freiheit, den du mit allen teilst, weitet sich immer mehr aus und eröffnet wieder neue Räume. Denn das Gesetz des Kreises gibt dir unaufhaltsam zurück, was du gibst. Dieser Kreis dehnt sich aus und ist erweiterbar, damit deine Gaben alle Platz haben. Somit dienst du dir letztendlich selbst mit der Heiligkeit und in dem Maße, was es dir wert ist. Seine Wertschätzung ist unermesslich und wirklich heilig ist nur der Urschöpfer. Nun hast du einen Moment, wo du erkennst, wie klein du bist und wie noch kleinlicher du gehandelt hast, denn du lernst Urschöpfer immer besser kennen in seiner ganzen Größe, so wie du es als Mensch hier auf Terra erfassen kannst und deine Systeme diese Energie halten können. Und weil du seine Heiligkeit als Mensch erkannt hast, heiligst du automatisch alles, was sein ist. Es geht nicht anders. Du wirst nie wieder

Auf dem Weg zum Avatar

unter deinem Wert leben wollen und schon gar nicht unter seinem. Auch wenn du als Mensch Urschöpfer nie in vollem Umfang erkennen kannst, weißt du soviel, dass seine Heiligkeit genauso grenzenlos ist wie seine Liebe und Barmherzigkeit. Also, schöpfe aus dem Vollen. Das ist das, was du immer wolltest. Greif zu. Es ist das, was du immer wusstest und jetzt wieder wissen solltest, damit du eine klare Entscheidung treffen kannst.

Die neue Ebene, auf der ihr euch alle bewegen werdet, wird sich potenzieren dahingehend, dass die Liebe sofort reagieren wird. Hier braucht niemand zu warten oder zu betteln, weil die Eigenschaft der Liebe das Geben ist, das Teilen, also ihr Sein ohnehin ist, und das wird in jedem Moment zum Ausdruck gebracht werden. Die Herzen, die noch verschlossen sind, werden wieder geöffnet, und je mehr ihr erwacht, desto klarer werdet ihr sein. Wenn ihr ganz und gar erwacht sein werdet, werdet ihr nicht verstehen, dass ihr je so habt leben können, wie es euch widerfahren ist. Bis zur Mitte des Jahres 2012 wird es in den Menschen noch wie die Ruhe vor dem Sturm sein, die durch die bis dahin funktionierende Betäubung der Hypnose und deren Einschränkung noch wirkt. Durch die universellen Einflüsse wie auch durch unsere Frequenzhaltung aus unseren Schiffen und Lichtstädten heraus werdet ihr plötzlich erwachen. Und dieses Erwachen wird die Klarheit freisetzen, die erforderlich ist, damit die Erinnerung den Raum einnehmen kann. Ihr werdet wissen, wer ihr seid und warum ihr hier seid. Und dann gibt es kein Halten mehr, oder anders formuliert, der Weg der Menschheit als Familie ist dann nicht mehr aufzuhalten. Dann brechen die letzten Strukturen absolut weg in einem Moment, weil die Liebe den gesamten Raum einnehmen will und wird. Gegen die Liebesfrequenz kommt keine andere Frequenz an. Diese kann auch nicht mehr gestört werden, denn sie umhüllt Störfaktoren und niedere Frequenzen, sodass diese nicht mehr zum Tragen kommen können. Das ist so, als ob jemand einen Ton von sich gibt, der nicht gehört werden kann. Damit sind auch alle Manipulationen außer Kraft gesetzt, die auf unbewusster Ebene als Subliminals (unterschwellige Botschaften, die euch auch mental beeinflussen sollen) auf euch niederprasseln, damit ihr unbewusst Käufe tätigt oder Sachen konsumiert, die ihr eigentlich nicht wollt oder braucht. Diesen für euch nicht hörbaren oder nicht sehbaren Einflüssen seid ihr nicht mehr ausgesetzt. Ihr werdet euch dann auch weigern, Dinge zu kaufen, die aus eurer Sicht keinen Sinn machen und keinen Wert haben.

Die Sinnlosigkeit, die euch bis heute quält, ist ebenfalls aufgehoben, denn der Sinn eures Lebens steht wieder klar vor euch. Ihr kennt nun euer Ziel genau und steuert direkt darauf los. Ihr habt sozusagen wieder den Sinn des Lebens gefunden, nämlich zu sein, was eures Vater/Mutter-Gottes ist, und das ist Liebe und Wahrhaftigkeit. Das, was bis zu dem Moment geschieht, sind alles die Vorläufer, die von euch auch unbewusst ausgelöst wurden. Euer Inneres weiß, dass die Zeit für den Raum der Illusion abgelaufen ist. Und wenn ein Spiel beendet ist, müssen die Kinder aufräumen, also das Spielzeug wegräumen. Ihr seid dabei, es zu tun.

Da der Urschöpfer wahrhaftig und das Leben selbst ist, könnt ihr auch im Raum der Illusion nichts anderes sein, auch wenn ihr euch anders gebt und euch einem Spiel unterwerft, das als Ziel für euch den Tod hat. Ihr hättet auch die Spielregeln ändern können, aber das habt ihr aus verschiedenen Gründen nicht gemacht. Durch die Manipulation und die fehlende Klarheit war es euch nicht möglich, hinter die Kulissen zu schauen, um den Machenschaften des Egos auf die Schliche zu kommen. Und je besser ihr euch habt manipulieren lassen, je kleiner und ängstlicher ihr wart, desto mehr Verachtung hat euch das Ego wegen eurer Schwäche entgegengebracht. Es hat versucht, Urschöpfer aus euch herauszustellen und ihn so weit in den Himmel zu verbannen, dass ihr keinen Zugriff mehr haben solltet. Dann hat noch die Wissenschaft festgestellt, dass im Himmel kein Mann mit Bart sitzt, der Blitze schleudert, und damit war auch der Traum vom starken Vater ausgeträumt. Der nächste Schritt war dann, euch Angst vor eurem eigenen Schöpfer zu machen, weil ihr in der Finsternis das Licht nicht mehr sehen konntet. Und auch das war für euch ausnehmend wirkungsvoll. So wart ihr mit den ewigen Kampfszenarien beschäftigt, weil die Welt so böse ist und euch pausenlos angreift, auf dass ihr immer in die Verteidigung gehen müsst. Man hat euch dazu gebracht, Kriege zu führen, auf Menschen zu schießen, die ihr nicht einmal kanntet, weil man euch sagte, dass sie eure Feinde seien. Man hat also Feindbilder vor euch aufgestellt und immer eine Schuldzuweisung parat gehabt, damit dieses Feindbild auch glaubwürdig erschien. Und wenn die Glaubwürdigkeit des einen Arguments entlarvt wurde, dachte man sich ein neues aus, was wieder glaubwürdig erschien.

Dass ihr in einem fort belogen und betrogen wurdet und man euch eingeredet hat, dass ihr ganz jemand anderes seid, nämlich hilflose Geschöpfe, die auf sich selbst gestellt sind und noch dankbar sein müssen, dass sie überhaupt leben dürfen, damit ihr annehmt, was eine Handvoll der sogenannten „Großen" für euch übrig hatte. Ihr habt euch das gefallen lassen und noch nicht einmal darüber nachgedacht, dass es einfacher ist zu sterben als geboren zu werden. Sterben kann jeder in einem Nu. Um geboren zu werden, musst du erst mal eine Entwicklung durchlaufen. Es ist schwieriger.

Aber auch wenn es wirkliche Denker gab, schwiegen auch diese wegen der Drohungen, die sie erhalten haben. Eine andere Form, Kritik im Keim zu ersticken, war, dass man Redefreiheit und Meinungsfreiheit zwar proklamierte, diese aber nur für „Treudenkende" unter Beifall stattfanden. „Andersdenkende" wurden als Blöde, Verrückte oder Angreifer auf den eigenen Staat betitelt und so behandelt.

Das, womit man euch bei der Stange hielt, war die Abhängigkeit, in die man euch hineinlog. Und die einzige Abhängigkeit, die das Ego zur Verfügung hat, ist die Lüge auf die Zukunft – die Versprechungen, die es auf eine Zukunft gibt, die nie eingehalten werden, weil dann die Ausreden kommen, warum das nicht möglich ist. Dann hat es euch wieder vertröstet mit neuen Versprechungen auf eine neue Zukunft, die bis heute auch nicht eingehalten wurden. Keine dieser gegebenen Versprechungen beruhten auf eurer Eigenständigkeit, sondern immer auf Abhängigkeit. Ihr seid aber das, was eures Vater/Mutter-Gottes ist, also frei und unabhängig, und so wolltet ihr leben. Ihr habt den Versprechungen geglaubt, und die meisten tun es immer noch. Eure Programme gehen inzwischen soweit, dass ihr schon selbst Ausreden und Entschuldigungen erfindet, warum etwas nicht geht, anstatt zu hinterfragen, warum das so ist, oder einfach mit eurer eigenen Idee zu beginnen. Für eine Idee selbst musst du kein Geld haben, und Urschöpfer hat für die Erschaffung von Welten auch kein Geld gebraucht. Was habt ihr euch nur alles einreden lassen! Man hat euer Denken und eure Kritikfähigkeit so weit runtergefahren und euch abgelenkt, dass ihr einfach nichts mehr hinterfragt habt. Und falls doch etwas hinterfragt wurde, wartete niemand auf die Antwort, die zur Erleuchtung hätte beitragen können. Wir sagen euch dies zur Klarheit, damit euch bewusst wird, was ihr selbst mit euch macht und mit euch machen lasst und alles als gegeben hinnehmt. Etwas als gegeben hinzunehmen, hat auch zwei Seiten der Medaille, denn zum einen wartest du, damit jemand etwas gibt, zum anderen impliziert es, dass du das nicht ändern kannst, es hinnehmen musst, ob es dir gefällt oder nicht. Du bist also wieder mal in der Bredouille deiner Situation, also in eine gewisse Ausweglosigkeit gedrängt worden, die dich scheinbar zwingt, in die Hilflosigkeit zu gehen und schwach zu sein. Nach dem Motto: Ich kann ja sowieso nichts ändern. Der nächste Schritt ist, euch damit zu beschäftigen, dass ihr für die Versprechen der Zukunft arbeitet, damit diese sich erfüllen. Warum eigentlich? Es sind keine Versprechen, die ihr euch selbst gegeben habt, sondern es sind Versprechen, die euch andere vorgehalten und behauptet haben, dass ihr für die Erfüllung verantwortlich seid. Mitnichten. Wenn es nicht eure eigenen Versprechungen sind, seid ihr dafür auch nicht verantwortlich. Der, der sie abgibt, muss für die Erfüllung sorgen und niemand sonst.

Im Raum der Illusion hat das Ego ein leichtes Spiel damit, weil ihr nur auf die lineare Ebene fixiert seid. Also auf die Ebene von links nach rechts, von Vergangenheit, Gegenwart und Zukunft. Darauf schaut ihr, ohne daran zu denken, dass es noch weitere Ebenen, die senkrecht oder diagonal gehen, gibt, die ihr nutzen könntet. Schaut ihr in die Vergangenheit, wird diese beschönigt vom Ego, damit ihr euch nicht so schlecht fühlen sollt, schließlich sind nur Sieger und Macher gefragt, die aber nur für das Ego tätig sind, das Kumpane mit gleichen Zielen sucht. Der nächste Blick wird dann auf die Zukunft gelenkt, wo die Hoffnung keimt und die Versprechungen eine große Bedeutung haben, denn sie sollen euch ja in die Situation eines glorreichen Lebens bringen. Der miesen Vergangenheit wird die Fahne einer irrationalen Zukunft vor die Nase gehalten und damit herumgewedelt. Was euch dabei nicht auffällt, ist, dass das Ego – ob euer eigenes oder das anderer – nicht die Absicht hat, euch ein glorreiches Leben zu bescheren. Dann könntet ihr ja aufmüpfig werden und euch gegen das Ego stellen. Dieses Risiko geht das Ego freiwillig nicht ein. Schließlich funktioniert ihr am besten, wenn ihr im wahrsten Sinne des Wortes „niedergeschlagen" seid. Dann müsst ihr euch beruhigen und könnt meist keinen klaren Gedanken fassen. Diese Trauer wird dann allzu schnell mit Hass überzogen, weil der andere nicht so funktionierte, wie das Versprechen und die damit verbundene Hoffnung es vorgaben. Und in dieser ganzen Zeit macht ihr genau das, was das Ego will, das in aller Heimtücke schon den nächsten Schachzug vorbereitet hat, damit ihr euch ja nicht erholt und in eure Stärke kommt.

Glaubt ihr wirklich, Urschöpfer kreiert eine geniale und intelligente Schöpfung, damit ihr allein gelassen, schwach und hilflos euer Leben fristen müsst? Glaubt ihr wirklich, dass die Liebe dies je zulassen würde? Er ist kein Schwafler, und wenn er spricht, hat sich sein Wort schon erfüllt, denn er ist Wahrhaftigkeit. Je mehr jemand reden muss, desto mehr Überzeugungsarbeit leistet er. Urschöpfer ist das Sein und das Sein ist Tat. Er bedarf keiner Worte, und wenn er Worte benutzt, dann sind sie Leben wie auch er und erfüllen sich immer und überall. Davor ist auch der Raum der Illusion nicht geschützt. Sonst würde das bedeuten, dass Urschöpfers All-Macht vor dem Raum der Illusion in Unfähigkeit stehen würde, was gar nicht möglich ist.

Das Ego gehört zum Raum der Illusion, das ein Nichts ist, schwach ist und aus der Lüge lebt. Daher wird sein Wort nie Macht haben können, denn die Lüge kann niemals gegen die Wahrheit antreten. Sie hat verloren schon im Ansatz des Versuchs, da sie ein Unterfangen begonnen hat, das immer zum

Scheitern verurteilt ist. Wenn ein Nichts gegen die All-Macht antritt, ist es immer dessen eigener Untergang, genauso wie die Dunkelheit niemals das Licht aufhalten kann. Und so sie das Licht berührt, ist sie verschwunden in dem Moment, also nicht mehr existent. Das Ego hat also seine eigene Auflösung eingeleitet. Damit ist es die ganze Zeit beschäftigt, wie auch mit dem Kräftemessen, ob es ihm nicht doch gelingt, das Licht in einen Kampf zu verwickeln. Es provoziert ständig und hofft durch Beleidigungen und Verleumdungen, uns doch noch zu einem Kampf zu bewegen. Wir sagen euch, dass wir niemals gegen ein Nichts antreten, ein Nichts, das sich schon auf dem Boden wälzt, dem die Puste bereits ausgegangen ist und das kein Gegner für uns sein kann. Ein Nichts ist nicht und kann daher auch keine Bedrohung darstellen, für niemanden.

Eine eurer größten Schwächen ist auch, dass ihr euch als getrennt betrachtet, weil die Formen der Dichte für sich stehen. Erst wenn du dein wahres Sein erkannt hast und dein Licht wieder mit dem Licht des Ganzen verbindest, gehst du wieder in das „Wir", gehst du wieder in die Stärke, so du die Stärke durch dich leben lässt. Die Stärke ist immer bei Urschöpfer, weil du von ihm abstammst und die Stärke sein ist. Im Reich der Illusionen bist du in die Schwäche gegangen, also bedarfst du seiner Stärke, die er durch dich lebt. Im Raum der Wahrhaftigkeit fühlst du Stärke und Einheit, du siehst sie und du lebst sie. Dein Nachbar weiß vielleicht nichts davon, schaut dich dennoch verwundert an, weil ihm unbewusst klar ist, das sich bei dir etwas verändert hat. Er ist dir gegenüber vorsichtiger, weil er das Licht nicht sehen kann, aber die Wandlung bemerkt. Das Ego des Nachbarn muss sich erst auf die neue Situation einstellen, da es doch wieder kämpfen will, auch wenn es den vermeintlichen Gegner nicht orten kann. Du wirst deinem Nachbarn unheimlich, denn inzwischen hast du uns zur

Seite, bist Licht und siehst die Machenschaften, hörst sie und erfährst sie sogar im Vorfeld, wenn es zu deinem Schutze ist. Du hast die Stärke erhalten, und das wittert das Ego, das auf Feigheit spezialisiert ist und vorzugsweise die Schwäche des anderen sucht. Du stehst nun fest in deinem Selbst-Bewusstsein und lächelst, denn du weißt, es gibt nichts, worüber du dich aufregen müsstest. Du weißt, dass das Licht längst Einzug gehalten hat.

Im gesamten Universum bleibt kein Platz leer. Es gibt keine leeren Räume. Und so der Raum, in dem die Illusion haust, leer wird, wird er sofort wieder angefüllt und verändert. Er wird Licht und zum Raum der Wahrhaftigkeit transformiert, denn wir haben den Platz sofort belegt, also ist er unser. Und so wurde ein weiteres Licht im Dunkel des Seins angezündet, das nun leuchtet – für alle sichtbar. Auf Basis des Magnetismus ziehst du immer das Gleiche an. Und so zieht das Licht das Licht an, die Stärke die Stärke, die Sieger die Sieger. Von dem Raum der Illusion der Getrenntheit bist du nun in den Raum der Wahrhaftigkeit gewechselt, vom Ich zum Wir, von der Getrenntheit zur Einheit. Wir sind eins, Licht von seinem Licht, das sich verbindet, um der All-Macht die Möglichkeit zu geben, sich durch seine Schöpfung der Form zu leben, so wie es geplant war. Wir halten den Plan ein und dulden nicht, dass irgendjemand oder etwas versucht, das Licht vor anderen zu verbergen oder Urschöpfers Eigentum zu missbrauchen.

Von der Getrenntheit zur Einheit

Bisher hatten es die wenigen wahrhaftigen Lichtarbeiter schwer, besonders in den Anfängen. Sie haben den Hohn und Spott weggesteckt und sind sich selbst treu geblieben. Sie haben Tränen der Verzweiflung vergossen und fühlten sich von der Welt allein gelassen, wussten oftmals nicht, wo sie anfangen sollten mit ihrer Arbeit. Und wenn der Anfang gemacht war, sahen sie Milliarden von Menschen vor sich und der Aufgabe nicht mehr gewachsen. Das waren die Anfänge. Sie haben schnell begriffen, dass sie nicht alles allein machen müssen, auch wenn sie Vorreiter waren und sind. Sie haben das Licht des All-Einen leuchten lassen und sich ihm zur Verfügung gestellt. Das ist das Beste, was sie je getan haben und tun konnten unter den Umständen und Lebensbedingungen. Die Energien, die euch jetzt zur Verfügung stehen, bringen euch schnell voran, fordern aber auch alles von euch. Es geht nicht anders. Also seid bereit und denkt immer daran, wir sind mit euch.

Die El-Ohim

In den Anfängen der Schöpfung war es gedacht, dass die Erde sich auf der Astralebene bewegen sollte, weil hier alles schnell veränderbar ist. Durch den Fall in die Dichte wurde dieser Wunsch vereitelt. Deshalb stiegen die El-Ohim herab und waren diejenigen, die in dem Garten Eden lebten. Der Plan war, die Menschheit wieder anzuheben, und ist durch die Vorgehensweise von wenigen durch die Lüge gescheitert. Die Lüge hat diesen Plan vereitelt, sodass die El-Ohim selbst nach dem Fall Terras in die Dichte hinabgestiegen sind. Es war ein Unternehmen, das nicht geplant war, aber aus ihrer Sicht die einzige Möglichkeit der Rettung des Planeten und seiner Bewohner. Da die El-Ohim nun wie Menschen leben mussten, mussten sie auch ein begrenztes Leben führen. Je nach Lebensauftrag des Einzelnen wurde derjenige der Erde enthoben oder starb wie ein Mensch, nachdem sein Dienst auf Terra beendet war.

Wir erkannten, dass diese Vorgehensweise entschieden zu lange dauern würde und zu einseitig war. Jesus Christus hat dann sein Blut gegeben, das er mit euch geteilt hat. Es steht für den Lebenssaft, Heilung, Informationen und Transformation, die es enthält. Er selbst ist eingetaucht in die Dichte in der

Hingabe an die Schöpfung und zu ihrer Rettung, damit sie nicht weiter sinkt und verloren wäre. Somit ist er der Blutsbruder aller geworden. Die Menschen, die sich für den Raum der Wahrhaftigkeit entschieden haben, sehen und spüren ihn und halten sich alle für Jesus Christus. Das ist für den Moment in Ordnung, weil der Weg durch ihn möglich ist und er Teil des Gesamten auf Erden geworden ist.

Unter den Indianern war es Sitte, sich per Blut in eine Blutsbruderschaft einzulassen, sich durch den Austausch von Blut mit dem anderen so zu verbinden, wie es Familien tun, die behaupten, Blut sei dicker als Wasser. Und dann haben sie das Blut sprechen lassen und dessen Fähigkeiten aufgenommen und die eigenen damit gestärkt. Sie haben über das Blut geteilt. Der Christus hat dem Jesus das Licht in das Blut einfließen lassen und den Weg des Aufstiegs. Wenn einer es kann, können es alle. Erinnert euch, dass Licht Information ist. Diese Informationen hat er mit euch geteilt und sagte, dass ihr ihm nachfolgen sollt. Damit ist gemeint, dass ihr den Weg des Erwachens gehen sollt. Das Blut ist ein mystisches Blut, der Weg ist der Seine, und viele sind ihm gefolgt. Die neue Zeitqualität nun ermöglicht euch kürzere und schnellere Wege. Nur ohne den Christus und das Christus-Bewusst-Sein geht es auch heute nicht. Früher musstet ihr anklopfen, damit euch aufgetan wird, heute könnt ihr den Schlüssel erhalten und selbst aufschließen. Die Qualität des kurzen Zeitfensters, das euch zur Verfügung steht, hat eine unermessliche Auswahl an Werkzeugen für euch, die ihr alle nutzen könnt. Lasst euch von uns helfen. Diese Zeitqualität ermöglicht es den Massen, durch das Tor zu ziehen, statt Einzelne durchzulassen und es danach gleich wieder zu verschließen. In den alten Tagen war es sehr schwer, durch Erkenntnis auf dem Weg nach innen durch die Dichte und die damit verbundene Dunkelheit zu dringen. Die

Bedingungen, die wir stellten, waren wesentlich härter und schwerer zu erfüllen. Bedingungen stellen wir heute auch noch, warum auch nicht, nur sind sie gelockert worden, weil die Zeit es erfordert. Da das damalige Leben mit den Anforderungen des heutigen nicht zu vergleichen ist, können es auch keine gleichen Bedingungen sein. Die Bedingung des Dienens bleibt davon unbeeinflusst. Wer im Dienst des All-Einen stehen will, muss dienen, also seinen Job machen. Und wir achten darauf, dass derjenige auch seinen Job macht und hält, was er versprochen hat. Er erhält von uns alle Unterstützung und Förderung. Wir zögern aber andererseits auch nicht, uns von Anwärtern zu trennen, die schnell wieder mit einem Bein versuchen, im Raum der Illusion zu stehen, um dort mit unseren Gaben Missbrauch zu treiben und das Ego bejubeln zu lassen.

Weil die Zeitqualität so einmalig ist, sind wir alle hergekommen, um ebenfalls diesen Einfluss zu nutzen. Alles, was jemand selbst nicht nutzt, kann von einem anderen, der es erkannt hat, dann ebenfalls genutzt werden. Auch wir sammeln die Gaben ein, die Urschöpfer bereitstellt. Die Gottesgaben sind dazu da, dass alle davon profitieren. Sie sind für alle und sie sind zum Wohle aller. Somit herrscht im Raum der Wahrhaftigkeit immer eine Win-Win-Situation für alle. Im Raum der Illusion geht es darum, dem anderen alles wegzunehmen, weil das Ego die Gier befriedigen will, die nicht zu befriedigen ist. Das System des Raumes der Illusion ist auch ein Grund, warum das Geld bei euch schwindet. Es wird jedem weggenommen. Und da eine Handvoll Wesen es über Zeiträume hinweg immer anderen weggenommen hat, stehen diese mit leeren Händen da. Leere Hände jedoch können nichts geben, und so haben sich diese Wesen das Wasser selbst abgegraben. Wo nichts ist, kann nichts geholt werden. Hätte das Ego jeden zum Millionär gemacht, wäre ein Leben in Fülle auch im Raum der Illusion möglich gewesen, wenigstens, was das Papier angeht. Damit wurden dann die Schulden erfunden. In dem Wort „Schulden" steckt das Wort „Schuld", und diese Schuld bezieht sich auf den Diebstahl. Alle Länder sind verarmt, wir sagten das bereits.

Armut der Länder

Einige sind noch in der Lage, andere eine Weile zu stützen. Wenn aber Länder gestützt und durch das Geld anderer erhalten werden sollen, können diese keine Geschäfte damit machen. Die Länder geben nicht, um zu teilen und den anderen zu helfen, sondern sie geben mit der Absicht, zum späteren Zeitpunkt ein Geschäft mit dem Kredit zu machen. Da keine Waren fließen, die Geschäfte bringen, sind es dann die Zinsen, die wieder reich machen sollen. Da alle Länder verarmen, können aber auch die Zinsen nicht bezahlt werden. Also müssen Milliarden verschenkt werden, weil es keinen anderen Weg gibt. Wiedersehen werden sie das Geld nicht. Das System Geld wird von einigen eurer „Weisen" überdacht, und bis man eine Lösung gefunden hat, hält man euch mit Versprechungen hin, dass das alles schon seinen Gang gehen wird. Schließlich gibt es Weise, die das wissen müssen.

Nun, wir sagen euch jetzt schon, dass es so nicht funktionieren kann und auch nicht funktionieren wird. Man wird euch „Ersatzgeld" oder auch etwas anbieten, das diese Funktion übernehmen soll. Was immer auf eurem Planeten mit Elektronik zu tun hat, bedeutet eure Überwachung, die man zu Manipulationszwecken benutzt. Hütet euch davor, euch auf deren Vorschläge einzulassen. Ihr selbst könnt auch Forderungen stellen. Bisher habt ihr das aus Angst vermieden, aber wenn ihr nichts mehr zu verlieren habt, und diese Zeitqualität zeigt euch das, dann werden eure Forderungen schon laut werden. Besteht darauf, dass ihr kein Geld und auch keinen Ersatz dafür wollt, weil alles, was mit dem Bereich zu tun hat, nur der Gier dient und niemals, die Bedeutung hier liegt auf niemals, zum Wohle aller sein kann. Die Absicht, die hinter dem Geld steht, ist Gier, und Gier will selbst vereinnahmen unter dem Prinzip der Wegnahme. Das Prinzip der Wegnahme ist jedoch die Zerstörung des Lebens als Form. Das betrifft den Menschen wie auch die Natur, die ausgebeutet wird am laufenden Band. Gier führt immer zur Vernichtung, denn Gier vernichtet sich immer selbst, weil sie den Raum um sich herum vernichtet und somit selbst keinen Lebensraum mehr hat und somit in die Selbstvernichtung geht.

Die Selbstvernichtung der Gier

Erinnert euch, wir sagten, dass kein Angriff auf das wahre Leben mehr geduldet wird. Auch Gier ist ein Angriff, weil dahinter das Prinzip der Vernichtung steht. Wir empfehlen euch, das neue Energieaustauschmittel „Liebe“ einzusetzen. Liebe ist der wahre Wert. Du gibst dann jedes Mal etwas Wahrhaftiges und wirst im Gegenzug auch Wahrhaftiges erhalten. Beides ist von unschätzbarem Wert. Bisher hat sich das Ego über Geld definiert, nach dem Motto: Wenn ich Geld habe, dann bin ich wer. Dann lasse ich die Puppen tanzen und übe Macht aus. Und andere haben das für ein Stück Papier auch getan. Das Zusammenspiel hat funktioniert.

Das Zusammenspiel der Liebe funktioniert anders. Wenn du in der Lage bist, den Wert der Liebe richtig einzuschätzen, wirst du keinen anderen Wert mehr akzeptieren. Es liegt an dir, was du akzeptierst. Nutze das bisschen Macht, das du hast. Niemand kann dich zwingen, etwas zu akzeptieren, was du nicht willst. Wenn du dir wertloses Zeug andrehen lassen willst, wird dich niemand daran hindern. Wenn die Zeit Qualität fordert, wäre dir anzuraten, diese ebenfalls zu fordern. Die Einflüsse des Neuen sind Qualität auf allen Ebenen. Wir schauen uns nun den Wert der Liebe an.

Der Wert der Liebe

Liebe ist All-Macht, denn Urschöpfer ist Liebe. Liebe überhäuft dich immer. Liebe ist immer auf dein Wohl bedacht und findet immer den richtigen Weg zu dir. Sie gibt dir genau das, wonach du dich sehnst, und niemand weiß das besser als der, der dich geschaffen hat, wo deine Träume liegen. Keiner deiner Träume muss mehr verraten werden, sondern jeder wird erfüllt. Der Traum der Liebe ist kein egoistischer, weil die Liebe immer gebend ist, ohne zu fordern. Hier ist der große Unterschied. Der Raum der Wahrhaftigkeit ist der Raum des Gebens, und genau dieses Spiel läuft universell auch auf Terra.

Wenn du also „Nehmer“ bist, wird niemand mehr mit dir spielen. Du stehst allein auf dem Spielfeld. Alle anderen, die ein bisschen weise sind, befinden sich auf dem Spielfeld des Gebens. Sie stellen sich nicht gegen das Universum, sie reihen sich ein, um miteinander zu leben. Das Geben ist immer unerschöpflich, weil die Liebe selbst unerschöpflich ist. Die Unerschöpflichkeit bedingt, dass du immer alles hast, was du brauchst, und darüber hinaus, weil die Liebe immer großzügig ist. Die Liebe beflügelt dich und trägt dich auf Händen. Sie verwöhnt dich. Liebe ist die Weite des Seins und die ständige Erweiterung. Der Raum der Illusion ist die Enge, die dich manchmal zu erdrücken scheint. Du wirst die Weite genießen und auch die damit verbundenen Möglichkeiten, was den Kontakt zu anderen Universen angeht. Liebe behütet und beschützt dich, sie umsorgt dich auf allen Ebenen. Liebe kann man nicht festhalten, sie fließt unaufhörlich, deshalb ist sie ständiges Geben. Liebe ist Frieden, denn Wohlergehen benötigt keinen Zorn oder Neid, der zum Krieg führt. Der Frieden ist Stärke, denn er ist Ruhe, in die die Inspirationen des All-Einen einfließen, die du auf der Ebene der Form verwirklichst. Liebe ist Lebensauftrag, den du und alle leben. Der Lebensauftrag macht dich und alle glücklich, denn das ist genau das, was ihr immer leben wolltet. Wenn jeder seinen Lebensauftrag lebt, funktioniert das System mit Liebe und Glück, ein Glück, das beständig ist, weil dein Tun beständig ist, denn es ist im Namen der Liebe getan. Und wir sagen dir, es gibt nichts Beständigeres als die Liebe. Sie ist einer der Kleber, der die gesamte Schöpfung zusammenhält. Liebe ist Vertrauen, und das Zusammenleben basiert auf Vertrauen. Verträge brauchst du nicht, weil du weißt, dass eine Absprache eingehalten wird. Wenn nun jemand versucht, sich darum zu drücken, werdet ihr erleben, wie die Liebe funktioniert. Sie duldet nicht, dass dem anderen geschadet wird, und der gesamte Raum sorgt dafür, dass du deiner Verpflichtung nachkommst. Du gerätst in eine energetische Situation, wo du nicht anders kannst, wo du weder Rast noch Ruhe findest, bis du dein Versprechen erfüllt hast. Der andere kann in Gelassenheit warten, weil er weiß, dass die Liebe für ihn sorgt und der gesamte Raum Sorge trägt, dass niemand zu Schaden kommt.

Schaden und Schadenfreude sind Attribute des Egos im Raum der Illusion, weil sich das Ego dadurch stark und eitel fühlt. Im Raum der Wahrhaftigkeit gibt es nur den Stolz darüber, dass man die Illusion überwunden und sich der Liebe zugewandt hat. Du wirst sie nie wieder missen wollen. Wenn wir von Liebe sprechen, meinen wir nicht die kleine an Bedingungen geknüpfte Liebe, sondern wir sprechen von der All-umfassenden Liebe des Urschöpfers, die dich ganz und gar eingenommen hat. Nun bist du selbst Liebe geworden im Lichte der Wahrheit, und du tust, was du bist, und du gibst, was du hast – nämlich Liebe. Aus dieser Liebe heraus bist du Hüter von allem, was ist, denn du erkennst in allem die Heiligkeit des Seins, das Licht des All-Einen, und du kannst nicht anders, als das, was du liebst, zu hüten in jeder Form und auf jeder Ebene. Das Wohlergehen der Form im Raum der Wahrhaftigkeit ist das Wohlergehen aller, denn das Licht der Form ist nicht mehr verborgen und der Vater/Mutter-Gott ist mit seinen Kindern. Nun stehst du fest auf dem goldenen Boden eines goldenen Zeitalters, dass dir ungeahnte Fülle beschert, einen Reichtum, den du dir nie hättest erträumen können, mit Möglichkeiten, an die du vorher nie gedacht hast. Du teilst nun auch dein Glück mit anderen, die dir dein Glück nicht neiden, weil sie selbst glücklich sind und auch sie ihr Glück teilen wollen. Und wie du siehst, besteht dieses Sein aus dem Teilen von wahren Werten, und nur wahre Werte können glücklich machen. Sie sind von ewiger Qualität, die durch nichts gemindert werden kann, weil niemand die wahrhaftige Liebe mindern kann. Liebe ist vollkommen und die stärkste Macht im All. Es gibt an dieser reinen, klaren Liebe nichts zu verbessern oder zu vervollkommnen, daher ist sie das Beste, was du bekommen kannst als Qualität für dein Leben, deinen Nächsten, deinen Planeten und dein universelles System. Und was du aus der Liebe heraus erschaffst, muss grandios sein, denn die Liebe an sich ist grandios und wird nichts unter ihrem Wert erschaffen. Sie ist, was sie ist, und gibt, was sie hat – Liebe in absolut reiner und höchster Qualität.

Nun verstehst du sicher, warum du selbst Forderungen geltend machen solltest, wenn du Qualität willst. Der Gedanke, der euch bei dem System der Liebe immer noch stört, ist der, dass ihr denkt, ihr müsst umsonst arbeiten. Dieser Gedanke ist noch bei euch, weil ihr bisher umsonst gearbeitet habt. Zwar argumentiert ihr, dass ihr dafür Papier erhalten habt, aber wenn ihr genau hinseht, habt ihr für nichts gearbeitet und euch dafür Wertloses angeschafft. Das hat euch mürbe und bedrückt gemacht. Wenn ihr beschließt, die Liebe als Energieaustauschmittel einzusetzen, beginnt ihr euren Lebensauftrag zu leben. Ihr fragt nicht, was bekomme ich dafür, weil es im Goldenen Zeitalter so funktioniert: Du beginnst mit deinem Lebensauftrag, und mit dem Moment wirst du überhäuft mit weiterer Arbeit, aber auch mit allen Mitteln und Menschen, die du benötigst, um diesen Auftrag umzusetzen. Alle arbeiten dir zu, wie du anderen zuarbeitest. Es ist ein Hand in Hand-Arbeiten aller zusammen. Eigentlich hast du keine Zeit mehr zu fragen, was du bekommst. Es ist dir im Prinzip egal, weil du weißt, dass der Urschöpfer für dich sorgt wie kein anderer. Und aus diesem ihm gegenüber gelebten Vertrauen heraus tust du, was er will, und empfindest nur Freude. Du bist endlich glücklich, weil du in deiner Lebensaufgabe aufblühst wie eine Blume im Garten Edentias. Du erhältst in Fülle, weil alle dir geben aus der Fülle heraus und du wieder alles gibst, was dir zu Gebote steht. Du bist im Raum der Fülle angekommen.

Alles, was der Urschöpfer wollte, war, dass du dich aus der Freiheit deines Willens für ihn entscheidest, und die Qualität der Stunde ist günstiger denn je, es zu tun. Du hast auch ebenso die Wahl, dich gegen die Liebe zu entscheiden mit allen Konsequenzen. Niemand zwingt dich, auch wir nicht. Von nun an aber, wo du das Buch hier in deiner Hand hältst, weißt du, was du wissen solltest. So kann niemand behaupten, er hätte nicht gewusst, wo seine Entscheidungsmöglichkeiten liegen.

Also nimm deine Möglichkeiten wahr und fordere die wahre Qualität für dein Leben. Lass dich weder mit Papier noch mit Plastik, noch mit einem virtuellen Nichts abspeisen. Fordert die Liebe als Energieausgleich, fordert die absolute Qualität.

Das Ego fordert das „Sie“ in der Ansprache, weil es eine Distanz zwischen sich und dem anderen braucht. Wenn der andere ihm zu nahekommt, fühlt es sich schon bedroht. Das „Du“ nutzt das Ego nur, wenn es sich um Gesinnungsgleiche handelt, die es wiederum benutzt, um seine eigenen Ziele zu erreichen. Im Raum der Wahrhaftigkeit bist du unter Freunden und der Familie des Lichts. Hier gibt es nur das „Du“, weil wir alle eins sind. In dem Du liegt mehr Achtung und Respekt, als je mit einem „Sie“ auf Terra zum Ausdruck kommen könnte. Im „Sie“ liegt Abweisung, im „Du“ liegt Annahme deiner Person und deines Seins. Die Basis hier ist die Frei-Willigkeit deiner Entscheidung, aber auch die Forderung, dein Wort zu halten und dich nicht auch hier zum Betrüger zu entwickeln. Wenn du glaubst, dass du im Raum der Wahrhaftigkeit eine andere Aufgabe übernehmen willst, hast du die Freiheit, darum zu bitten. Es wird dir gewährt werden, was möglich ist. Die Entscheidung darüber wird eine höhere Macht fällen. Bisher kommt das nicht vor, weil du mit der dir gegebenen Lebensaufgabe glücklich bist. Und wenn Urschöpfer dein Tätigkeitsfeld erweitern oder ändern will, wirst du es von ihm erfahren. Für dich ist immer gesorgt, immer und ausnahmslos.

Und die Frage, warum so viel auf Erden verschwindet, könnt ihr euch nun schon selbst beantworten: weil alles, was das Ego erzeugt, auf der Basis der Illusion steht, was mit Hass und Vernichtung einhergeht. Und wenn ihr etwas erhaltet, trachtet das Ego sofort danach, es euch wieder wegzunehmen und damit ein Geschäft zu machen.

Freude ist ein Aspekt der Liebe, der bei diesem System als Erhaltung fehlt. Das bisschen Freude, das ihr empfindet, wenn ihr zum Beispiel ein Auto erwerbt, ist damit nicht gemeint. Diese Freude vergeht schnell, wenn ihr eine Menge Papier dafür hinlegen müsst oder Jahre lang Schulden abbezahlen müsst. Dazu kommt, dass ihr ständig für Benzin, Versicherungen, Steuern, Erhaltung, Wartung usw. zahlen müsst. Und wie ihr seht, zahlt ihr mehr, als ihr erhaltet. Ihr steckt Unmengen an Energie in eine Sache ohne Gegenwert. Und das tut ihr, weil euch einmal die Fahrt in einem Auto ein bisschen das Gefühl der Freiheit vermitteln soll, wo ihr selbst das Steuer in der Hand haltet. Und auch hier geht es auf den Straßen dann rüde zu, schließlich will das Ego schneller fahren als die anderen, diesen einen Parkplatz und sonst keinen und sonnt sich darin, ein größeres und teureres Auto zu haben als andere. Und das geht so lange, bis es schrottreif ist. Schrottreif wiederum kann es nur sein, weil es aus Schrott erbaut wurde. Die Liebe kann niemals verschrottet werden. Qualität bleibt eben Qualität.

Und du, der du deinen Lebensauftrag lebst, hast die Qualität der Liebe dazu erhalten, es zu tun. In deiner DNS auf allen Ebenen fließen die Fähigkeiten zusammen, damit du genau die Qualität ablieferst, die der andere von dir fordern kann – die Qualität der Liebe, das Beste vom Besten. Und so schließt sich der gesamte Weltenraum mit dir zusammen auf dem Nährboden des Gebens, weil wir alle Urschöpfer erfreuen wollen, individuell und insgesamt. Es ist uns ein wahres Herzensbedürfnis zu tun, was wir sind, und zu geben, was wir haben, um die Liebe zu potenzieren und alle am Wohlergehen teilhaben zu lassen.

Die Logik der Angst

Nun kommt sofort das Ego mit seiner Logik daher und versucht zu beweisen, dass das alles anders ist. Der Mensch, der sich als logisch denkendes Wesen bezeichnet, nutzt bisher überwiegend die Logik der Angst. Und das ist ein wichtiger Punkt. Die Logik der Angst findet immer ein Argument, warum es das System der Angst verteidigen kann, auch wenn es Vermutungen oder

Versprechungen dafür heranzieht. Wenn die Illusion ein Nichts ist, warum sollte ein Nichts eine Logik enthalten? Warum sollte Angst an sich logisch sein? Wozu dient sie? Das Prinzip des Egos ist es, die Logik der Liebe zu verzerren, sich einzelne Teile davon zu entleihen, um diese zu missbrauchen. Dann erfindet das Ego eine Logik, die es euch nicht erklärt, die es euch aber auffordert zu glauben. Den Beweis dieser Logik bleibt euch das Ego ewig schuldig, weil die Logik der Angst die Angst selbst und eben ein Gefühl ist. Den Glauben liefert ihr freiwillig ab, weil die Drohung dahintersteht, dass, wenn ihr es nicht glaubt, euch die schlimmsten Sachen drohen werden. Das bedeutet, dass das Ego seine Logik mit Drohungen untermauern muss, damit ihr gehorcht. Das Ego kann nur mit Angst argumentieren, weil der Raum der Illusion eben Angst ist, und Drohungen gehören zur Angst wie auch die Lüge. Wenn aber Angst und Lüge hier zu Hause sind, welche Logik sollte es dann geben? Das, was das Ego Logik nennt, ist Lüge und Betrug. Dabei zieht das Ego alles heran, was es gebrauchen kann, um diesen Betrug zu untermauern. Das hat nichts mit Logik zu tun, überhaupt nicht. Die Angst ist das Mittel der Wahl des Egos, um euch gefügig zu machen. Wer Angst hat, kuscht. Das zweite Mittel der Wahl ist die Demütigung, was zum Stolz des Egos gehört. Menschen, die man demütigt, fühlen sich klein und schwach. Das Ego nutzt Maschinen als Droh- und Kriegsmittel, die es auch liebend gern einsetzt. Wenn die Drohung nicht fruchtet, bekommt das Ego noch mehr Angst und greift zur Waffe und scheut vor Vernichtung nicht zurück. Der Sadismus des Egos ist schier grenzenlos, und dafür findet und erfindet das Ego stets Gründe und Argumente, die es dreht und wendet wie der Wind die Fahne. Und wenn es euch noch immer nicht überzeugen kann, dann seid ihr einfach dumm oder es nicht wert, weil ihr die Größe des

Egos nicht verstehen könnt. Übersetzt heißt das, dass dem Ego die Argumente ausgegangen sind, deshalb wird es beleidigend mit der dazugehörigen moralischen Schuldzuweisung, wobei es euch dann mit Nichtachtung straft. Auch das wird Logik genannt. Vielleicht denkt das Ego, weil es immer die gleichen Mittel benutzt, dass diese deshalb logisch sein müssten.

Hört euch eure Sprache an, wie kriegerisch diese ist. Ihr seid „gegen" etwas, ihr geht zu einer Demonstration, die mit „Anti-Krieg" beginnt und nicht „Pro-Frieden" heißt, ihr beratschlagt euch statt euch auszutauschen. Ihr legt Bosheit und Zynismus in eure Sprache und auch Sarkasmus, damit der Hass des Egos möglichst kaschiert zum Tragen kommen soll. Eure Sprachen weltweit sind Kampfsprachen, weil es die Sprache der Angst ist. Dazu werden Gebärden einstudiert, die euch einschüchtern sollen, also die non-verbale Sprache, die die Angst desjenigen oft deutlicher macht. Ihr betreibt überwiegend Kampfsport, nutzt Sportwaffen, haltet Jagen für einen Sport, was wir als hinterhältigen Mord bezeichnen, weil es nicht eurer Nahrung dient, sondern eurer feigen Eitelkeit, damit ihr die Tierkadaver an die Wand nageln könnt und auf Bewunderung hofft. Wenn ihr nur ein bisschen wachsam seid, erkennt ihr im Alltag, in eurer Sprache, dass der Raum der Illusion mit Angst gespickt ist. Als Rechtfertigung wird daher Angriff und Verteidigung gespielt, was die Basis der Logik der Angst ist, nämlich, dass ich mich verteidigen muss – immer und überall. Die Logik soll auch untermauern, dass ihr keine Wahl habt, weil das eben so ist, weil ihr daran nichts ändern könnt. Und jede Lüge, die ihr täglich serviert bekommt, auch von euren Führern, wird mit einer weiteren Lüge untermauert, die die erste mit Logik belegen soll. Es ging eben nicht anders, weil es ja zum Wohle des Volkes oder des kleinen Mannes ist. Das allein ist schließlich schon logisch und versteht jeder. Jede Logik der

Angst soll von der Lüge der Angst ablenken, und wenn du die Logik der Angst bejahst, fragst du nicht mehr nach der Lüge, auch wenn du sie erkennst. Inzwischen begründest du die Lüge selbst mit einer Logik der Verteidigung, damit du überhaupt noch in deinen Spiegel schauen kannst, ohne dich abzuwenden. Angst hat viele Gesichter und nutzt viele Mittel der Unaufrichtigkeit, um nicht vordergründig aufzutreten, sondern aus der Hinterhältigkeit, aus dem Versteck heraus zu agieren und in der Hoffnung, unerkannt zu bleiben. Bei jeder Entlarvung steht eine Rechtfertigung parat mit der Begründung, warum das so ist. Wenn dem Ego keine Begründung einfällt, dann greift es direkt an. Es schafft sich seinen ständigen kleinen Kriegsschauplatz, wo es sich tummelt. Nehmt eure Talk-Shows, wo Menschen aufeinandergehetzt werden, die sich verbal angreifen und verteidigen. Die Zuschauer finden das lustig und hoffen, dass ihr Kandidat gewinnt, und wer sich am lautesten, unfreundlichsten, unkorrektesten benommen hat, alle niedergeredet hat, wähnt sich als Sieger des Kampfes von einer Stunde Talk-Show. Er erkennt nicht, dass er benutzt worden ist, damit andere Geschäfte machen, die Einschaltquoten erhöht werden konnten und er lediglich vorgeführt worden ist. Er argumentiert, dass er sich freiwillig zur Verfügung gestellt hat, weil er den Interessen seiner Anhänger dienen wollte. Und dafür hat er gekämpft, auch wenn sich fünf Minuten später niemand mehr erinnert, was dort ausgefochten wurde. Mit dem Ende der Sendung sind die Kandidaten verschwunden und die Erinnerung an sie ebenfalls. Sie gehen nicht in die Geschichte ein, wie sie hofften, sondern sie haben nur einen üblen Nachgeschmack hinterlassen, an den niemand wirklich denken will. Jeder hat gewusst, dass sie gelogen haben, ob das nun deutlich wurde oder nicht, und wer will sich schon an ein Schaustück erinnern, in dem das Kolosseum Roms verlagert wurde in ein Studio, wo immer noch die Kämpfe stattfinden und das Publikum sich amüsiert und Beifall klatscht. Die Machenschaften des Egos haben vielerlei Gesichter. Willst du herausfinden, wie das Ego vorgeht, frage immer nach der Absicht, die dahinter verborgen wird.

Das Verbergen der wahren Absicht ist das Anliegen des Egos, immer und überall. Wenn du darauf nicht mehr hereinfallen willst, frage nach der Absicht, die im Verborgenen ist. Wem dient das Anliegen? Wird es kriegerisch durchgeführt? Wenn ja, warum? Letztendlich spielt es keine Rolle, auf welchem Feld du Krieg führst. Die meisten führen ihn in der Familie oder mit dem Partner täglich in verschiedenen Varianten, auf dem Arbeitsplatz, oder sie suchen sich Orte, wo er stattfindet. Dass das Kriegsspiel des Egos verschiedene Gesichter hat, darf über die Absicht nicht hinwegtäuschen. Erst wenn die Maske des Egos gefallen ist, kommt die Wahrheit ans Licht. Und wir sagen euch, die Maske wurde dem Ego schon entrissen, deshalb kommen täglich neue Skandale ans Licht.

Die Logik der Liebe

Die Wahrheit hat sich erhoben, weil das Licht wieder leuchtet. Die Logik der Liebe ist sofort ersichtlich. Sie beweist sich und ist erkennbar. Die Logik der Liebe ist nachvollziehbar und ist immer logisch in allen Punkten. Auch wenn das Ego beständig nach dem Haken sucht, der doch dort verborgen sein müsste. Die Menschen greifen beständig die Wahrheit an, um sie doch noch zu einer Lüge umzufunktionieren. Wir wünschten, ihr würdet wenigstens einmal am Tag eure Lebenslüge hinterfragen. Das vermeidet der Mensch wohlweislich, weil dann Scham und Wut darüber, dass er sich für die Lüge hergegeben hat, sich nicht mehr unterdrücken lassen. Deshalb wird die Lüge geduldet und beschönigt, und deshalb werden beständig Argumente gefunden, die sie untermauern sollen. Dieses Mauerwerk ist auf Sand gebaut und ist dabei einzustürzen. Scham und Wut werden klar vor allen stehen, das ist unvermeidlich. Die Wahrheit wird als solche erkannt werden, weil die Wahrheit über allem steht und nicht anzugreifen ist. Nur weil jemand lügt, bleibt die Wahrheit dennoch die Wahrheit. Die Wahrheit ist der Nährboden der Stärke, denn nun bist du in der Gegenwart des Egos angekommen, wo du dich entschieden hast, von der Lüge zur Wahrheit zu wechseln. Die Vergangenheit und die Zukunft interessieren dich nicht mehr, weil du in der Gegenwart lebst. Hier bist du zu Hause, in der ewigen Gegenwart. Der Urschöpfer ist immer gegenwärtig, daher hat er keine Vergangenheit oder Zukunft. Seine Zeit ist immer jetzt. Auch wenn Menschen oder Formen sich ändern, bleiben die Liebe und die Wahrheit immer gleich. Sie ändern sich niemals, weil sie auf dem Boden der Wahrhaftigkeit gebaut wurden. Sie halten ewig und sind durch nichts zerstörbar. Sie beweisen sich durch die damit verbundenen Gesetze, die universell und ewig sind und deren Erfüllung für alle sichtbar ist. Und auch wenn das Ego Ausreden benutzt, wird die Lüge immer eine Lüge bleiben und sich niemals in eine Wahrheit umkehren können. Wenn du die Entscheidung getroffen hast, in den Raum der Wahrhaftigkeit zu wechseln, wirst du der Liebe im Lichte der Wahrheit gewahr werden. Dann erkennst du die Wahrheit und die Liebe, die darin enthalten ist. Sie verbirgt sich nicht. Der Mensch ist es, der das Licht zugedeckt hat mit einem Schleier der Dunkelheit, das Licht an sich macht, was es immer macht – es leuchtet. Du weißt einfach am Beginn, dass du nun deinen Fuß auf den Boden der Wahrheit gesetzt hast, und wirst den anderen schnell nachziehen. Du erinnerst dich, auch wenn die Erinnerung anfangs noch langsam kommt. Jede Erinnerung eröffnet dir neue Weisheit, eine Weisheit, die du kennst und erkennst als die Wahrheit des Lebens. Und das Licht leuchtet auf deinem

Weg, damit dein Fuß an keinen Stein mehr stößt. Und du siehst dein eigenes Licht leuchten und erkennst dich wieder. Hier wirst du dir und anderen vergeben müssen, denn hier wird dir jeder Moment der Lieblosigkeit, der Lüge klar, und du weißt, dass deine Vergebung der Zweck deines Weges ist. Du erkennst, dass der Weg zur Wahrheit gehört und vom Leben für dich vorgegeben wurde, damit du lernst, die Geister zu unterscheiden. Niemand verurteilt dich hier, sondern beglückwünscht dich zu deinem Entschluss, dem Licht zu dienen. Deine lichtvolle Familie steht bereit, denn sie erwarten dich, weil du nun endlich mit deinem Lebensauftrag beginnen kannst, und wir packen mit an. Wir sorgen dafür, dass du Sieger bist und Sieger bleibst, weil du nur mit Siegern zusammenarbeitest und weil Urschöpfer den Sieg vorgegeben hat, der immer sein ist. Wenn du Urschöpfer den gesamten Raum wieder zur Verfügung stellst, kannst du nur Sieger sein, weil er der wahre Sieger ist, und alles, was er beginnt, immer ein Sieg der Liebe sein muss. Es geht nicht anders. Alles ist sein, alles ist von ihm ausgegangen und alles untersteht seinem Willen. So bist du nun eingereiht unter die Sieger und setzt seinen Willen fort, denn er ist mit dir in all seiner Pracht und Herrlichkeit, die durch nichts mehr verleugnet werden kann. Er wirkt durch dich, und seine Werke sind sichtbar. Du hörst seine Stimme in dir durch den Heiligen Geist, und wenn du seinen Anweisungen folgst, gibt er dir die Beweise, die du benötigst, damit du fest auf goldenem Boden stehst und nicht mehr wankst durch den Angriff des Egos. Und so wie du lächelnd durchs Leben gehst, weißt du, du hast es geschafft. Du bist zu Hause, du bist auf dem Territorium der Wahrhaftigkeit und du lebst diese Wahrhaftigkeit. Es geht nicht anders, und du willst es nicht anders. Ob der andere aus Angst oder Neid das gut heißt, ist dir egal, weil du nun weißt, und keine Lüge und kein Angriff der Welt können dir dieses Wissen, diese Erfahrung mehr nehmen. Die Wahrheit steht über allem, weil er über allem steht. Das Ego hat längst deinen Thron verlassen, den du nun Urschöpfer zur Verfügung stellst. Dein Leben erhält nun Sicherheit und Stabilität, so wie es war in den alten Tagen und so, wie es dir zusteht. Die Wahrheit ist das wahre Leben. Da du einst vom Urschöpfer ausgezogen bist, steht dir die Wahrheit immer und überall zu. Es ist kein Gnadenakt, den du erbetteln musst. Du hast das Recht und die Pflicht, Urschöpfer zu geben, was sein ist, um zu sein, was du warst, bist und sein wirst, nämlich das Kind von Vater/Mutter-Gott. Auch wenn du im Raum der Illusion gelebt hast, bleibst du ihr Kind. Daran ändert der Raum nichts und auch die Lüge nichts, da diese Wahrheit ewigen Bestand hat. Es ist, wie es ist, du bist Tochter und Sohn des All-Einen, der höchsten Triade der Schöpfung. Das ist die Wahrheit. Und die Wahrheit ist das, was du wissen solltest!

Du hast nun wieder die goldenen Wurzeln, die du brauchst, um dich zu entfalten, und wenn du die Wurzeln erhalten hast, kannst du die Flügel bekommen. Vater/Mutter-Gott wird dich an der Hand halten und führen und dir neue Welten und Räume eröffnen, damit du dich weiterentwickeln kannst. Es ist ihm ein inniges Bedürfnis, dich an seiner Weisheit teilhaben zu lassen. Du gehst nun deinen Lebensweg im Frieden des Lichts, weil die Wahrheit in dir ist und die Wahrheit Frieden ist. Erinnert euch an den Frieden der Avatare, den ihr in ihrer Nähe aufnehmen und verspüren könnt. Erinnert euch, wie wohl ihr euch gefühlt habt. Und jeder im Raum der Wahrhaftigkeit wird dir mit Diskretion und Verständnis entgegenkommen, wenn du eine Frage oder ein Problem haben solltest. Niemand zensiert oder verurteilt, sondern ist darauf bedacht, deine Weisheit zu erweitern, damit du immer auf dem Pfad bleibst, auf dem er voranschreitet, damit du den Weg findest. Er schreitet voran, damit du folgen kannst, er schreitet voran, weil er dir den Weg ebnet und es dir ein Leichtes sein soll, ihm mit frohem, freiem Herzen zu folgen. Deine Vergangenheit und deine Zukunft sind überschrieben, weil die Ewigkeit immer im Jetzt ist. Da du in die Ewigkeit eingegangen bist, ist auch deine Zeit das Jetzt, das ewig ausgedehnt wird. Du siehst weder nach links noch nach rechts, sondern hast das Ziel immer fest im Blick. Du lässt dich nicht mehr ablenken, denn du kannst die Geister unterscheiden, wessen Geistes Kind jemand ist, und lässt dich nicht blenden. Du kennst das wahre Licht und trägst das wahre Leben in dir, das du gern und bereitwillig mit anderen teilst. Deine Gaben sind die Wertvollsten geworden, die du hütest und nicht verschleuderst. Du birgst einen wahren Schatz in dir. Nun wirst du der Fülle gewahr, die das Leben für dich bereithält, und schöpfst nun mit vollen Händen, um zu geben. Du wirst keine Leere mehr kennenlernen, denn Urschöpfer ist Fülle im Raum der Wahrhaftigkeit, und so kann es nur Fülle geben für alle. Erinnere dich an die Unerschöpflichkeit der Liebe. Du bist nun bereit, mit anderen Wesenheiten in deinem oder anderen Universen zusammenzuarbeiten, die sich zusammengeschlossen haben, um ebenfalls zu dienen. Sie alle helfen dir, dich im neuen Raum der Wahrhaftigkeit zurechtzufinden, und leiten dich liebevoll an. Du weißt nun, dass du nur zu sein brauchst, was du immer warst, dann tust du, was du bist, und lebst deine wahrhaftige Aufgabe. Da du nun wahrhaftig bist, kann auch keine Lüge mehr die Hand nach dir ausstrecken. Sie würde sich die Finger verbrennen und verglühen. Du scherst dich nicht darum. Es besteht kein Grund, deine Energie mit einem Nichts zu vergeuden. Deine Energie ist Lebensenergie, die du in das wahrhaftige Leben investierst, dort, wo sie hingehört. Hier ist dein wahrer Platz, an den du gestellt bist, den du immer seit Anbeginn aufsuchen wolltest. Du jagst keinem Schatten mehr nach, sondern lässt dein Licht erstrahlen in den weiten Raum. Du erlangst die Weisheit der ewigen Wahrheit, die überall gültig ist, weil du Wahrheit geworden bist. Du erkennst, dass es nur eine Logik gibt, nämlich die Logik der Liebe. Und wenn dein Licht leuchtet, gibt es keine Finsternis mehr. Dann ist in einem Nu die Illusion verschwunden, die Schatten haben sich aufgelöst und das Nichts ist nicht mehr vorhanden. Daher gibt es keine Diskussionen, keine Debatten, keine Provokationen. Während das Ego seine aufgestellten Feindbilder kontrolliert und ausspioniert, bist du im Raum des Vertrauens, wo du dein Sein unter Freunden genießt. Hier kümmert sich jeder um seine Aufgabe mit Liebe und Hingabe. Du erwachst nun ganz und gar im Licht und bist in das „Wir sind eins“ eingetaucht.

In der heutigen Zeit ist es umso wichtiger, dass jeder von euch die nötige Klarheit hat, warum draußen in der Welt etwas passiert und was es euch sagen will. Ihr habt euch bisher wenig mit euch selbst beschäftigt. Wir meinen hier nicht das Ego, das pausenlos mit sich beschäftigt ist, sondern wir meinen euch als wahrhaftiges Licht auf dem inneren Pfad. Das Ego nutzt den Verstand des Kopfes, damit es sich in der Welt zurechtfinden kann und die normalen Abläufe organisiert werden können. Der Verstand des Herzens wird dabei wenig bis gar nicht genutzt, weil der Mensch insgesamt davon ausgeht, dass nur der Kopf logisch denkt. Diese Logik bezieht sich auf die Logik der Angst, weil sich die Angst erstmal in den Vorstellungen des Kopfes abspielt, was alles passieren könnte.

Die Logik des Herzens

Die Logik des Herzens weiß, wie es sein sollte. Das Herz bietet den Ruhepol, den der Mensch aufsuchen sollte, damit ihn die ständigen

Gedanken nicht mehr peinigen. Mit dem Verstand des Herzens kannst du auch die Weisheit erlangen, die über das Herz geht und nicht über den Verstand des Ego. Dieser hat keinen Zugang zur Weisheit. Der Verstand transformiert die himmlische Weisheit auf die lineare Struktur um, damit es dem Menschen, so wie er denkt, dann klar und begreiflich ist. Wenn du dich an das Triggern der Weisheit gewöhnt hast, wirst du in einem Moment die Weisheit erfassen. Du brauchst sie nicht linear zu formieren, es sei denn, du willst es einem anderen erklären, was dir oftmals nicht leichtfallen wird, da ein kleines Lichtpaket schon so viel Informationen erhält, dass du einiges an linearer Zeit benötigst, um das dem anderen begreiflich zu machen.

Die Telepathie nutzt auch die Lichtbahnen und wird dir von deinem höheren Selbst eröffnet. Du bist in der Lage, Lichtinformationen zu hören und zu sehen, weil auch dein inneres Gehör geschult wird. Du erhältst Bilder oder klare Informationen, die du gleich oder etwas später verstehst, je nachdem, was von der geistigen Welt geplant ist. Vielleicht erhältst du auch Zeichen, die du noch nicht deuten kannst, aber die Weisheit deines Herzens wird diese Informationen umsetzen. Alles geschieht von selbst, und du weißt einfach, was du zu tun hast. Dein Weg liegt klar vor dir und wird von den höheren Ebenen angefüllt mit allem, was für dich bereitsteht. Die großen Ereignisse und Schritte, die besonders wichtig dabei sind, werden dir aufgezeigt. Du wirst mit den Menschen zusammengeführt, die mit dir zusammen sein sollen und Wegbegleiter sind, wie auch du einer bist. Und je mehr du dich der geistigen Welt zur Verfügung stellst, desto mehr erhältst du an bedeutungsvollen Aufgaben, die der Menschheit oder/und dem Gesamten dienen. Im Raum der Illusion lässt das Ego arbeiten und benötigt am liebsten für alles Lakaien, die für ihn die Arbeit erledigen. Im Raum der Wahrhaftigkeit ist Urschöpfer der größte aller Diener, der auch dem Kleinsten dient. Und dein Sein im Raum der Wahrhaftigkeit ist dienen, egal in welcher Form. Du bist auf den Boden gestellt, auf dem du am besten dienen kannst nach deinen Fähigkeiten. Hierzu erhältst du von allen die ganze Unterstützung, die du brauchst, um deine Aufgabe zu erfüllen. Fang an und sieh dann, welche Kreise die Liebe zieht und wie sich diese Kreise ausweiten. Du wirst dich wundern.

Das Ego, das ständig insgeheim versucht, wie Gott zu sein, wird diesen Zustand nie erreichen. Denn ausgegangen ist alles vom Geist der Ewigkeit, also ist der Geist die Grundlage allen Seins und nicht die Form. Die Form dient nur dem Geist als Haus oder Umhüllung, damit er sich in einer Form leben kann, wenn man ihn lässt. Viele lassen das erst gar nicht zu, aus Angst, sie kämen im Leben zu kurz und ihre persönlichen Wünsche fänden keine Erfüllung. Da du einst das Licht verdunkelt hast, musst du es erst wieder finden. Um es zu finden, musst du es suchen. Der geistige Bereich deines Lebens ist in dir zu finden und nicht außerhalb von dir. Also ist der Ort der Suche dein Inneres. Der zentrale Kreuzpunkt befindet sich im Herzen, und zwar im Herzchakra. Du solltest also dein eigenes Herz aufsuchen und auch das Herzchakra. Du kannst auch mit deinem geistigen Auge beginnen, je nachdem, wo du dich am wohlsten fühlst. Dass du dich wohlfühlst, sollte Voraussetzung sein bei allem, was du tust. Um mit der geistigen Welt Kontakt aufzunehmen, benötigst du also geistigen Boden. Und genau da führt der Weg zu dir selbst hin, zu dem, was du wirklich bist, das reine, klare Licht, das von Seinem Licht stammt. Hier ist der Ort, wo du den Frieden findest und die Sicherheit deines

Seins, denn du hast den unveränderlichen Boden der Liebe betreten. Sie ist es, die dir Stabilität verleiht und alles gibt, was du im Außen bisher vergebens gesucht hast. Wenn du die geistige Verbindung erst einmal hergestellt hast, kannst du den Geist hinter der Form erkennen und auch mit diesem kommunizieren. Dann gibt es keine Geheimnisse mehr, da die ursprünglichen Kommunikationswege des Geistes offen sind. Du wirst dich hier sehr schnell zu Hause fühlen, denn das ist das, was du immer praktiziert hast. Du verspürst nun auch die Vitalität des Lebens an sich, da der Urschöpfer das Leben selbst ist und alles Leben aus sich herausgestellt hat. Der Raum der Illusion hat nur den Tod am Ende der Zeit für dich, und nur den kann er haben, weil er nichts anderes hat, was er dir geben könnte. Der Raum der Wahrhaftigkeit ist Leben, weil das Leben in ihm zu Hause ist. Du wirst nun wieder die Vitalität spüren, die du auch selbst ausstrahlen wirst. Das, was in dir ist, erscheint nun auch für alle sichtbar, denn du verhüllst es nicht mehr. Du lässt dein Licht wieder leuchten, das nun das Licht der anderen wieder entfachen kann. Und so beginnt der Kreislauf des Lichts seine Bahn zu ziehen. Das Licht löst die Finsternis auf, die im Nu verschwunden ist. Verschwinden in einem Nu kann sie deshalb, weil sie ein Nichts ist. Die Wahrheit kann man verhüllen, aber auflösen wird sie sich nie, denn sie hat ewigen Bestand und wird immer und überall zum Vorschein kommen. Vielleicht kannst du sie verhüllen, aber niemals dauerhaft verleugnen, denn immer und überall kommst du an den Punkt, wo du das nicht mehr schaffst und dir klar ist, dass du versuchst, gegen jede Logik des Lebens vorzugehen. Der Urschöpfer hat die Welten und Räume in klarer Logik der Liebe und des Lebens erschaffen, und diese sind genauso unumstößlich wie er. Daher ist auch sein Gesetz das einzige, was über allen steht und das es zu befolgen gilt. Die Gesetze der Illusion können nicht mehr sein als das Nichts und die Illusion an sich. Du bist es, der den Gesetzen der Illusion deine eigene Macht verliehen hat und denen du dich unterordnest. Da du ihnen die Macht gegeben hast, kannst du ihnen die Macht auch wieder nehmen. Die Universellen Gesetze stammen von Gott, und weil er selbst All-Macht ist, kann niemand diese Gesetze umstoßen. Daher müssen diese Gesetze immer und überall befolgt werden. Sie unterstehen seinem Willen, also ist der Wille des Urschöpfers die einzige Autorität, der es zu folgen gilt. Das Reich Gottes ist das A und O. Es beinhaltet alles, was du brauchst oder erhalten kannst. Dein Wunsch und Wille sollte sein, dies unter allen Umständen als Erstes zu erlangen. Damit hast du die Wunscherfüllung auf der ganzen Linie.

Die Autorität des Ego ist auf einzelne Personen oder Bereiche bezogen und wechselt ständig, je nachdem, wer gerade die Macht an sich gerissen hat und wem ihr sie erteilt habt. Euch wäre anzuraten, die Macht wieder Gott zu übergeben, denn dort gehört sie hin. Sie gehört nicht in fremde Hände, die damit Missbrauch treiben und euer Leben knechten, es sei denn, ihr wollt das selbst so.

Wir verstehen ehrlich gesagt nicht, warum die Menschen immer so tun, als ob Gott ihnen etwas vorenthalten würde, als ob sie nicht ein Leben voller Glück und auch mit der entsprechenden Bequemlichkeit führen dürften. Niemand hat von euch verlangt, dass ihr ein Leben in Askese führen sollt. Gefordert ist, dass ihr euren Lebensauftrag lebt, eurer Berufung folgt, wenn der Ruf euch ereilt. Hier liegt eure Pflicht. Alles, was ihr dazu benötigt und darüber hinaus, sollt ihr erhalten. Bittet darum, es ist ganz einfach. Wenn ihr zu stolz seid, um Gott zu bitten, verstehen wir nicht, warum ihr nicht zu stolz seid, vor dem Ego zu betteln. Beobachtet euch mal selbst ab und zu, dann werdet ihr feststellen, mit wie vielen unterschiedlichen

Maßen ihr messt. Und die Messlatte ist manchmal sehr hoch bei euch. Ihr vergesst dabei, dass Er es ist, der euch bedingungslos liebt, und auf Erden findet ihr keinen Zweiten, der das tut. Noch nicht einmal ihr selbst liebt euch bedingungslos, sonst würdet ihr nicht so viel an euch mäkeln und kritisieren. Ihr selbst stellt Bedingungen, wie ihr zu sein habt, damit Gott euch lieben kann, und unterstellt ihm damit, dass er nicht ganz richtig ist in dem, was er tut, weil ihr es besser wisst. Ihr macht die Vorschriften, statt ihm zu glauben und zu vertrauen. Ihr entscheidet, wann jemand fähig ist, geliebt und geachtet zu werden. Ihr entscheidet, wer wertvoll ist, nach euren eigenen Kriterien, die eben nur eure sind und die niemand mit euch teilt. Ihr seid es, die Gott permanent vorschreiben, was er machen soll und am besten auch gleich, wie es zu geschehen hat. Nun lasst euch von uns sagen, Urschöpfer weiß es besser, denn er hat den allumfassenden Geist und er weiß, was er tut, was man von den Menschen nicht behaupten kann. Euch ist oft nicht bewusst, was ihr tut, weil ihr euch selbst es nicht bewusst macht. Und wenn man euch darauf hinweist, seid ihr beleidigt, ohne zu merken, dass das Ego beleidigt ist, das sich doch selbst als Gott erhoben hat, auf dem Thron im Raum der Illusion sitzend. Da es Gott den Thron streitig macht, glaubt es, schon den Sieg errungen zu haben, ohne zu erkennen, dass es Form ist, die der Vergänglichkeit unterworfen ist. Es greift Gott deshalb an, weil es nicht ertragen kann, wenn jemand größer, besser, stärker, weiser und All-Macht ist als es selbst. Es behauptet, dass Gott dem Ego selbst nichts gönnt, daher muss es selbst nach allem die Hand ausstrecken. Was das Ego nicht erkennt, ist, dass es selbst anderen nichts gönnt und dem Gesetz des Kreises untersteht, das ihm sein Verhalten spiegelt. Gott selbst gönnt dir alles, so du ihn darum bittest. Er nimmt aus dem Gesamten, um dir zu geben, und gibt dir zu dem

Zeitpunkt in der Fülle, wie es für dich bestimmt ist. Er ist es, der dabei darauf achtet, dass das Gefüge nicht durcheinander gerät und der Raum, wo er weggenommen hat, wieder angefüllt wird mit neuem Leben. Daher überlegt euch genau, was ihr euch wünscht. Am besten fragt ihr Urschöpfer selbst, was ihr euch wünschen solltet, wenn ihr denn einen Wunsch habt. Da ihr euch selbst nicht wirklich kennengelernt habt, auch wenn das viele behaupten, könnt ihr nicht wirklich wissen, was das Beste für euch ist. Nur weil ihr in einem Moment eine Idee oder Modeerscheinung habt, der ihr folgen wollt, muss das noch nicht das Beste für euch sein. Erinnert euch, wir sprechen von Qualität. Überlass es Urschöpfer, dich zu beglücken, denn er ist der Einzige, dem das wahrhaft gelingt im gesamten Raum. Es sind wahrhaftige Gaben, die er dir übergibt zu treuen Händen, deren Wert du oft noch nicht einmal wirklich ermessen kannst. Das kommt vielleicht zu einem späteren Zeitpunkt, wenn du erkennst, welche Weisheit dahinter stand. Er ist Ewigkeit und handelt aus der Ewigkeit heraus, daher haben seine Gaben ewigen Bestand. Und wenn du auf die leise, innere Stimme hörst, wenn er zu dir spricht, und diese befolgst, wirst du gewahr werden, welchen Weg der Liebe er dir bereitet. Er kann dir keinen anderen Weg bereiten, weil er selbst Liebe ist. Das heißt, dass alle seine Gaben dich glückselig machen, dich immer und immer wieder erfreuen, es geht gar nicht anders. Wir wiederholen deutlich, dass dir der Raum der Wahrhaftigkeit nichts anderes geben kann als Liebe. Es ist nichts anderes vorhanden. Versuche, das zu begreifen und anzunehmen.

Der Weg zur Glückseligkeit

Und hier, genau hier liegt der Weg zur Glückseligkeit, den du beschreiten kannst. Hier ist für dich gesorgt, so fürsorglich, wie es sonst niemand beherrscht. Und es kostet dich keine Anstrengung zu sein, was deines Vater/Mutter-Gottes ist, denn du bist selbst wieder Liebe geworden, das, was du schon immer warst und nur vergessen hast. Du betrittst kein fremdes Territorium, sondern fühlst dich zu Hause, weil du es bist. Du erkennst es wieder. Hier ist der Ort, wo dir alles bekannt vorkommt, wo du dich zurechtfindest, ohne zu straucheln. Du weißt es einfach, weil es so ist.

Gott hat nicht den Menschen verleugnet, sondern der Mensch hat Gott verleugnet. Gott selbst ist immer mit dir, weil er in dir ist. Er ist überall dort, wo du bist, und was immer du tust, er ist mit dir, bereit für den einen Moment, wo du ihn wieder rufst. Er wird antworten, weil er seine Kinder niemals im Stich lässt und dir immer treu ist. Du bist Teil von ihm, daher kannst du nichts anderes sein als Licht von seinem Licht. Und wenn sein Licht in dir ist, ist er in dir, da er nie von dir fort war und nie von sich getrennt sein kann.

Die Welt ist es, die Beweise fordert, aber leider die Beweise des Ego. Gott wird dir aber seine Beweise geben, und du wirst erkennen, dass es Beweise der Liebe sind. Und diese werden sichtbar sein auch für jene, die ihn leugnen, denn der Raum der Illusion hat das Ende der Zeit erreicht, so wir ihr ihn kennt. Daher ist die Wahrheit nicht mehr zu verhüllen oder zu verstecken. Sie ersteht in aller Macht und Herrlichkeit für alle sichtbar auf und nimmt den gesamten Raum wieder ein. Damit sind die Trennungen aufgehoben und die Vereinigung findet statt.

Und auch wir stehen bereit, uns mit euch auf Terra wieder zu vereinen, so wie es war in den alten Tagen und wie es wieder gefordert ist. Das Licht wird eingesammelt, weil sich alles auf den Weg nach Hause begibt und seinem Ruf folgt.

Die neue Zeitqualität hat bereits Einzug gehalten, wie wir euch schon im ersten Buch P'taah's gesagt haben, auch wenn ihr diese

Qualität noch nicht in vollem Umfang lebt. Zum einen traut ihr euch nicht, zum anderen wartet ihr auf ein Kommando oder auf die Erlaubnis, dass ein Führer aufsteht und sagt, dass es jetzt losgeht. Dann könnt ihr euch nicht vorstellen, wie diese Zeitqualität der Liebe von euch gelebt werden soll, da ihr nur ein ständiges Gegeneinander kennengelernt habt. Jetzt wagt noch keiner, in Liebe und Vertrauen aufeinander zuzugehen, dennoch fordert die Zeitqualität genau das von euch. Niemand will im Prinzip der Erste sein, der den Schritt wagt. Wenn ihr es dennoch probieren würdet, würde sich mit diesem einen Schritt in den Raum der Wahrhaftigkeit euer Leben von Grund auf ändern. Anfangs hättet ihr noch ein wenig aus dem Weg zu räumen, dennoch werdet ihr gewahr, dass ein neuer Kreislauf entstanden ist, in dem sich die Welt anders verhält. Die Liebesfrequenz lässt nichts anderes zu. Und eine Entscheidung ist schon ausreichend, diesen einen Schritt zu wagen und den Fuß auf die Straße der Liebe zu setzen, um sich im Raum der Liebe zu bewegen.

Alles, was ihr in eurer Welt seht, habt ihr erschaffen, damit ihr euch zum einen als Schöpfer fühlen könnt, zum anderen ist alles ein unbefriedigender Ersatz für die All-Macht des Urschöpfers, der euch mit seiner Heiligkeit und Liebe erfüllt. Die ewige Sehnsucht nach ihm hat euch die Welt erschaffen lassen, die ihr nun vor euch seht. Dass ihr jeweils nur eine kurze Befriedigung dabei erlangt, seht ihr schon daran, dass es immer wieder etwas Neues oder Anderes sein muss, wonach das Ego greifen will. Erinnere dich, die Gier des Egos ist niemals zufriedenzustellen. Jeder Versuch ist ein sinnloses Unterfangen. Nur wer liebt, ist zu - frieden und, wie es schon das Wort beinhaltet, auch im Frieden. Das merkst du, wenn du verliebt bist und die Welt anfangs rosarot erscheint. Da das Ego nur zu einer egoistischen und berechnenden Liebe fähig ist, halten eure

Partnerschaften immer weniger in immer kürzeren Abständen. Dann setzt die Unzufriedenheit ein, und ein Kleinkrieg, in dem man wieder das trennende Gegeneinander von Hass und Angst spielt, wird Inhalt der Partnerschaft. Trennt ihr euch, wird der Ehekrieg offen weitergeführt. Wenn ihr euch als Einheit im Licht betrachten würdet und das Licht im Anderen sehen könntet, hättet ihr die Chance, aus eurer Eigenständigkeit im Licht der Wahrheit eine völlig neue Partnerschaft zu führen. Das Fundament hier wäre die Gewissheit der Liebe, das Einhalten von Versprechen und das Vertrauen. Dazu käme die Ehrlichkeit und Offenheit, mit der miteinander umgegangen werden würde.

Partnerschaften der wahren Liebe

Der Sinn einer Partnerschaft aus Sicht der Liebe ist es, dass sich zwei Menschen im Vertrauen völlig öffnen können und der Liebe Zutritt gewähren. Sich völlig öffnen zu können, bedeutet absolute Ehrlichkeit in der Gewissheit, dass keiner verurteilt und bedingungslos angenommen wird. Jeder der Partner hatte seine Erfahrungen und Lernaufgaben zu bewältigen, was niemanden berechtigt, dem anderen deshalb Vorwürfe zu machen. Es bringt ohnehin nichts, weil es bereits passiert oder vorgegeben ist. Die Aufgabe, die beide wahrnehmen könnten, wäre, den Raum der Illusion gemeinsam aufzulösen, sozusagen, dass einer dem anderen dabei hilft und ihn vielleicht auffängt, falls erforderlich. Das bedingt nun mal absolute Ehrlichkeit in erster Linie sich selbst gegenüber wie auch dem anderen gegenüber. Mit dem Beginn der Ehrlichkeit sich selbst gegenüber hapert es bereits, da diese in den meisten Fällen im Keim erstickt oder beschönigt wird mit der Schuldzuweisung, die man auf andere abwälzt. Der Austausch zwischen zwei Partnern, die auch Fremde sein können, ist deshalb wichtig, damit derjenige, der Klarheit sucht, diese auch erlangen kann und sie ihm nicht vorenthalten wird. Wenn der eine der beiden Angst hat, sich zu offenbaren, weil er vielleicht verlacht oder verurteilt wird, können beide auch keine Offenbarung erhalten. Jeder sieht die Welt nur aus seiner Sicht und hat die eigenen Vorstellungen nach seiner eigenen Erfahrung und der damit verbundenen Angst als richtig angesehen. Allein aus dieser Perspektive hat er recht. Vielleicht hätte er anders handeln können, aber dann hätte der Nächste nicht von ihm gelernt. 0Es war so vereinbart. Im Nachhinein Vorwürfe zu machen, bringt beide nicht voran. Nun aber, wenn diese Zwei sich im Raum der Liebe finden, dann kommt die Klärung des Geistes hinzu mit Erkenntnissen, die beide vorher nicht hatten, und die Lebenssituationen werden aus einem anderen Licht und Blickwinkel betrachtet. Das heißt, dass das verzerrte Bild des Einzelnen wieder gerade gerückt wird und dadurch die fehlende Klarheit entsteht. Das ist wichtig. Die Klarheit der Liebe verletzt nicht, und die reine, klare Liebe vergibt immer. Beide haben jetzt aus einer Situation lernen, sich dabei helfen und bereichern können. Sie haben zusammen erlöst, was es zu erlösen galt, und haben der Liebe den Raum gegeben.

Alles ist einfach im Raum der Liebe. Nur das Ego ist kompliziert, weil es meint, je komplizierter eine Sache ist, desto wichtiger ist die Person, die sie verbreitet. Euer Ego braucht ihr, um in der Welt der Illusionen zurechtzukommen. Durch den Fall von Atlantis hat auch das Ego seinen Halt verloren und sich in eine Richtung entwickelt, die so nicht geplant war. Dennoch seid ihr trotz der Verwirrungen und Verirrungen des Egos in der Lage, eine Entscheidung zwischen zwei Polen zu treffen, dem der Angst und dem der Liebe.

Euer Ego glaubt, dass alles, was ihr im Außen seht, von ihm stammt. Dennoch ist es so nicht. Alle Erfindungen wurden von uns gegeben, die wir in bestimmte Menschen haben einfließen lassen, die dafür offen waren. Da das Ego alles auf der Basis der Vernichtung erschafft und keine andere Absicht dahintersteht, geht auch die Schöpfung des Egos seiner Vernichtung entgegen. Es hat nichts anderes geplant. Genau das war von Anbeginn sein Ziel und Zweck. Die Schöpfung der Liebe hingegen hat ewigen Bestand. Sie kann niemals vernichtet werden. Sie wird, wenn die Zeit reif ist, in einen höheren Zustand der Essenz und Frequenz transformiert, um noch strahlender und schöner zu leuchten. Dass ihr überhaupt noch ein Leben auf dem Planeten Erde habt, habt ihr Urschöpfer selbst und unserer Hilfe zu verdanken.

Eine der größten Verletzungen ist das Richtertum, das das Ego lebt. Es erhebt sich als Richter über alles und richtet, wonach ihm ist nach eigenen Kriterien. Diese Kriterien sind konstruiert und entbehren jeglicher Grundlage. Seine Absicht, die dahintersteht, ist, der Welt zu zeigen, wie machtvoll es ist, weil es die Form vernichten kann. Alles, was ein Mensch auf Erden tut, denkt oder fühlt, ist aufgezeichnet. Einmal im *Akasha* und auch im individuellen Lebensbuch desjenigen. Jeder von euch hat ein eigenes Lebensbuch, deshalb der Ausdruck „Bibliothek". Heilige Wesen hüten diese Lebensbücher, in denen auch alle eure Wünsche festgeschrieben sind. Diese Lebenswünsche sind es, die euch beständig vorantreiben und zu ständigen Aktivitäten und Hektik verleiten. Dahinter steht die Angst, dass euch eure Wünsche nicht erfüllt werden oder ihre eure Ziele nicht erreicht. Es hält euch auch von der notwendigen Entscheidung ab, den Raum der Wahrhaftigkeit zu betreten, weil das mit dem Misstrauen zusammenhängt, das ihr Urschöpfer entgegenbringt. Das Ego denkt, dass es alles aufgeben muss und nicht weiß, was es erhält. Vielleicht erhält es nicht mal annähernd das, was es sich wünscht. Dies sind Gedanken des Misstrauens und der

Die eigenen Lebensbücher

Angst. Vertraue darauf, dass du in allem das Beste erhalten wirst, was Urschöpfer für dich bereitstehen hat. Vertraue darauf, dass es genau das ist, was du dir wirklich gewünscht und nur vergessen hast, weil du vom Ego durch den Alltag gejagt worden bist.

Einst bist du von den höchsten Höhen hinabgestiegen, mit dem Licht verbunden und dem Frieden im Herzen, Urschöpfers Willen lebend. Deshalb schwärmen alle heute noch von dem Garten Eden. Es ging friedlich dort zu. Eden bedeutet, dass jeder den göttlichen Willen lebt, und daher herrschte Harmonie. Da das Wassermannzeitalter nun die weibliche göttliche Seite gelebt wissen will, ist es ein Garten Edentia, also die weibliche Form. Da Urschöpfer aber die höchste Triade ist, sind diese drei Anteile in ihm und werden durch ihn verkörpert. Seine Autorität und sein Wille sind Gesetz für uns alle, denen wir froh und frei Folge leisten. Seine Fürsorge ist allumfassend, weil er allumfassend ist, daher wäre es euch anzuraten, eure Lebensbücher ihm zu übergeben, damit er sie überschreibt. Wir lieben und achten die Anstrengungen, die einige von euch unternehmen, um sich aus dem Raum der Illusion zu befreien. Wir bitten euch dennoch, den einfachen Weg zu wählen, denn soviel Zeit solltet ihr in die Vergangenheit nicht mehr investieren. All eure Wünsche und euer Karma entspringen der Vergangenheit, weil ihr Erfahrungen gemacht habt oder Erlebnisse hattet und aus der Situation heraus dachtet, dass nur dieser oder jener Wunsch euch das Glück bringen könnte, damit ihr euch befreit fühlt. Ihr habt also eure Befreiung vom Leid dem Zeitablauf bis zur Erfüllung eurer Wünsche überlassen, die dann das Glück bringen sollte. Das Glück, eure Erfüllung jedoch unterliegt keiner Zeit, die im Raum der Illusion ein willkürliches, künstliches Konstrukt ist. Die Auflösung eines Leids geschieht in einem Augenblick, nämlich dann, wenn du erkennen kannst, dass die Antwort in der Frage enthalten ist und du sie im Lichte der Wahrheit erkennst. Das ist immer unabhängig von anderen Faktoren. Bitte darum, dass du in allem, was dir Probleme bereitet, das Licht und die Lösung erkennst in dem Moment, wo du ins Leid getaucht bist, dann wirst du erhalten. Die All-Macht der Liebe wird dir dann die Steine aus dem Weg räumen und die verworrenen Knäuel deines Lebens entwirren. Du wirst mit Menschen zusammengeführt, die deine neuen Wegbegleiter sind. Du wirst zu Orten geführt, wo du gebraucht wirst, um dort das zu tun, was notwendig ist, weil Urschöpfer es will. Du bist in der Lage, den Menschen den göttlichen Willen mitzuteilen, weil Urschöpfer in dir den gesamten Raum eingenommen hat und du durch ihn weißt, was du sagen sollst. Alles steht immer klar vor dir. Du hast um das Reich Gottes gebeten, was dir gegeben wurde, weil du es dir gegeben hast, indem du Gott den gesamten Raum deines Seins zur Verfügung gestellt hat. Wenn nun das Reich Gottes dein ist, dann kannst auch du nur das Reich Gottes mit anderen teilen. Du bist somit wahrhaftig in deinem Sein und Tun und gibst dem anderen, wonach er verlangt, um ebenfalls im Licht zu stehen. Und wenn Urschöpfer dich ganz und gar übernommen hat, kannst du keinen Fehler machen. Das Wichtigste ist, Vertrauen zu leben und darauf zu bauen, dass alles seine Richtigkeit hat, auch wenn du es in diesem Moment nicht erkennst. Er ist es, der die Fäden in der Hand hält und die Geschicke der Universen wie auch des gesamten Lebens lenkt. Vertraue ihm und vertraue dem, was du erhältst. Du erkennst nun, dass es um Erleuchtung geht. Die Wesen und Wesenheiten im Raum der Wahrhaftigkeit sind erleuchtet, daher leuchten sie und ihr Licht strahlt in den gesamten Raum. Daher findet ihr auf euren alten Engelbildern immer den Lichtstrahl des Himmels und das strahlende Licht um sie herum gemalt. Und je heller ein Wesen leuchtet, desto inniger hat es sich mit dem Urschöpfer verbunden. In der Welt des Egos werden Menschen auf ein Podest gestellt, wo sie unter Umständen sehr einsam und unbeweglich stehen. Dann kommt meist der Fall, weil sie nichts mehr zu bieten haben, wovon die anderen profitieren könnten. Die Werte, die das Ego hat, sind vergänglich und nicht hofierungswürdig. Das Ego trachtet dabei nach Unsterblichkeit und meint, wenn es die Welt in Atem hält, ist es in dem Gedächtnis der Welt nicht auszulöschen. Dennoch geht es schneller ins Vergessen, als ihm lieb ist, weil sich auch das Gedächtnis allein auf den Verstand bezieht, der vorhanden ist, solange die Form lebt.

Das wahre Gedächtnis

Das wahre Gedächtnis ist in dir, weil in dir das wahre Leben ist, was nicht auszulöschen ist. Hier liegt deine Unsterblichkeit. Wir stellen niemanden auf ein Podest, weil wir bewusst das Licht und die Einheit Urschöpfers leben. Ein Bruder braucht den Bruder nicht auf ein Podest zu stellen. Wir haben die Gelassenheit, unsere Aufgabe in vollem Umfang wahrzunehmen zum Wohle aller nach dem Willen des All-Einen. Wir tun unsere Pflicht mit Liebe und Fröhlichkeit, weil wir glücklich sind mit dem, was wir tun. Wir wissen genau, wo unser Glück zu finden ist, und halten daran fest.

Und so du deine Entscheidung getroffen hast, wieder im Raum der Wahrhaftigkeit zu leben, hast du deine Wiedergeburt erlangt und wirst dich auch wie neugeboren fühlen. Du hast das reine Licht in dir wieder zum Leben erweckt und lässt es strahlen. Die erste Vereinigung findet mit all deinen eigenen Anteilen statt, die sich in deinem Herzen einfinden, denn sie sind von deiner Erlösung abhängig. Derjenige, der das Licht Gottes wieder zum Lodern gebracht hat, ist dafür auserwählt. So bist du sozusagen zum Erlöser geworden, der die Linie der

Ahnen erlöst. Du bist dein eigener Befreier aus der Gefangenschaft des Egos geworden und kannst die Ketten abstreifen, die dich gefangen hielten. Du bist zurückgekehrt zur ewigen, lebendigen Gegenwart Gottes, der du Ausdruck verleihst, wie es geplant und gedacht war. Dir wird bewusst, wie die Transformation des alten Lebensbuches vonstatten geht und dass alles Leid der Vergangenheit aus Angst entstanden ist und aus dem Leid, was du selbst erlebt oder anderen zugefügt hast. Nichts anderes ist passiert. Die ursprüngliche Folge davon war der Rachegedanke der Vergeltung – „Wie du mir, so ich dir." Nun aber hast du erkannt, dass alles mit dir zusammenhängt und das Leid von deinem Bewusstseinszustand der Erkenntnis abhängig ist. Deshalb musstest du vom Baum der Erkenntnis essen, damit du Befreiung erlangst. Hier im Raum der Wahrhaftigkeit hast du nun den Blickwinkel der Liebe eingenommen und bist bereit zu vergeben. Dein Lebensbuch wird umgeschrieben, indem getilgt wird, was dort nicht mehr hingehört. Ein neues Frequenzmuster wird darüber gelegt, das dein Lebensbuch überschreibt. Dein wahres Heldentum seit Anbeginn ist, zur Liebe zurückzukehren und den Sieg über das Ego davonzutragen. Das Ziel hattest du aus den Augen verloren in den Wirrnissen der Welt. Hier liegt dein Weg jetzt wieder klar vor dir und du hast das Ziel fest im Blick. Somit existiert in deiner Welt der Liebe kein Schatten mehr, der dich verfolgen kann oder den du jagen müsstest. Wenn du im Zenit des Lichts stehst, wirft das Licht keine Schatten mehr. Du bist wieder frei und bereit, der Liebe zu dienen. Und der einzige Weg, der dich zur Freiheit führt, ist, deinen freien Willen aufzugeben und den Willen Gottes anzunehmen in der Gewissheit, dass er es besser weiß und besser macht als alle anderen. Wo der Wille Gottes herrscht, gibt es kein Leid, weil die wahre Liebe kein Leid verursacht. Wenn

Der Wille Gottes

Urschöpfer die Liebe im Raum der Liebe ist, kannst du auch nur die Liebe erhalten und leben. Es ist nichts vorhanden, was dich leiden lassen könnte oder würde. Du bist nun im Frieden mit dir selbst und mit allem, was ist.

Deine eintretende Vergesslichkeit wird dir auffallen, oft fehlt dir auch ein bestimmter Begriff. Das ist eine normale Entwicklung, auch wenn du sie als solche nicht so empfindest. Wenn dein Lebensbuch umgeschrieben wird, hast du keine Altlasten mehr, an die du denken solltest, und wenn du im Raum der Freiheit angekommen bist, brauchst du dich auch nicht mehr mit dem Alten abzuplagen. Es ist dir genommen worden, damit auch dieser Raum mit Liebe angefüllt wird. Als du in den Raum der Illusion eingetaucht bist, bist du ins Vergessen gegangen. Nun gehst du erneut in das Vergessen, weil du in den Raum der Liebe eingetaucht bist.

Du hast alles in dir gefunden, was du je im Außen gesucht hast. Alles, was du weit weg wähntest, war mit einem einzigen Schritt nach innen zu finden. Und den größten Schatz, den du je bergen kannst, ist der Schatz in dir selbst. Man hat dir weisgemacht, dass das alles für dich unerreichbar ist, weil es weit weg ist. Nun bist du selbst in das Reich Gottes eingetaucht mit einem Schritt und hast alles erreicht, was es zu erreichen gilt.

Der Zorn des Egos richtet sich in der Hauptsache dagegen, dass man ihm überhaupt Angst gemacht hat. Und so hat es die Angst als Lebensraum aufgenommen und will alle dafür bestrafen mit dem Racheplan, den es entwickelt hat. Ein weiterer Grund des Hasses, den das Ego lebt, ist der Frust und die Enttäuschung, dass es Illusionen erhält. Im Prinzip weiß das Ego, dass es damit nichts anfangen kann, dass es wertlos ist. Das Ego ist aber auf das Außen spezialisiert, daher sind seine Bemühungen ohne Erfolg. Wir sprechen hier nicht von dem flüchtigen Erfolg, den jemand Karriere nennt, denn die muss meistens hart bezahlt werden mit der eigenen Lebensqualität, schon weil die Vorgehensweise strapaziös ist. Insbesondere haben die Männer aus den Tagen der Anfänge das Kämpfen übernommen und sich so darauf spezialisiert, dass sie nicht mehr wissen, wie sie damit aufhören sollen. Ein Leben ohne Kampf ist den meisten kaum vorstellbar, weil es aus ihrer Sicht nur durch Kampf einen Sieg geben kann. In den Zeiten des Chaos glauben sie, unendlich mehr kämpfen zu müssen als sonst. Es geht schließlich um die Rettung der Welt, um den Job und um das Geld. Die Illusion soll erhalten bleiben.

Nun müsst ihr umlernen, denn im Raum der Wahrhaftigkeit gibt es keinen Kampf. Stellt euch auf ein Leben ohne Kampf ein, denn die Fülle ist im Frieden. Hier verteidigt sich niemand, weil es nichts zu verteidigen gibt. Wenn jeder den göttlichen Willen lebt, was gibt es da anzugreifen oder zu verteidigen? Wenn Urschöpfer für dich sorgt, wogegen willst du kämpfen, aus Angst, man könnte dir etwas wegnehmen? Du als Mann siehst, dass du dich unbedingt umstellen musst, wenn du in den Raum der Wahrhaftigkeit eintreten willst. Denn deine weibliche Seite ist gefragt, die Seite der Gefühle, die du früher als Gefühlsduselei abgetan hast. Die Seite an dir, die in der Kindheit noch gesund funktionierte, bis man dir sagte, dass ein Mann nicht weint und sich nicht mit „Weiberkram" beschäftigt. So musstet ihr euch zu dem harten Mann entwickeln, der es heute deshalb nicht leicht hat.

Viele von euch leiden unter Depressionen, weil sie die Nutzlosigkeit und Sinnlosigkeit der Illusion erkennen, aber nicht wahrhaben wollen. Die Seele aber lässt sich nicht austricksen. Sie zeigt genau, wo ihr Bedürfnis liegt. Die emotionale Seite an euch wird einer eurer Schlüssel für den spirituellen Raum. Denn wenn ihr den Raum der Wahrhaftigkeit betretet, werden euch alle Räume eröffnet, die ihr bewusst erleben könnt und die von euren Systemen gehalten werden können. Die spirituelle Ebene gehört in vollem Umfang dazu. Ihr seid also gezwungen, euch genau mit dem zu befassen, was für euch vorher nicht greifbar war und als Spinnerei abgetan wurde. Das fällt den meisten nicht leicht. Es ist Neuland, das ihr betreten müsst, und fühlt euch als Pioniere, die ihren Fuß auf einen Boden setzen, von dem sie nicht wissen, was er ihnen bringen wird. Dann wirst du spirituell mit deiner weiblichen Hälfte verbunden, von der du dich gelöst hast, bevor du in den Raum der Illusion abgetaucht bist, damit du die Körperlichkeit und die Körperkraft leben und kennenlernen konntest. Du hast dich in jungen Jahren stark gefühlt und im Alter völlig nutzlos. Du warst als alter Mann noch nicht einmal dazu zu gebrauchen, Kinder zu hüten. Oftmals warst du in einen alten Sessel verbannt, damit du anderen nicht im Weg standest. Mit zunehmendem Alter kam die Verbitterung, die du an die Deinen weitergegeben und sie der Undankbarkeit bezichtigt hast, damit auch ihr Zustand vergällt wurde. So und ähnlich waren viele Schicksale und sind es heute noch. Wobei du heutzutage eher abgeschoben wirst und als Pflegefall im Heim landest. Von der ganzen körperlichen Stärke ist die absolute körperliche Schwäche übriggeblieben.

Eine leichte Wandlung haben viele Männer schon vollzogen, aber dennoch steht euch eine tiefere Wandlung noch bevor. Denn ihr werdet kompromisslos mit euren Gefühlen konfrontiert, die ihr bisher fein eingefroren habt, um damit nicht mehr als nötig in Berührung zu kommen. Die weibliche Seite und die damit verbundenen Gefühle brechen hervor, weil sie den Auftrag haben, sich auszuleben. Sie wollen sich leben, um Heilung zu erlangen, denn sie sind untergraben worden in der Vergangenheit und haben gelitten. Die Zeit der Heilung ist jetzt, weil die Zeit der Wandlung jetzt ist. Diese Zeiten gehen Hand in Hand. In dieser Phase hat die Heilung Vorrang vor Unterdrückung. Unterdrückung gehört zur alten Qualität der Gewalt. Im Fluss des Lebens sein, ist die neue Qualität. Die Heilung gehört zum nährenden Anteil des Weiblichen, das die universelle Aufforderung dazu erhalten hat, denn Urschöpfer hat Heilung ausgerufen. Du bist nun nicht mehr die Autorität für deinen Emotionalkörper, dieser hört inzwischen auf die einzig wahre Autorität und folgt dem Ruf. Also gestatte die Heilung deines Seins der körperlichen Stärke und des ewigen Eroberns, da es nur eins gibt, was es wert ist, erobert zu werden, und das ist das Reich Gottes.

Du kannst dich entspannen und lernen, wie leicht man leben kann, wenn man geschehen lässt und mit dem Strom des wirklichen Lebens schwimmt. Dieser trägt dich, während du entspannt auf ihm liegst und dein Leben in vollen Zügen genießen kannst. Du kümmerst dich dann um das wirklich Wichtige und vergeudest deine Zeit nicht mit Nichtigkeiten. Es gibt keine Beschäftigungstherapie mehr durch andere, die dich in Atem halten wollen, damit du nicht das Licht suchst, sondern du bist es, der vorgibt, was getan wird und wann der Zeitpunkt dafür da ist.

Die Verhüllung des Lichts

Der Mensch hat im Raum der Illusion die eigene Ersatzschöpfung vor sich aufgestellt, damit er das Licht nicht sehen kann. Das war der Gedanke, der dahinterstand. Aus Angst und Scham wurde das Licht verhüllt, weil das Gefühl der Schuld des Menschen groß ist. Auch für die, die es verdrängen und behaupten, sie sind eben so, wie sie sind. Das Licht hat sich niemals versteckt. Es leuchtet, wie es immer geleuchtet hat, auch wenn du etwas zwischen dich und das Licht aufgestellt hast. In der

Dunkelheit kannst du das Licht nicht sehen, und deine Augen des Körpers sehen es ebenfalls nicht. Du kannst es aber fühlen. Du siehst einen Menschen an und weißt, dass dieser sein Licht nicht mehr verhüllt. Er hat es freigelegt und ist Diener des Lichts geworden. Diese Ausstrahlung fühlst du, auch wenn du sie nicht sehen kannst. Und du fühlst dich zu diesen Menschen hingezogen, vielleicht ohne genau zu wissen, warum. Oft machen dich diese Menschen aggressiv, weil die Angst hochkommt, dass sie dein Gefühl der Schuld erkennen, und du fühlst dich bloßgestellt. Die jedoch, die das Licht in sich leuchten lassen, zensieren oder verurteilen dich nicht. Denn sie sind in der Lage, deine ursprüngliche Reinheit zu sehen. Sie wissen, wie sehr du dich verirrt hast, und sind bereit, dir auf den Weg des Lichts zurückzuhelfen. Sie sind in der Lage, auch dein Licht wieder leuchten zu lassen, damit auch du erleuchtet wirst und somit wieder Anteil an der Weisheit und der Wahrheit allen Seins hast. Du kehrst zurück in die einzig existierende Wirklichkeit, die immer Licht war, ist und sein wird. Ob du es nun erkennst oder nicht, ändert nichts an dieser Tatsache.

Eine neue Generation hat sich schon lange auf den Weg gemacht, die in vollem Bewusstsein das Licht des Urschöpfers in sich trägt und nicht mehr duldet, dass ein anderer es verhüllen oder vernebeln will. Das sind eure Querulanten, die die absolute Klarheit in sich tragen und sich von keinem Argument der Welt beeindrucken lassen, weil sie nur eine Autorität kennen und anerkennen. Das macht die meisten Menschen wütend, und deshalb greifen sie oft an. Und das aus dem einzigen Grund, weil der Angreifer Angst hat, keine Macht mehr zu haben, die er ausüben kann wie in der Vergangenheit.

Die Macht der Illusion jedoch war nicht Macht, sondern nur Gewalt, mit der andere gezwungen werden sollten, das zu tun, was das Ego will. Wenn der Mensch schon Macht mit Gewalt verwechselt, sollten alle lernen, genau hinzusehen, und in aller Klarheit sehen lernen, was wirklich vorhanden ist, damit die Missverständnisse und Symbole, die ihr einer Sache gebt, nicht noch mehr Verwirrung stiften. Dadurch provoziert ihr Gegenspieler und lasst euch durch deren Spiel gefangennehmen, weil ihr ihnen in diesem Moment die Macht abgebt und diese einer Illusion zuweist. Ihr verschwendet eure Energie an Spiele, deren Regeln euch müde und kraftlos machen, weil ihr euch damit täglich verausgabt und eine Illusion wichtig nehmt. Eine Illusion kann eine Wahrheit niemals angreifen, macht euch das bewusst. Ein Nichts kann ein Sein nicht attackieren. Das Sein weiß um die Illusion. Für die Wirklichkeit ist die Illusion nicht existent, daher kommen die Aggressionen, weil die Illusion das wirkliche Sein von sich überzeugen will. Die Wirklichkeit jedoch lässt sich nicht von nichts überzeugen, weil die Wirklichkeit wahrhaftig ist. Sie ist das wirkliche Sein, das ewig existiert. Die Wahrhaftigkeit braucht niemanden von ihrer Existenz zu überzeugen, weil sie die einzige Existenz ist, die es gibt. Außerhalb von dieser Wirklichkeit ist nichts. Alles, was ist, existiert im Urschöpfer im Raum der All-Macht. Sein ist die Macht und die Herrlichkeit, und weil die Macht bei ihm ist, verfügt er über diese Macht. Er wendet niemals Gewalt an oder spielt Machtspiele. Warum sollte er auch? Wenn er All-Macht ist, geschieht nach seinem Willen. Es gibt keine Provokation und keine Gegenspieler. Wenn du die Illusion anbetest und dich dann beklagst, dass dich die Macht Gottes nicht erreicht, weil du sie abgewiesen hast, war es deine freie Entscheidung. Und dennoch sagen wir dir, dass die Macht Gottes immer bei dir ist. Urschöpfer hat die Ewigkeit und kann warten, bis du dich wieder dem Licht zuwendest. Wenn du glaubst, dass du dich dem Licht zuwendest und dennoch dein eigener Wille zur Durchsetzung kommen soll, stehst du schon wieder im Raum der Illusion. Wenn du dich für Urschöpfer entscheidest, bleibe bei ihm und vertraue, dass er alles für dich regeln wird. Und das ist wörtlich zu nehmen.

Wenn Urschöpfer die gesamte Schöpfung erschaffen hat, wieso glaubt der Mensch, diese Macht würde vor ihm und seiner Ungläubigkeit oder Zurückweisung haltmachen können? Hält das Ego sich wirklich für so mächtig, dass Urschöpfers Fähigkeiten vor diesem Nichts aufhören zu existieren? Das würde bedeuten, dass das Ego so mächtig ist, dass es Gott in die Schranken weist, die vorhanden sein müssten. Glaubt ihr das wirklich allen Ernstes?

Schranken hat der Mensch aufgebaut, um sich vor anderen Menschen zu schützen. Allein das Licht ist ein Alles-Durchdringer. Keine Mauer der Welt, keine Schranken der Welt können seine Existenz von der Nicht-Existenz abhalten. Das würde bedeuten, dass du dich selbst für nicht-existent erklärst und das Licht, das du bist, nicht wirklich ist. Licht jedoch hat schon lange vor dir existiert, bevor du überhaupt als individuelles Licht aus Urschöpfer herausgestellt worden bist. Dass du als Lichtfunken Urschöpfers individuell bist, hat nichts mit der Getrenntheit deines Egos zu tun. Verwechsele bitte diese Umstände nicht.

Das individuelle Licht erkennt sich immer als Licht und weiß, dass es zur Einheit des Lichts gehört.

Das Ego empfindet sich als getrennt vom Himmel, von Gott und von allem, was existiert. Es empfindet sich nicht als zugehörig. Deshalb sucht es Gruppen und bildet Staaten, Familien und Vereine, damit es ein Gefühl der Zugehörigkeit entwickelt, wo es sich sicherer fühlen kann. Fühlt es sich innerhalb dieser Verbände, egal wie klein oder groß sie sein mögen, bedroht, tritt es aus diesen Gruppen heraus in die sogenannte Isolation.

Für das Ego bedeutet Freiheit, zu tun und zu lassen, was es aus dem freien Willen heraus entschieden hat, auch wenn es darunter leidet und die Konsequenzen nicht überblicken kann.

Für das Licht bedeutet Freiheit, den göttlichen Willen zu leben, weil der göttliche Wille das ist, was das Licht immer leben wollte, und die Sicherheit, dass es gut für alle ist. Es gibt keine Konsequenzen, weil der Wille Urschöpfers Ursache und Wirkung zugleich ist. Da die Ursache und die Wirkung Licht sind, kann auch die Konsequenz nur wieder Licht sein.

Im Licht gibt es kein Leid, weil das Licht kein Leid verursacht. Das Ego scheut das Licht, weil es durch das Licht das Leid erkennen kann, was es verursacht hat. Deshalb scheut das Ego das Licht.

Das Ego ist jedoch nicht zu verdammen. Es hat euch durch die Welt der Illusion geführt und euch Bilder gezeigt, wie es vorgeht. Das sogenannte Negative wollte es nicht wahrhaben und hat es ebenfalls verschleiert, wie das Licht. Das Ego hat den freien Willen gelebt, den es erhalten hat. Das ist völlig in Ordnung für die alte Zeit. Ihr seid jedoch am Scheideweg angekommen, wo ihr euch entscheiden müsst, welchen Weg ihr nun weitergeht. Davon hängt eure Lebensqualität ab. Ihr könnt euch an die Illusion klammern, deshalb wird sie dennoch vergehen. Ein Nichts kann euch keinen Halt geben, macht euch das bewusst. Oder ihr wählt das wirkliche Leben, das euch neue Türen öffnet. Auch wenn ihr nicht wisst, was sich hinter diesen Türen verbirgt, so vertraut darauf, dass es mit Liebe und Fürsorge zu tun hat. Ihr habt euch im Raum der Illusion verschlossen und den Schlüssel weggeworfen. Ihr könnt euch einen neuen Schlüssel anfertigen, mit dem ihr die alte Tür wieder aufschließt, um in die wirkliche Welt einzutreten. Eine weitere Möglichkeit ist, euch helfen zu lassen.

Die weltweite Aggression wird noch weiter zunehmen, weil das Ego bisher die Aggression, die zur Angst gehört, versteckt hat, sozusagen unterschwellig gelebt hat. Du kannst es dir so vorstellen, als ob du einen Dampftopf hast, wo du beständig krampfhaft versuchst, den Dampf mit dem Deckel im Topf festzuhalten. Jetzt aber hat die Zeit des Entweichens eingesetzt. Der Topf wird explodieren, wenn du weiter versuchst, den Deckel darauf zu halten. Die Wahrheit kann nicht in einem Topf eingeschlossen werden. Sie bahnt sich ihren Weg. Du willst nach wie vor Macht über das Nichts haben, was sinnlos ist, weil das Nichts nicht existiert und somit keiner Macht bedarf. Das Ego hat die Emotionen zensiert und nur die zugelassen, die ihm angenehm waren und die es nicht bedrohten. Durch die Wahrheit hat sich das Ego immer bedroht gefühlt, deshalb wurde die Wahrheit immer angegriffen und verketzert.

Im Licht der Wahrheit gehört die Emotion als Teil des Gesamten dazu und hat die absolute Lebensberechtigung. Nur fühlt sich hier niemand bedroht durch das Gefühl des heiligen Zorns. Alle wissen, das Gefühl gehört zu dir, weil du wieder bezwingen wolltest, was sich nicht bezwingen lässt. Und solange du das nicht akzeptierst, wirst du wütend sein. Es ist dein Vergnügen. Niemand lässt sich deshalb von dir aus der Ruhe bringen. Der Zorn des Egos gehört zu deiner momentanen Entwicklung, das Licht weiß es, und du wirst dahinterkommen und es ebenfalls erkennen. In der neuen Zeitqualität wird niemand mehr die Emotionen unterdrücken können. Unterdrückt wurden sie, weil sich das Ego ihnen ausgeliefert gefühlt hat, oft machtlos, ohne die Gefühle beherrschen zu können. Emotionen an sich sind urteilsfrei, die Gefühle, die du entwickelst, sind bezogen auf deine Lebenssituationen und unterliegen nur deinem eigenen Urteil. Das ist der Unterschied. Emotionen gehören zur Schöpfung dazu, die mit der Emotion Liebe erschaffen wurde. Und wenn ihr im ersten Buch P'taah`s die Geschichte unseres Mediums in Ägypten gelesen habt, wisst ihr, dass es die Angst war, die unserem Medium die Wahrheit erzählt hat, weil sie sie zugelassen hat. Durch die Wahrheit kam die Erkenntnis, und durch die Erkenntnis konnte eine Jahrtausende alte Geschichte beendet werden, die somit keinen Einfluss mehr ausüben kann. Eure Emotionen sind lebendig wie eure Schatten. Die Emotionen helfen euch, Klarheit zu erlangen, und wenn ihr den Mut habt, eure Schatten zu befragen, werden die euch erzählen, was im Dunkeln liegt. Was im Dunkeln liegt, habt ihr nicht erkennen können. Hier bedarf es des Lichts, damit endlich die Erkenntnis einsetzen kann und der Friede folgt.

Den inneren Frieden könnt ihr nur dadurch erlangen, dass ihr annehmt, was das Leben euch zu bieten hat. Das, was das Leben euch anbietet, hat immer mit euch zu tun, und es ist immer das, was ihr erkennen wolltet. Das Ego hat in der Dunkelheit nicht erkennen können und alles abgewiesen, was Licht in das Dunkel hätte bringen können. Dadurch hat es die Entwicklung und Befreiung des Menschen über einen langen Zeitraum aufgehalten. Das ist nun vorbei. Das alte Zeitfenster wird geschlossen und ein Neues steht schon lange offen. Emotionen dienen der Erkenntnis und der Schöpfung. Sie geben dir die Lebendigkeit, die du in der Freude empfindest, und erzählen dir, warum du traurig oder wütend bist. Lausche ihren Geschichten, die dich befreien werden. Sie sind Bestandteil deines Lebens, die du weder auslöschen noch unterdrücken kannst. Auch wenn manche glauben, sie seien gefühllos, sind die Emotionen dennoch existent. Diese Menschen haben sich eben für das Gefühl der Gefühllosigkeit entschieden, weil sie alles andere nicht ertragen können. Sie fühlen sich innerlich kalt und

Emotionen dienen der Erkenntnis

hoffen, dass die damit verbundene Grausamkeit, die sie leben und erlebt haben, besser zu bewältigen ist und sie nie ein Gefühl der Reue ereilt.

Da Urschöpfer Generalamnestie ausgerufen hat, wird die Wirklichkeit wiederhergestellt, und damit verbunden ist auch die Heilung der Emotionen und Gefühle, die sich nicht mehr unterdrücken lassen. Sie treten in ihrer ganzen Stärke hervor und zeigen sich, weil es genau die Gefühle sind, die der Heilung bedürfen. Sie bestehen auf ihrem Existenzrecht und lassen es sich nicht mehr nehmen.

Gegen die All-Macht des göttlichen Willens der Generalamnestie kann ein Ego sich niemals stellen. Das Ego kann versuchen, dagegen vorzugehen, wird aber keinen Erfolg haben können. Wenn ein Nichts sich gegen eine Wirklichkeit aufbäumt, was bleibt?

Somit hat die Heilung der Erde und der Welt eingesetzt, weil im Raum der Wahrhaftigkeit alles heil ist und daher die Heilung Voraussetzung ist. Sie passt sich der Wirklichkeit an und wird wieder, was sie war, nämlich in den gesunden Zustand überführt. Und das ist der Grund, warum sich eure Welt im Außen aufbäumt und das Chaos sich zeigt. Das Täter- und Opferspiel ist aufgehoben und die wahren Schöpfer treten nach vorn. Sie übernehmen das Zepter, um wieder die göttliche Ordnung werden zu lassen für die, die sich dafür entschieden haben und noch entscheiden werden. Die Erde gehört dazu. Sie hat ihre Entscheidung schon vor langer Zeit getroffen. Sie richtet ihre Energiefelder neu aus, damit nichts verborgen bleiben kann und ans Licht kommt, damit es transformiert wird und den heilsamen Zustand wieder erreicht.

Wir sind die Hüter der Wahrhaftigkeit, und wir dulden nicht, dass ein Quäntchen der Illusion versucht, sich in die Welt der

Wirklichkeit einzumogeln. Die Siegel sind zerbrochen worden, sodass wieder die ganze Wahrheit vor euch steht. In der wirklichen Welt gibt es keine Unterdrückung, weil alles zum Leben selbst gehört und niemand brutal oder gewalttätig vorgeht. Hier herrscht Klarheit, und Klarheit ist Wahrheit, die unantastbar ist. Hier fließt das Leben und sprudelt unaufhaltsam. Es lässt die Entwicklung zu, die Urschöpfer geplant hat, und unterstützt seinen Willen mit aller Tatkraft und vollem Einsatz. Urschöpfer hat ausgerufen, dass die Wahrheit unaufhaltsam ist, und somit ist sie nicht aufzuhalten, egal, was das Ego plant. Die gesamte Heimtücke wird sozusagen ans Licht katapultiert mit jeder Aktion des Egos. Es kommt alles ans Licht, weil es der Wille des All-Einen ist.

Wir wollen uns nun weitere Aspekte der Weltschau ansehen, die mit dem Licht ringen:

Amerika

Ein weiterer neuer Präsident wird mittels Volksabstimmung ohne Wahlkampf ausgerufen werden, der mit Versprechungen den Status des Landes wiederherstellen und das Volk beruhigen will. Die Gewalt und Brutalität, die aufgrund der ungewissen Zukunft und der Angst vor der Armut Einzug gehalten haben, soll damit eingedämmt werden. Neue Perspektiven werden versprochen. Diese Versprechen, wie auch die des Vorgängers, können nicht eingehalten werden, weil sie auf alten Mustern der Macht beruhen und dazu dienen, dass die alten Systeme wiederhergestellt werden. Genau so aber wird und kann es nicht kommen. Die Erde fordert neue Systeme, aber keine pseudo-neuen Systeme, die den alten Charakter in sich tragen. Diese sind unwiderruflich zum Scheitern verurteilt. Wenn ihr also diese Art von Versprechen abgebt und falsche Hoffnung weckt, wird sich der Zorn im Volk um ein Vielfaches mehren. Ihr provoziert Schlachten im eigenen Land, denn sie haben nichts mehr zu verlieren. Und je mehr Gewaltbereitschaft ihr zeigt, um das Aufbäumen einzudämmen, desto mehr Gewalt werdet ihr ernten. Ihr steht davor, ein zweites Mal ein Volk und seine Lebensgrundlage zu vernichten, nur diesmal seid ihr es selbst. Ist es das, was ihr wollt?

Gewalt zeugt immer neue Gewalt, die sich im Außen zeigen muss. Wollt ihr das wirklich? Mit der Gewalt als Grundlage werdet ihr kein neues System errichten können. Ihr ruft einen Krieg im eigenen Land hervor, der sich letztendlich gegen euch selbst richtet. Diesmal ist es ein reiner Bürgerkrieg, der sich gegen die Führer richtet und der mit Selbstjustiz einhergeht. Auf diesem Weg wird die Armut noch größer und den ganzen Kontinent ereilen. Es wird euch nicht gelingen, die Massenhysterie mit Gewalt einzudämmen, weil ihr nicht mit den Gewalten der Erde rechnet, die eure Region erschüttern. Bisher hattet ihr überwiegend mit Wirbelstürmen zu tun. Diese werden in Folge auftreten und den letzten Stein vom anderen trennen. Die Erde wird sich erheben, und die Wasser sind unaufhaltsam. Das System eines Machtvollen, der allen sagt, wo es lang geht, existiert nicht mehr, kann sich auch nicht mehr zeigen.

Ihr könnt die große Not abwenden, indem ihr wieder zu den Wurzeln zurückkehrt. Die Wurzeln sind Liebe, Achtung und Respekt. Bildet Gruppen in euren Regionen, die zusammenarbeiten und sich gegenseitig helfen. Welchen Plan habt ihr entwickelt, wenn es kein Geld mehr gibt? Eure gesamten Systeme habt ihr auf Geld und Geld-machen aufgebaut. Was bleibt euch davon? Habt ihr einen Plan B in der Schublade? Gebt ihnen ohne Geld alles, was sie brauchen. Baut denen ein

Obdach, die keins haben. Gebt ihnen, ohne etwas zu fordern, und ihr sollt erhalten, um noch mehr zu geben. Geben ohne Bedingung ist lieben ohne Bedingung. Das ist der einzige Weg, der euch und die Welt in die Fülle bringt. Ihr habt gelernt, dass ihr um alles kämpfen müsst, was ihr wollt. Kehrt zum Gegenteil zurück. Lernt geben, einfach so, und der Frieden wird Einzug halten. Der goldene Boden wird sich euch eröffnen. Damit ist nicht gemeint, dass ihr Gold schachern oder schürfen sollt, denn das wird euch auch nichts mehr nützen. Der goldene Boden des Lebens ist damit gemeint, der euch eine neue Lebensgrundlage ermöglichen wird. Ergreift diese Empfehlung, wir bitten euch inständig! Lebt die neue Freiheit des Seins, die sonst aus der Not heraus geboren werden muss und die friedlich Einzug halten kann. Öffnet ihr die Tür des Friedens, damit der Friede euer sei und die Erde sich beruhigt. Gebt der Bedingungslosigkeit den Raum, damit der Raum keine Bedingungen an euch stellen muss. Es liegt in eurer Hand, ob ihr den Frieden wählt. Lernt von denen, die ihr einst in Reservaten zu leben gezwungen habt. Dann wird die Natur sich beruhigen und sich selbst wieder reinigen. Sie wird euch nähren und euch alles geben, was ihr zum Leben braucht und darüber hinaus. Erlaubt dem wahren Leben, Einzug zu halten, ein Leben in Beständigkeit der Fülle einer Nächstenliebe, die gibt, ohne zu fordern, weil das Leben dir geben wird, ohne dass du forderst. Erinnere dich, wir befinden uns im Spiel des Gebens.

Europa

Die Führer Europas werden streiten, weil das Ungemach dadurch entstanden ist, dass sie selbst ihre eigenen Vorgaben nicht eingehalten haben. Sie haben ihre eigenen Verträge gebrochen und sie so manipuliert, dass sich ihr Verhalten gegen sie selbst richten wird. Wenn der Krake seine Arme aus Brüssel zurückzieht, wird Brüssel ins Vergessen absinken. Und die, die dort am Speck der Welt genagt haben, werden sich einen neuen Posten suchen müssen. Vorübergehend werden die Länder Europas wieder zu einem alten Status der Eigenständigkeit zurückkehren, und genau das solltet ihr vermeiden. Die Grundidee der Gemeinschaft sollte unter allen Umständen aufrecht erhalten werden. Ihr könnt auch ohne Grenzen in Freiheit zusammenleben. Trennt euch von dem Gedanken, dass jedes andere Land von euch getrennt ist, sondern lebt den Gedanken, dass ihr eins seid im Geiste und in der Wahrheit. Dann habt ihr ungeahnte Möglichkeiten, euch neu zu erfinden.

Trennt euch vom Geld und vom Denken an das Geld. Überlegt euch einen Weg des friedlichen Zusammenlebens, indem jeder das macht, was er machen will, weil er dazu berufen ist. Dieser Satz wird euch nicht schmecken, aber wir sagen euch, es wird die Blüte Europas werden, wenn ihr danach vorgeht.

Die Zeitqualität fordert es schier von euch. Ihr untersteht dem Einfluss des Jupitermondes Europa, der euch diese Nuss zu knacken gibt. Das Geld geht, ob ihr darum streitet oder nicht. Haltet ihr daran fest, kämpft ihr in der Illusion mit der Illusion. Wic, glaubt ihr, geht dieser Kampf aus? Wenn ihr allein diesen einen Gedanken der Freiheit der Berufung zulasst, wird sich zuerst viel Bewegung Einzelner einstellen. Nach einer Anlaufphase wird sich das Neue klar zu erkennen geben. Europa wird eine wahre Blüte werden und andere teilhaben lassen. Ihr werdet die wirkliche Innovation erlangen, die ihr bisher erzwingen wolltet, um den wirtschaftlichen Status aufrecht zu erhalten. Sorgt euch nicht um eventuelle Faulpelze oder Schmarotzer. Es ist nicht an euch, das zu entscheiden.

Auch sie werden ihre Rolle aufgeben, denn sie brauchen nun der Gesellschaft dieses Bild nicht mehr zu spiegeln. Gebt den Menschen die Freiheit, zu leben, wie sie wollen, zu bauen, wie sie wollen, und zu erbauen, was sie wollen. Wenn diese Freiheit geboren wird, wird sie nur noch Blüten tragen. Ihr werdet in eine Entfaltung der Inspiration der All-Macht damit kommen, von der ihr noch nicht einmal zu träumen gewagt hättet. Die Möglichkeiten, die hier vor euch liegen, könnt ihr noch nicht einmal erahnen. Geht wieder in eure Spiritualität. Hier wart ihr immer zu Hause. Nutzt diesen Einfluss des Mondes Europa für Europa, um ein Leben für alle in Licht, Liebe und Freiheit zu manifestieren. Ihr könnt es, weil es euch gegeben ist. Die Welt wird euch folgen. Wenn ihr mit uns auf dieser Basis zusammenarbeitet, werdet ihr wirklich Neues erhalten, das der ganzen Welt zugute kommt. Seid selbst die Innovation und gebärt euch wieder in der Wirklichkeit des Seins. Erinnert euch, es läuft das Spiel des Gebens.

Afrika

Dieser Kontinent sollte lernen, miteinander und füreinander zu leben. Er wurde über Jahrzehnte von den Industrienationen ausgebeutet, und es ist an der Zeit, dass Afrika selbstbewusst seinen Weg geht. In Afrika wird sich eine große Wandlung vollziehen, da das Weltenkarma Afrikas aufgehoben worden ist. Lebt in Frieden zusammen und helft euch gegenseitig. Das ist der Weg der Zukunft. Wenn ihr euch für den Weg des Raumes der Wahrhaftigkeit entscheidet, liegt das Erblühen des Landes vor euch. Erinnert euch, dass das Recht des Einzelnen das Recht aller ist. Ihr könnt es niemandem vorenthalten. Wenn ihr es dennoch versucht, werdet ihr ernten, was ihr gesät habt. Es ist eine neue Zeitqualität angebrochen, die die Freiheit aller in Fülle fordert, so wie es ihnen zusteht. Wenn ihr dem Volk das vorenthalten wollt, wird das Land von großer Unruhe überzogen werden, die euch zurückwerfen und in Armut stürzen wird. Beendet die Korruption, was zu den ersten Maßnahmen in vielen Bereichen gehören sollte. Garantiert dem Volk eine Versorgung mit lebensnotwendigen Mitteln für den Anfang. Wenn ihr euch für die Liebe der wirklichen Welt entscheidet, erhaltet ihr alle Hilfe. Es ist wichtig für euch, weil ihr euch von anderen abhängig gemacht habt und zu eurer Eigenständigkeit zurückkehren solltet.

Erarbeitet euch ein Gesellschaftsmodell, das neu ist und die Interessen aller berücksichtigt. Wenn ihr auch nur einem Menschen etwas vorenthaltet, verwehrt ihr dem Licht in demjenigen, sich zum Ausdruck zu bringen. Es wird als Angriff auf das göttliche Sein gewertet, denn auch das Verwehren der Ausdrucksmöglichkeit ist ein Angriff. Erinnert euch: Was ihr gebt, erhaltet ihr. Es ist das Spiel des Gebens.

Asien

Die vielen Gesichter Asiens sollten in eine Richtung blicken. Das Recht des Einzelnen ist das Recht aller und die Freiheit des Einzelnen ist die Freiheit aller. Die kommende Zeit wird viel Unruhe und Neues in dieser Region bringen und euch vor das Problem stellen, diktatorisch vorzugehen oder dem Leben die Freiheit der Entwicklung zu lassen. Der Erde ist es nicht mehr gegeben, die Freiheit einzuschränken, weil diese universell gefordert ist, damit sich Urschöpfer in jedem Individuum frei entfalten kann im Raum der Liebe. Bedenkt das bei allen euren Entscheidungen, die ihr treffen werdet. Auch Asien muss sich neu erfinden, wie der Rest der Welt. Es gibt den Weg der Freiwilligkeit oder den Weg des Zwanges. Alles, was nicht freiwillig geschieht, wird von der Erde wieder genommen werden. Terra duldet vieles nicht mehr, weil sie einen neuen Status als Vollmitglied im Rat der 13 erhalten hat. Sie hat das Recht zu entscheiden, ob etwas entsteht oder vergeht, weil es sich gegen das Leben und somit die Liebe selbst stellt.

Asien wird neue Möglichkeiten erhalten aufgrund der Unruhen, die sich in der Umwelt, den Völkern und der Wirtschaft zeigen werden. Ihr habt die Möglichkeit der Neugeburt als freie, friedvolle Region. Nutzt diese Chance, die euch geboten wird, auch wenn diese mit Unruhe einhergeht. Die entstehende Unruhe bedeutet nicht, dass ihr versucht, alte Systeme wiederherzustellen, sondern sie bedeutet, dass diese Systeme ausgedient haben, und fordert euch auf zu verändern. Nehmt das Angebot der Veränderung dankend an, statt euch dagegen aufzulehnen und an Traditionen festzuhalten, die euch keinen Halt mehr bieten können, weil längst beschlossen ist, dass ihre Existenz gelöscht wird. Das wäre so, als ob ihr auf einem Schiff fahren wolltet, das schon gesunken ist. Das wäre ein Unterfangen der Unmöglichkeit. Wendet euch also dem Neuen zu, schließt eure Herzen zusammen im Frieden und dem Wohl aller. Erinnert euch, es ist das Spiel des Gebens.

Australien/Ozeanien

Euer junger Kontinent geht einer Wandlung entgegen, die den Aborigines bereits mitgeteilt wird. Sie sind es, die noch die Anbindung an die spirituelle Welt in vollem Umfang haben, sofern sie dabei geblieben sind. Für alle anderen, die sich weit entfernt haben von der wirklichen Welt, wird die Natur ihren Tribut fordern. Haltet als eins zusammen ohne Ausnahme. Reiht euch freiwillig ein in das Spiel des Gebens und vermeidet, dass ihr zu Entscheidungen gezwungen werdet durch die

Umstände, die euch dann ereilen. Ihr seid ein Kontinent mit Raum und Möglichkeiten, und es ist ein Leichtes für euch, eine Wandlung der Liebe zum Wohle aller herbeizuführen. Ihr hättet es am einfachsten, wenn ihr euch darauf einlasst. Ihr könntet auch den Weg des Widerstands gehen, der sich dann gegen euch richten wird. Das wäre der schwere Weg, weil ihr dann die Natur auch noch gegen euch einnehmt. Befragt auch die Maori, die noch die alten Anbindungen haben. Sie werden für euch und die Welt singen und können euch bei allen Entscheidungen helfen, den richtigen Weg zu gehen.

Findet euch zusammen, um gemeinsam den Traum der Liebe zu träumen. Eine Zusammenkunft des Herzens würde reichen als Absicht. Dann singt, was euch das Herz gebietet, und es geht los.

Führer der Welt

Die Führer der Welt werden erkennen, dass diese Art der Führung zu Ende ist, weil es eine Führung der Einseitigkeit ist, die nur einigen wenigen dient. Zwar argumentieren die Führer der Welt, dass sie ihre Entscheidungen zum Wohle des Volkes treffen, wissen aber, dass die eigentliche Autorität die Wirtschaft ist, mit der sie oftmals eng verknüpft und deren Mitglieder sie in vielen Fällen sind. Ihre Führung ist also die Dienerschaft der Wirtschaft, deren Dienst sie sich rechtlich absichern lassen.

Als Führer eines Landes kommt so ein Dienen nur einer speziellen Gruppe zugute und nicht dem Volk. Diener des Volkes zu sein und auf dessen Wohlergehen bedacht zu sein in aller Friedfertigkeit, ist der eigentliche Sinn.

Die Freiheit der Meinung des Einzelnen findet in den wenigsten Ländern statt und ist größtenteils nur auf den Bereich beschränkt, der die jeweilige Führung unterstützt und nicht kritisiert. Ein bisschen Meinungsfreiheit ist keine. In den meisten Fällen wird die Kritik verfolgt. Insbesondere gilt das für bestimmte Personen und Institutionen, die anderen weismachen, dass eine Kritik ihnen gegen- über fast ein Sakrileg ist. Woher nehmt ihr euch das Recht dazu, euch als unantastbar einzustufen?

Die Führer der Welt haben mit den Geldinstituten gezeigt, dass sie mit dem Symbol Geld nicht umgehen können und es ihnen egal ist, ob ein Einzelner dadurch in Armut gerät, wobei hier ein Armer pro Land ausreichen würde. Die Armut nimmt immer mehr zu, und ihr wisst das. Ihr schreibt den Menschen vor, was sie zum Leben haben dürfen, während ihr argumentiert, dass ihr aufgrund eurer Verantwortung mehr haben dürft als andere. Da ihr eure Verantwortung nicht wahrnehmt, steht euch auch nicht mehr zu als anderen. Überhaupt jemandem vorzuschreiben, was er haben darf, hat mit Demokratie nichts zu tun, wenn es darum geht, dass Menschen am Existenzminimum – also Armut – gehalten werden.

Ihr verfügt über das Militär und entscheidet, wer leben darf und wer nicht, wer gefoltert wird und wer nicht, ob Frauen Rechte haben oder nicht, wer sterben muss und wer nicht. Woher nehmt ihr das Recht dazu?

Ihr verfügt über die Gaben der Erde, die ihr nicht gemacht habt, und treibt Handel mit Materialien, die euch nicht gehören, nur weil ihr dort lebt. Es sind Güter, die euch zu treuen Händen gegeben wurden, damit alle in Fülle leben sollen und nicht nur ein geringer Teil sich daran bereichert.

Ihr seid nicht die Gönner der Welt, die aus ihrer Erhabenheit denen da unten einen Teil anbieten und per Steuern zum Aderlass bitten.

Ihr habt euch Rechte herausgenommen, die euch niemand erteilt hat, die sozusagen Eigenermächtigungen sind. So sind über die Zeit eure Positionen ausschließlich auf die Seite der Rechte und nicht mehr der Pflichten übergewechselt.

Wir sagen euch, dass ihr auf der Seite der Auflösung steht. Kehrt zurück zu eurer eigentlichen Aufgabe, dem Dienen.

Das bedruckte Papier, dem ihr alle hinterherjagt, lässt euch arm zusammenbrechen, wenn ihr so weitermacht. Die Erde erwehrt sich des Raubbaus. Das ganze Trachten und Sinnen nach Reichtum wird vergebens sein, denn wahrer Reichtum wird nur im Raum der Wahrhaftigkeit gefunden werden.

Die Zukunft der Welt wird nur in einer einzigen Hinsicht planbar in der nächsten Zeit. Das betrifft die Entscheidung, in welchem Raum ihr leben wollt und welches Spiel ihr spielen wollt.

Wenn ihr alles daransetzt, im Raum der Illusion zu verbleiben und das alte Spiel der Trennung jeder gegen jeden zu spielen, habt ihr verloren.

Wenn ihr alles daransetzt, in den Raum der Wahrhaftigkeit einzutreten und das Spiel des Gebens zu spielen, werdet ihr aufblühen.

Wenn euch die Gewalt näher steht als die Liebe, seid ihr in der Auflösung.

Wenn ihr aus der Liebe seid, wird euch keine Gewalt nötigen können.

Im Raum der Liebe seid ihr aufgerufen, die Strukturen der Liebe einzuführen. Jeder hat das Recht auf alles ohne Bedingung. Lasst die Menschen das arbeiten, was in ihnen ist. Lasst die Menschen wohnen, wie es ihrem eigenen energetischen Zustand behagt, unter gegebenen Sicherheitsvorgaben. Versorgt die Menschheit mit Energien, die allen umsonst zur Verfügung stehen. Fördert die Entfaltung des Einzelnen und des Gesamten als Ausdruck des neuen Seins. Auch ihr kommt um diese Entscheidung nicht herum, da sie von allen gefordert ist. Niemand kann mehr sagen, er wusste nichts davon. Es ist euch bekanntgemacht worden.

So ihr euch für den alten Weg entscheidet, aus welchen Gründen auch immer, sei euch gesagt, allein die Naturgewalten stellen euch vor Herausforderungen, die euch von einem Moment auf den anderen in Armut stürzen. Und die Maßnahmen, die ihr aus dieser Notsituation heraus trefft, werden wieder ad absurdum geführt durch neue Naturgewalten. Ihr werdet weder die Erde noch etwas anderes beherrschen, es sei denn euch selbst.

So ihr Bereitschaft zeigt, den Weg des Raums der Wahrhaftigkeit, des Raums der Liebe und Nächstenliebe ohne Bedingungen einzuschlagen, werdet ihr alle Unterstützung erhalten.

Völker der Erde

Den Völkern der Erde sei gesagt, dass ihr aufgrund der bestehenden Veränderungen eure Entscheidung zeitnah treffen solltet. Jetzt noch vertraut ihr auf die Hilfe des Staates, in dem ihr lebt. Das ändert sich sehr schnell. Eure Institutionen brechen zusammen, weil sie um das Geld herum aufgebaut wurden. Bricht das Symbol des Papiers zusammen, brechen auch die Strukturen zusammen, die damit verbunden sind.

Euch ist anzuraten, dass ihr euch auf die wahren Werte der Liebe besinnt und diese lebt. Übernehmt die Verantwortung für euer Tun und wälzt diese nicht ständig auf andere Personen oder Institutionen ab. Niemand wird euch die Verantwortung mehr abnehmen können. Das Chaos lässt das nicht zu. Hört auf, gegeneinander zu leben, und erkennt, dass jedes Leben hier auf Terra seine Berechtigung hat. Das Ego entscheidet nicht, wer Rechte hat oder wer nicht. Es ist dem Ego nicht gegeben.

Bringt euer Ego endlich zum Schweigen, damit die Stimme des Urschöpfers in euch hörbar ist. Ihr werdet sie brauchen für die Zeit der Umwälzungen. In diesen Zeiten könnt ihr euch nur noch auf eure Intuition verlassen. Wir haben es oft gesagt. Bringt euch mit eurem Höheren Selbst zusammen und findet die Stimme Gottes in euch. Gebt euren freien Willen auf, der euch nur in die Situation geführt hat, in der ihr seid. Und wenn einige sagen, dass es ihnen hervorragend geht, so sagen wir euch, dass es euch nur hervorragend geht, weil ihr anderen unermessliches Leid verursacht habt, was auf euch zurückfallen wird. Die Tür ist geöffnet und schwingt nach beiden Richtungen.

Eure Wirtschaft ist eins der anfälligsten Systeme, die den Veränderungen nicht mehr standhalten können. Hört auf, euer Leben von einem Stück Papier abhängig zu machen. Schließt euch in Liebe miteinander zusammen und erkennt, dass jedes Leben vom Urschöpfer stammt und alle zum Wohlergehen aller leben sollen. Das ist der einzige Weg für das Wohlergehen überhaupt.

Schließt euch in euren Herzen in Liebe zusammen und bekundet eure Entscheidung. Dann lasst euch führen im Namen der Liebe.

Wirtschaft

Die Wirtschaft der Welt steht auf abgesägten Füßen, ohne es wahrhaben zu wollen – auch diejenigen, die noch über volle Auftragsbücher verfügen. Die folgenden Pleiten werden nicht überschaubar sein. Eurer Wirtschaftsstatus war noch nie so wackelig wie heute. Allein ein weltweiter Stromausfall von drei Tagen stürzt euch in eine Krise. Das Ende der Rohstoffe oder deren Knappheit verwehren euch die Milliarden, die ihr wollt.

Menschen, die die Wahl der Liebe getroffen haben, werden euch von einem Moment zum anderen verlassen, und neue Mitarbeiter zu finden, wird schwer sein, da ihr keine Mitarbeiter wollt, sondern Leute rekrutiert, die keine eigenen Ideen mehr entwickeln, weil sie nur benutzt werden. Allein die Formulierung „rekrutieren" ist militant und impliziert Gehorsam und ein Verfügen über die Rekruten. Ihr habt unwirkliche Symbole für Berufe erfunden, damit diese nicht so langweilig klingen sollen, es aber dennoch bleiben. Viele wenden sich ihrer Berufung zu, die mit eurem Arbeitsangebot nichts zu tun haben wird.

Die meisten Jobs könnten von zu Hause aus geregelt werden. Dazu bedarf es keiner Firmengebäude. Diese dienen oftmals nur zur Überwachung der Mitarbeiter in den Verwaltungsgebieten.

Wie lange jemand für das Erledigen seines Jobs braucht, könnte euch egal sein. Wenn dieser nach 5 Stunden erledigt ist, wäre es angemessener, die Person 3 weitere Stunden meditieren zu lassen. Das würde mehr bringen, als sie zwangsweise weitere 3 Stunden im Büro festzuhalten. Die Wirtschaft wird sehr umdenken müssen oder untergehen. Wirtschaft im alten Sinn wird es ohnehin nicht mehr geben. Ihr bewegt euch auf der auflösenden Seite, weil ihr die Wirtschaft als solche um das Geld herum aufgebaut habt. Würdet ihr die Wirtschaft in den Dienst der Liebe stellen, wäret ihr auf der richtigen Seite. Ihr würdet wirklich neue Ideen erhalten und wir würden euch wahrhaft Neues liefern.

Eure Wirtschaft geht oftmals mit Kriminalität einher in den verschiedensten Bereichen. Das geht soweit, dass ihr Menschen verkauft, Frauen und Kinder, die ihr für eigene Zwecke missbraucht. Die Wirtschaft hat vor Mord nicht zurückgeschreckt, wenn es um Führer anderer Länder und deren Rohstoffe ging.

Euer ganzer Bereich sinkt immer tiefer in die Dunkelheit hinab. Euer Stern ist dem Untergang geweiht, und jeder ist angehalten, darüber nachzudenken, wie es weitergehen soll für den Einzelnen.

Die Wirtschaft bezeichnet sich als Bosse in bestimmten Bereichen, und wir sagen, dass diese Bosse „stempeln" gehen werden. Der Weg, wenn er nicht geändert wird, wird vom Boss zum Bittsteller werden. Ihr erhaltet, was ihr gegeben habt.

Damit euer Geschäft floriert, habt ihr die Erde rücksichtslos ausgebeutet. Sie wird euch nichts mehr zur Verfügung stellen, woraus ihr Geschäfte machen könnt. Geschäfte zu machen, ist das einzige Ansinnen der Wirtschaft. Es geht um die Rücksichtslosigkeit des Geschäfts und nicht um Gott und die damit verbundenen Attribute.

Wenn ihr die Entscheidung für die wirkliche Welt trefft und den Raum der Liebe betreten würdet, würdet ihr die Fülle der Liebe tätigen können, und das universell. Nur die Wirtschaft der Erde im Blick zu haben und zu hoffen, dass ihr Reisen zum Mars verkauft oder euch ein Leben auf einem anderen Planeten zur Verfügung gestellt wird, damit die Geschäfte weiter florieren, ist ein Denken der alten Welt, die ihr Ende gefunden hat.

Wenn die Erde selbst die Umstellung vornimmt und dankbar ist, dass die alte Zeit zu Ende geht, macht es keinen Sinn, das Alte mit ins Neue Zeitalter mitnehmen zu wollen. Die Tür würde euch verschlossen bleiben.

Solltet ihr die innere Bereitschaft haben, eure Fähigkeiten in den Dienst der Allgemeinheit zu stellen, würdet ihr den entsprechenden Input erhalten, die erforderlichen Veränderungen herbeizuführen.

Ansonsten würdet ihr für eure Leistung kein Geld oder nur einen sogenannten „Notgroschen" erhalten, wie ihr ihn an andere weitergebt, auch in Form der „Ein-Euro-Manie“. Der Kreis der Illusion ist dabei, sich aufzulösen, und zeigt euch alles der Erkenntnis wegen. Ob ihr es annehmt oder nicht, spielt keine Rolle, weil es bei euch ankommt, da es zu euch gehört. Das ist das Gesetz des Kreises.

Heiler und Ärzte

Dieser Aufruf geht an die wahren Heiler auf Terra, die mit den Höheren Selbsten zusammenarbeiten. Euch wird gegeben und eure Fähigkeiten werden erweitert werden. Seid offen und empfänglich für neue Methoden der neuen Zeitqualität, die die vier höheren Körper mit einbezieht. Es wird wichtig, der Ursache auf den Grund zu gehen und nicht nur bei den Symptomen festzustecken.

Arbeitet in Zukunft mehr bei Krebserkrankungen mit der Ursache und mit entsprechenden Schlangengiften zur Heilung, anstatt die Menschen mit Chemotherapie noch mehr zu schwächen. Die Anwendung von Chemotherapie ist so, als ob ihr mit einem Panzer auf ein Blatt eines Baumes schießt. Die Verhältnisse stimmen nicht und sind nicht angemessen. Da ihr bisher keine weitere Forschung in großem Maß getätigt habt, die euch weitergebracht hat, senden wir euch diesen Behandlungsvorschlag. Weist ihn nicht zurück.

Arbeitet mit den Heilern zusammen, die sich um die Ursache kümmern, und übernehmt als Ärzte euren Part. Seid offen für neue Methoden, die sich in der nächsten Zeit zeigen werden. Lasst eure Apparaturen ruhen, die sich zwar finanziell amortisieren sollen, aber die Menschen werden sich den neuen Methoden zuwenden und den kalten Apparaten den Rücken kehren. Niemand will mehr von einer seelenlosen Maschine behandelt werden. Ausgenommen sind die Apparaturen zur

Diagnostik in menschlicher Handhabung mit der Fürsorglichkeit des Herzens, bis ihr neue Hinweise erhaltet.

Die Seher sehen auch ohne diese Apparaturen, vor allem können sie auch in die anderen Körper sehen, also den Emotionalkörper, den Mentalkörper, den Astralkörper und den Körper der Dichte, der euch als einziger vertraut ist. Es wird viel Neues in der nächsten Zeit kommen, und die Therapien werden wirklich individuell sein. Den Heilerfolg werdet ihr erleben.

Lichtarbeiter/Frequenzhalter

Geliebte Lichtarbeiter, wir wollen euch in der Zeit zurückführen zu einem Raum, der euch wohlbekannt ist. Dereinst haben wir uns dort zusammengefunden, um mit euch eure Mission zu besprechen. Das Thema der Besprechung war: Mission Erde – Aufstiegsplan.

Die alten Weisen haben errechnet, dass die allgemeine universelle Konstellation in dieser Zeit so ist, dass die Erde einen großen Entwicklungssprung machen kann. Zu der Zeit gab es aber noch keine Generalamnestie, die erst später vom Urschöpfer ausgerufen worden ist. Ihr habt in diesem Raum eure Anweisungen erhalten und wurdet in Schulungen unterwiesen, welche Fähigkeiten ihr auf die Erde mitnehmen müsst, damit ihr in vollem Umfang tätig sein könnt.

Ihr habt viele Erfahrungen auf Terra sammeln müssen, damit der Plan gelingt. Es ist euch nicht einfach gemacht worden, und es ist euch nicht leichtgefallen, alle Tests zu erfüllen. Wir haben viel von euch gefordert und ihr habt viel gegeben, so wie wir es erwartet haben. Erinnert euch an das Schulungszentrum des planetaren Aufstiegs der Melchisedeks, das Schulungen für einzelne Planeten und universelle Systeme lehrt.

Für die neue Zeitqualität wurden die Besten ausgewählt. Das war die damalige Vorgabe. Es sollten Wesen sein, die eine große Erfahrung nachweisen konnten und schon auf anderen Planeten und Systemen gedient hatten. Dann wurde eine erneute Auslese getroffen, und ihr seid ausgewählt worden. Ihr habt eure Hausaufgaben gemacht. Auch wenn ihr in verschiedenen Ländern auf unterschiedlichen Kontinenten eingeboren seid, erinnert euch an diesen Schulungsraum. Meditiert darüber, wir führen euch zurück. Es ist wichtig, weil Urschöpfers Planung die Möglichkeit der großen Sprünge ausgerufen hat. Und ihr seid aufs Neue gefordert, euer Wissen und eure Fähigkeiten zu erweitern von Terra aus. Beginnt damit, dass ihr die El-Ohim bittet, euren heiligen Namen zu singen. Bittet euer Höheres Selbst, euch wieder nach Thula-Rama (Planet des Urzentralsonnensystems) zu führen, damit ihr die Erinnerung zurückerhaltet. Arbeitet mit den Sylphen zusammen, die euch helfen, schneller aufzusteigen. Wir bauen auf euch in dieser Zeit mit allen neuen Möglichkeiten, die sie bereithält. Ihr braucht diese Erweiterung eures Wissens, damit ihr das volle Spektrum so schnell wie möglich erhaltet, um diese Fähigkeiten in vollem Umfang einzubringen. Im Schulungszentrum habt ihr einen Großteil der Fähigkeiten implantiert, aber jetzt benötigt ihr alle Fähigkeiten, über die ihr je verfügt habt. Das bedeutet, dass das Lichtimplantat erweitert werden muss, sodass das volle Programm ausgeschöpft werden kann. Deshalb werdet ihr in der nächsten Zeit, also noch im Jahr 2011 bis Mitte 2012, mehr gefordert sein, als euch vielleicht lieb ist oder ihr vermutet. Wir bauen auf euch, denn wir brauchen das volle Spektrum eurer Fähigkeiten, damit wir mit euch intensiver zusammenarbeiten können, was nur möglich ist, wenn ihr über das gesamte Programm verfügt. Ihr müsst wieder die Anbindung an planetare Systeme erhalten, um von dort die notwendigen

Informationen erhalten zu können. Wir arbeiten ebenfalls mit dem Melchisedek-Clan auf Hochtouren, um das Beste für die Erde ausschöpfen zu können. Die Einflüsse Thulas (Urzentralsonne) sind so, dass das gesamte Spektrum der Möglichkeiten auf Terra auftrifft. Wir alle sind angehalten, den größtmöglichen Gebrauch davon zu machen. Wir bitten euch daher, in euren Aktivitäten nicht nachzulassen, da wir Beschleuniger eingesetzt haben, die euren Urzustand wieder in Aktion versetzen. Ihr wisst, was das bedeutet. Die gesamte Lichtkolonie ist in vollem Umfang aktiviert, Heerscharen des Lichts sind bereits im Orbit versammelt, und neue kommen ständig hinzu. Die Lichtstädte sind ebenfalls aktiviert, sodass ihr über alles verfügen könnt, wessen ihr bedürft, um in großen Schritten voranzuschreiten. Wir verbinden eure Lichtsignaturen auf Terra, damit auch hier die Vereinigung der Kräfte und Fähigkeiten stattfindet. Das heißt, dass ihr auf Terra auch von den Fähigkeiten der anderen Lichtarbeiter profitieren könnt. Sagt uns, was ihr aus eurer Sicht benötigt. Wir stehen euch zur Seite.

Haltet euch oft in euren Lichtstädten auf, insbesondere in der Vitalisierungskammer. Empfangt auch von hier weitere Anweisungen. Wir zählen auf euch, wie wir noch nie auf eine Gruppe Lichtarbeiter gezählt haben. Ihr seid aufgefordert, euer Licht hinauszutragen und die neuen Frequenzen zu integrieren. Übt euch darin, die höchsten Frequenzen zu halten und das reine Schöpferlicht aufzunehmen. Leitet es dorthin, wo es gebraucht wird. Mutter Erde wird es euch zeigen. Verbindet die lila Flamme mit den goldenen, platinfarbenen und silbernen Strahlen und lasst sie dauerhaft leuchten. Diese Flamme wird unkontrolliert aus eurem Herzchakra herauslodern und sich ihren Weg bahnen. Lasst sie gewähren. Das Sinnvollste wäre, wenn ihr euch alle Urschöpfer übergebt, damit die

Möglichkeiten bestens ausgeschöpft werden können. Wenn ihr uns ebenfalls gestattet, über euch zu verfügen, werden unsere gemeinsamen Aktivitäten den vollen Erfolg zeigen. Es gab bisher noch nie in einem Raum diese ungeahnten Möglichkeiten, die Urschöpfer aus der Unzufriedenheit der Entwicklung heraus beschlossen hat. Daher sind die Winkel insgesamt geändert worden, die Ebenen verschoben worden, sodass der reine, klare, direkte Einfluss der göttlichen Essenz erhalten werden kann. Auch Immanuel ist gekommen und steht bereit. Was das bedeutet, wisst ihr. Erinnert euch an die durch ihn möglichen Veränderungen. Erblickt das grandiose Lichtszenario und lasst euch damit überfluten. Wir heben eure Frequenzen an auf die Tonleiter, die ihr halten könnt, und bestärken euch dadurch, dass wir alles, was ihr im Namen der Liebe und des All-Einen tut, durch die Frequenzen von unserer Seite aus halten werden. Und das ist unumstößlich.

Wir sind hier, wie wir es euch versprochen haben. Da sich die Möglichkeiten für alle unermesslich erweitert haben, bitten wir euch um ein neues Versprechen, die nächsten Schritt einzuleiten und euch weiterhin von uns anleiten zu lassen. Ihr habt auch die Möglichkeit, dieses Ersuchen abzulehnen. Wir würden das respektieren. In dem Fall würden die Frequenzhalter, die der Erweiterung zustimmen, den konzentrierten Strahl erhalten. Teilt uns bitte eure Entscheidung mit. Wir brauchen euch jetzt in dieser Stunde auf Terra, weil ihr in der Lage seid, der Menschheit einen Dienst als wahre Meister zu leisten, die sich noch von hier aus auf die Leiter der Avatare begeben können. Auch für euch sind alle Möglichkeiten offen, die ihr ergreifen könnt wie nie zuvor. Gebt uns eure Entscheidung bekannt.

Menschen

Ihr als Spezies Mensch habt in der Hauptsache die Körperlichkeit mit allen Erschwernissen gelebt. Durch die Möglichkeit der Solaren-Christo-Elektromagnetischen Energie, die euch zur Verfügung gestellt wird, seid ihr in der Lage, ein Licht in euch anzuzünden. Zum einen in eurer Seele, zum anderen in eurem Geiste, indem ihr den Heiligen Geist bittet, die Führung zu übernehmen, und der Vorgehensweise des Egos Einhalt gebietet. Ihr werdet durch die neu einfließenden Strömungen in die Lage versetzt, die höchsten Inspirationen aufzunehmen, die euch geboten werden. Wenn ihr in der Lage seid, wenigstens intuitiv wahrzunehmen, welches Geschenk euch Urschöpfer damit macht, werdet ihr wieder die Wunder erleben, die ihr euch gewünscht habt. Diese Wunder werdet ihr am eigenen Leib verspüren, und sie werden für alle Augen sichtbar sein.

Freiheit

Die Freiheit, die wir meinen, ist die Freiheit des Dienens in der Klarheit deiner Aufgaben. Da in diesem Fall deine Berufung klar vor dir steht, ist es deine Aufgabe, diese anzunehmen. Es ist genau das, wo deine Talente liegen, und das, was du immer machen wolltest. In der Durchführung deiner Berufung liegt dein Glück und das Glück aller, denn deine Berufung ist zum Segen aller. Deine Berufung lebst du im Raum der Wahrhaftigkeit, in dem es keine Grenzen gibt. Alle Wesen in diesem Raum stehen dir mit Rat und Tat zur Seite. Sie unterstützen dich auf allen Ebenen und führen dich mit den Menschen zusammen, mit denen du entweder Hand in Hand arbeiten kannst oder aber für die du tätig bist, damit sie alle von deiner Berufung profitieren können. In diesem Rahmen liegt deine

Freiheit, weil der Raum der Wahrhaftigkeit keine Grenzen kennt und deine Berufung auch nicht. Dieser gewollte Ausdruck des Urschöpfers findet sich in immer neuen Gebieten, die mit dem ursprünglichen Kern zu tun haben. Vielleicht kannst du dir das noch nicht vorstellen oder ermessen, aber Grenzen und beengte Vorstellungen hat nur das Ego. In deine Berufung aber fließt die Liebe ein, mit der du sie ausübst, und das ist das Entscheidende. Du befindest dich im Raum der Liebe, wo du deiner Berufung mit Liebe nachgehst, weil du liebst, was du tust. Diese Liebe wird weitergetragen und berührt alle, die damit in Berührung kommen, auf direkte oder indirekte Art und Weise.

So gesehen ist die einzige Freiheit die Freiheit der Liebe, da die Liebe immer frei ist. Sie gehört in den Bereich des Dienens. Das Dienen entbehrt jeglichen Stolzes, daher hat auch der Stolz keinen Platz dort. Das Dienen geschieht aus der Liebe heraus, weil jeder der Liebe dient und nicht irgendeiner Person. Das ist ein gewaltiger Unterschied. Dass die Liebe dient, ist Bestandteil ihres Seins. Daher sind im Raum der Wahrhaftigkeit alle füreinander da in der Fürsorglichkeit des Seins. Jeder erfüllt seine Aufgaben und seinen ihm gegebenen Zweck, um als vollwertiges Mitglied der himmlischen Familien aufrecht und fest zu stehen in dem, was Urschöpfers Wille ist, ohne Wenn und Aber. Es ist uns allen ein Herzensbedürfnis, dem wir uneingeschränkt folgen. In diesem Herzensbedürfnis liegt die Ausweitung und der Kontakt zu allen anderen, der grenzenlos ist wie die Liebe selbst, also die Freiheit der Ausdehnung. Hier geschieht alles im Frieden, den die Liebe mit sich bringt und der ein Attribut der Liebe ist. Das Wichtigste bei uns ist, den Willen Urschöpfers zu erfüllen, ohne sich selbst wichtig zu nehmen. Wenn jemand eine bedeutungsvolle Aufgabe erhält, steht auch fest, mit wem man zusammenarbeitet.

Jeder Beteiligte erhält, was er benötigt, und auch darüber hinaus, je nach den Erfordernissen. Es ist uns ein Anliegen zu dienen, da dienen bedeutet, den göttlichen Willen zu erfüllen. Hierin liegt der eigentliche und einzige Zweck.

Als Mensch gilt es zu unterscheiden, ob du dem Licht in deinem Nächsten oder ob du dem Ego des Anderen dienst. Die Klarheit benötigst du, damit es nicht zu Missverständnissen kommt. Daher ist es so wichtig, die Absicht, die sich hinter einer Sache verbirgt, klar zu erkennen. Noch wichtiger ist die Anbindung an die geistige Welt, damit du immer und überall die Klarheit erhältst, die du brauchst, um deinen Weg fortzusetzen.

Diejenigen, die versuchen, beide Welten unter einen Hut zu bringen, scheitern, denn dieses Unterfangen ist absolut sinnlos. Erkennt, dass euch nur die klare Entscheidung weiterbringt, da der Raum der Wahrhaftigkeit die Wirklichkeit ist und die Illusion nie mit der Wirklichkeit verbunden werden kann. Alle, die nur materiell ausgerichtet sind und nur glauben, was sie sehen und was „bewiesen" werden kann, denen sei gesagt, dass ihr euch den schweren Weg gewählt habt. Die sogenannten Beweise gelten nur begrenzt und die Reaktion ändert sich. Das bedeutet, dass sich die alten Beweise in der Zukunft nicht mehr als Beweise zeigen können. Die Zukunft bringt viel Neues, was eure Beweise ad absurdum führen wird.

Der Mensch hat sich einst vorgenommen, das Leben von „außen" zu untersuchen. Untersuchen kannst du nur, was vor dir ist, also was du sehen oder anfassen kannst. Was du sehen oder anfassen kannst, ist aber immer nur ein Teil des Ganzen. Ohne dass du das Geistige mit einbeziehst, sind deine Folgerungen eben nur ein Teil deiner Weisheit oder Wissenschaft, die du vermittelt hast, und gelten nur für diesen einen Bereich. Die neue Zeitqualität offenbart aber die gesamte Wahrheit, also auch die geistige Seite einer Sache.

Du selbst bist auch nicht nur Fleisch und Blut. Auch in dir ist Geist, auch wenn du ihn leugnest. Nur weil du denken kannst, ist der Geist in dir noch nicht in Aktion getreten. Erst wenn deine alten Denkstrukturen aufgelöst werden und du das wahrhaftige Denken der Wirklichkeit übernimmst, hast du es geschafft. Nur dann befindest du dich im Raum der Wahrhaftigkeit, wo du keine Zweifel mehr an der Existenz des Geistigen hast. Das wahrhaft Geistige ist, was grenzenlos ist. Wir meinen damit nicht das Gehirn, verbunden mit dem Denken, was du im Menschen zerstören kannst durch deine Grausamkeiten und entsetzlichen Qualen, die einem Menschen bereitet werden können, sondern den reinen Geist, der der Heilige Geist ist. Der Geist durchdringt alles mühelos. Der Geist erkennt den Geist, der Geist steht in Verbindung mit allem, da hinter jeder Form der Geist steht. Die Form ist vom Geist ausgegangen und nicht umgekehrt. Ohne dass ihr die geistige Welt akzeptiert oder nicht leugnet, werdet ihr nie die Freiheit eures Seins erlangen. Ihr habt diese Tür vor langer Zeit zugeschlagen und müsst sie wieder öffnen, um die wahre Freiheit zu erlangen. Die wahre Freiheit erkennt alles durch den göttlichen Geist, der immer und überall präsent ist und mit dem Gesamten in Verbindung steht. Der göttliche Geist beeinflusst alles Leben und jede Form, die durch ihn verändert wird. Die Veränderungen sind in vollem Gange. Schau besser genau hin und entscheide dich für die Freiheit des Seins.

Die geistige Kommunikation der Erde

Die Kommunikation der neuen Erde ist die Telepathie, die eine geistige Kommunikationsform ist. Wir gaben euch bereits das Beispiel mit der Kerze und erinnern dich gern wieder. Der untere Teil ist ein festes Material, die Flamme gehört noch in den materiellen Bereich, doch du kannst sie nicht ergreifen und festhalten, der aufsteigende Rauch ist die weitere Vergeistigung. Die Erde ist jetzt in dem Stadium des Feuers. Das bedeutet, dass die geistige Ebene mit einbezogen werden sollte, und zwar unter allen Umständen.

Die Erde erhält eine geistige Sonne, eigentlich das geistige Spiegelbild dessen, was sie eigentlich sein sollte. Die gesamte Materie macht sich bereit, sich anzupassen und zu verändern. Du als Mensch kannst dich zwar dagegenstellen, aber dann wirst du auf der Stelle treten. Das geistige Potenzial ist bereits freigesetzt und kommunikationsbereit. Dein weiteres Schöpfertum als Mensch hängt davon ab, inwieweit du selbst dich als geistiges Wesen siehst. Wir meinen mit geistigem Wesen deinen wahrhaftigen Seinszustand, nicht das, was du als Denken in deinem Körper wahrnimmst. Beginne, mit der Natur zu reden, und warte die Antwort ab, die sie dir gibt. Und sie wird antworten. Ein Aufstieg ist immer eine geistige Erhebung, die das Materielle nach sich zieht. Also kommst du ohne das Geistige in deiner Entwicklung nicht weiter. Wenn du Kontakt mit dem Urgeist aufnimmst, dann wirst du in kurzer Zeit erkennen, wie einseitig du in der Vergangenheit gelebt hast, weil du einseitig gedacht hast. Du als Mensch denkst sogar, was andere denken, ohne wirklich zu wissen, was der andere denkt, wenn er es denn tut. Dein Denken als Mensch interpretiert eine Menge Unsinn in eine Sache oder Person, weil du es dir eben so vorstellst. Oft meinst du es auch gut damit, dennoch bleibt es eine Sache, die von deiner kleinen Vorstellungswelt ausgesandt wurde. Der Urgeist hingegen hängt nicht an Kleinigkeiten. Er ist das Große und Ganze, und dies ist der Raum, in dem er wirkt und schafft, und zwar im großen Stil. Er ist all-umfassend, sodass eine einzige Veränderung im Teil das Gesamte als großes Ganzes mit verändert, weil der Urgeist niemals von sich getrennt ist. Also gibt es auch eine geistige Verbundenheit mit allem, was ist. Im Gegensatz zu der menschlichen Verbundenheit, die Familie oder Freunde einschließt, erkennt sich der Urgeist als Eines, das untrennbar miteinander verbunden ist. Daher gibt es keine Trennung und keine Entfernung zu überbrücken. Nur weil der Mensch glaubt, getrennt zu sein, ist es in Wirklichkeit nicht so. Der Urgeist ist immer Einheit wie auch das Licht. Nur weil der Mensch glaubt, dass die Formen getrennt sind von anderen Formen, stehen sie auf geistiger Ebene doch ganz und gar in Verbindung. Der Geist ist mit allem verbunden, daher auch seine Weisheit, an der du teilnehmen kannst, wenn du willst. Die Wahrheit ist immer unveränderbar, weil sie aus dem Urgeist entsprungen ist, weil sie ewig ist und weil sie unantastbar ist. Dein Teil des Urgeistes wird auch diese Wahrheit nie antasten wollen, weil dieser Anteil die Wahrheit kennt. Nur wenn du deine Ohren davor verschließt, folgst du dem Wahnwitz der Welt der Illusion, und dennoch existiert die Wahrheit auch in dir. Diese Wahrheit beansprucht ihre Existenzberechtigung und setzt sich durch auch ohne deine Erlaubnis. Diese Erlaubnis braucht die Wahrheit nicht, diese braucht auch der Raum der Wahrhaftigkeit nicht, weil er die wirkliche Welt ist. Geist ist Wahrheit, die geistige Welt ist Wahrheit, der Urgeist ist Wahrheit, der die Führung wieder übernimmt und mit dem einseitigen, gestörten Denken aus einem einzigen Blickwinkel heraus aufräumt. Dieses Denken ist deshalb gestört, weil es nicht umfassend ist. Umfassendes Denken ist einem Menschen nicht gegeben, daher benötigst du den Urgeist, da nur dieser all-umfassend denkt und handelt. Wenn du die Entscheidung für den Raum der Wahrhaftigkeit getroffen hast, dann stehst du mit beiden Beinen in der Wirklichkeit, wo die All-Macht der Liebe wirksam ist. Somit hast du dir die Macht zurückgeholt, die du an die Illusion abgegeben hattest. Du hast versucht, eine Illusion mit Liebe anzufüllen, die diese Liebe nicht aufnehmen kann, weil sie eben nicht wirklich ist. Daher kannst du die Illusion nur segnen, damit Segen auf allem ruht, was ein Mensch tut. Liebe hingegen benötigt keinen Segen, weil die Liebe immer segensreich ist. Vergib dir selbst diesen Versuch, den du als Mensch unternommen hast, und wende dich der Wirklichkeit zu. Verlasse dein dadurch entstandenes Gefühl der Hilflosigkeit, denn dein Tun war ohne Wirkung. Gib der Liebe, was der Liebe ist, und genieße die Freiheit, die du wieder errungen hast mit einem Schritt, der für deine Entscheidung erforderlich war.

Menschheit

Der Mensch ist ein Geschöpf, das so konstruiert wurde, dass es sich weiterentwickeln und erheben kann. Vor dem Fall wart ihr alle in einem rein geistigen Zustand und seid immer tiefer in die Materie herabgestiegen. Eure Körper haben sich immer mehr verdichtet, sind also materieller geworden. Eurem Körper konntet ihr nur durch den Tod entgehen, weil ihr die geistige Komponente abgelegt hattet. Vor diesem Zustand hattet ihr euren Körper mit dem göttlichen Licht angehoben und seid mit ihm auf eine neue Ebene gegangen, wo ihr euch weiterentwickeln konntet. Die reinen Materialisten haben immer mehr den Tod in Kauf genommen. Für sie gab es nur ein einziges Leben, das mit dem Tod endete. Sie haben daher versucht, dieses eine Leben mit allem Möglichen anzufüllen, und immer die Angst verdrängt, dass sie eines Tages sterben. Ein Leben nach dem Tod war für Materialisten nicht existent, weil sie keinen Sinn darin sahen.

Wenn aber die eigentliche Entwicklung des Menschen von oben nach unten, also aus einem rein geistigen und lichtvollen Zustand abwärts in die Materie ging, begegnest du dem, was ohnehin immer vorhanden war. Der einzige Unterschied ist, dass du in den oberen Regionen weißt, dass du mit allem verbunden bist, und in der Dichte der Materie glaubst, du seiest getrennt von allem. Einzig der Glaube an das Getrennt-sein treibt diese unsäglichen Blüten eures Denkens. Im Geiste der Wahrheit seid ihr nach wie vor mit allem verbunden, auch wenn ihr es nicht in Anspruch nehmt. Eine Weiterentwicklung des Menschen kann immer nur über die geistige Ebene stattfinden. Eure DNS-Anlage ist so gestaltet, dass ihr wieder alle Anbindungen erlangen könnt, damit eine neue Qualität gelebt werden kann. Der Sinn ist ja die Weiterentwicklung, und zwar die Aufstiegsentwicklung. Die Grundidee ist Aufstieg, der nur in dem Raum der Wahrhaftigkeit stattfinden kann, wo du bist, was du warst. Dort willst du wieder hin, und das mit Recht. Der Sinn eines Menschenlebens ist, Erfahrungen zu machen und zu erkennen, was Illusion und Wirklichkeit ist. Um dieser Erfahrung willen seid ihr hergekommen. Hier haben viele ihr Sein so eingeschränkt, dass sie wirklich überzeugt sind, dass mit dem Tod alles endet, was überhaupt keinen Sinn machen würde.

Allein das Wechseln von Ebenen, also von der Materie in die nächste, höhere Ebene, wo ein geistigeres Leben herrscht, wo dein Körper leichter und schneller veränderbar ist und wo du neue Erfahrungen sammeln kannst, ergibt die Weiterentwicklung. Der Sinn ist die Weiterentwicklung des Menschen von Ebene zu Ebene, die du einst hinabgestiegen bist und so wieder emporsteigen musst, wenn du zurück willst. Die neue Zeitqualität bietet nun die Entwicklungssprünge an, die euch über verschiedene Ebenen erheben, ohne dass ihr die einzelnen

Stufen durchlaufen müsst. Das ist ein bisher einzigartiges Modell. Wenn der Sinn also die Weiterentwicklung ist auf dem Weg zurück zum Ursprung, dann muss es ein Leben nach dem Tod geben. Den Tod hat euch nur das Ego beschert, wir kennen keinen Tod. Wir transformieren die Körper durch das Licht Urschöpfers. Und da es ein Leben nach dem Tod gibt, gab es auch ein Leben vor der Geburt. Erinnert euch, dass der Raum der Wahrhaftigkeit ewiges Leben ist. Und so ist der Mensch angelegt, wenn er sich als geistiges Wesen erkennt. Du bist nicht allein dein Körper, du bist mehr, als du glaubst. Die goldene Zeitqualität fordert von euch das Erkennen der höchsten Stufen, wo ihr euch mit eurem goldenen Engel vereint und euer wahres Schöpfertum auf Erden lebt. Alles ist bereits in euch angelegt, greift zu. Urschöpfer wollte sich durch die Form, also auch durch den Menschen, zum Ausdruck bringen. Das wiederum kann er nur im Raum der Wahrhaftigkeit. Gestatte dir zu sein, was du ursprünglich sein wolltest, bevor du zur Erde kamst voll Freude und Enthusiasmus, weil du als Erlöser gekommen bist, bevor du ins Vergessen gegangen bist. Jetzt sei der Erlöser, indem du deine Wahl triffst, dass der Urschöpfer sich in vollem Umfang auch durch dich leben kann. Hole dir die Geisteskraft damit zurück und alle Fähigkeiten, die er dir zuteil werden lässt. Gestatte nur ihm, die Autorität deines Seins zu sein, und weise die Machenschaften des Egos von dir. Durch die Geistesgaben erkennst du den Geist, der hinter allem steht, erkennst du die Wahrheit, die du bist, und das Ziel, weswegen du hergekommen bist. Es steht wieder klar vor dir.

Die neue Zeitqualität ist bereits auf der Erde angekommen, sonst wären wir nicht hier im Orbit versammelt. Ihr könnt euch das so vorstellen wie eine Tür, die geöffnet wurde und die

Die Jahrtausendmöglichkeit

goldene Energie wie eine Wasserflut hineindrückt und alles überschwemmt. Sie ist hier und will genutzt werden. Das Schlimmste, was ihr machen könntet, wäre, sie nicht zu nutzen und eine Jahrtausendmöglichkeit unangetastet vorüberziehen zu lassen. Ihr seid zögerlich, weil ihr zum einen nicht glaubt, dass es so ist, und zum anderen nicht wisst, was ihr damit machen könnt. Genau das ist das alte Denken. Dies benötigt einen genauen Plan von A nach B und die einzelnen Schrittvorgaben, denen man dann folgt und die man abarbeitet. Dreht dieser Energie den Rücken zu.

Die neue goldene Energie bedingt, dass ihr zugreift und fragt, was sie „sein will". Das, was es sein will, beinhaltet „seinen Willen", um sich Ausdruck zu verleihen. Erinnert euch, dass das neue Spiel Annehmen und Loslassen beinhaltet. Die alte Energie liebt die lebenslange Planung, gepaart mit dem Gewinn, der nie enden möge.

Die neue Energie selbst ist der Gewinn. Sie ist absolut kreativ und von unendlicher Fülle. Der Weg ist, zu beginnen und den ersten Schritt zu tun. Alles andere folgt von selbst. Du hast die Möglichkeit, mit dem Gold der Wirklichkeit zu arbeiten und die besten Kreationen hervorzubringen. Die goldene Zeit ist eine spielerische Zeit, in der ihr experimentieren könnt und dadurch immer neue Wege findet, um neue Schöpfungen hervorzubringen. Etwas haben und es festhalten, ist der alte Weg, den ihr verlassen solltet. Die Materie unterliegt nicht den Wünschen des Egos, sondern hat sich auf die neue Energie bereits eingelassen. Sie reagiert, auch wenn ihr nicht reagiert. Und je mehr ihr an dem Alten festhalten wollt, desto mehr verliert ihr, weil ihr euch damit gegen die universelle Energie stemmen wollt. Kreativität, gepaart mit Intuition und Inspiration, sind die neuen Begleiter der Zeit. Heißt sie willkommen und reicht ihnen die Hand zum Bunde, denn dieses Bündnis werdet ihr brauchen.

Die goldene Welle hat alles bereits überrollt und in Besitz genommen, weil es eben ihre Aufgabe ist. Diese Welle arbeitet in den tiefsten Tiefen eures Bewusstseins und spült hervor, was sich dort versteckt hat, damit es in Frieden transformiert wird. Niemand hat mehr die Möglichkeit, Verstecken zu spielen. Dadurch lebt ihr eure Emotionen und Gefühle immer bewusster, weil nichts mehr unterdrückt werden kann. Die Angst vor euren Emotionen weicht, wenn ihr euch mit ihnen bekannt macht und nicht mehr den Deckel darauf haltet. Emotionen sind eure Wegbegleiter, die das Gold potenziert leuchten lassen und eure Intuition stärken werden.

Stellt euch vor, ihr betretet Neuland. Ihr steigt von einem Schiff, das angelegt hat, und betretet absolut neuen Boden. Ihr wisst nicht, was euch erwartet, was auf euch zukommt, wer dort lebt, ob es überhaupt Leben gibt und wie es hier funktioniert. Ihr macht die ersten Schritte an Land und folgt eurer Intuition. Eine andere Wahl habt ihr nicht, weil keine Wegweiser aufgestellt sind, denen ihr folgen könnt. Ihr findet nur ein Hinweisschild, auf dem Intuition steht. Dann entscheidet ihr aus eurem Gefühl heraus, wohin ihr geht und welches eure nächsten Schritte sind. Eine konkrete Planung ist euch in größerem Umfang nicht möglich, weil ihr eben das Terrain nicht kennt. Was also solltet ihr in der unbekannten Region planen? Ihr müsst euch erst zurechtfinden, um eine Planung entstehen lassen zu können. Euer altes Wissen könnt ihr auf dem neuen Boden nicht mehr anwenden, sondern ihr müsst neues Wissen erlangen. Nun trefft ihr Wesen, die ihr vorher noch nie gesehen habt, die eine Sprache sprechen, die ihr nicht versteht. Ihr müsst kreativ sein, ausprobieren und neu erfinden.

Die alte Zeit zeigt immer mehr Kommunikationsschwierigkeiten zwischen den Menschen. Ihr werdet einfach missverstanden, obwohl ihr euch vielleicht klar ausgedrückt habt. Auch das ist ein Zeichen, dass sich die alte Energie auflöst. Die Neuausrichtung der geistigen Essenz ist die geistige Kommunikation, also Telepathie. Ihr müsst also kehrtmachen und euch von dem äußeren Weg auf den inneren Weg begeben. Hier habt ihr es auch mit eurer Seele zu tun, die den meisten ein Buch mit sieben Siegeln ist.

Vieles, was das Ego angerichtet hat, wird der Seele zugeschrieben. Die meisten Seelen sind verletzt, und die Verletzungen und Narben wurden vor anderen versteckt. Es ist aber an der Zeit, dass die Seele ausheilt. Das bedingt, dass sie erst einmal anerkannt wird als lebendiger Bestandteil eures Seins. Eure Seele ist als Individualseele mit in eure Form eingeflossen, und zwar in mehreren Schritten gemäß eurer Entwicklung, sodass ihr auch ein Ego ausbilden konntet, also von der Kindheit zum Erwachsenen. In der jetzigen Zeit will die Individualseele wieder mit der kosmischen Seele vereint sein, denn auch sie will zur Einheit zurück. Zwar steht eine Seele immer mit allem in Verbindung, aber das Richten und Verurteilen des Egos und des kalten Verstandes hat der Seele ihren Ausdruck verwehrt. Säuglinge und Kleinkinder kennen keine Verbote und sind erstaunt, wenn sie diese erhalten. Genauso hat das Ego der Seele die Heilung verwehrt durch das programmierte Denken einer Schmalspur, der das Ego gefolgt ist. Das Ego hat festgelegt, wie etwas zu sein hat, und die Seele musste folgen, ob sie litt oder nicht. Die Seele wurde mit Worten, Schlägen, Misshandlungen und Grausamkeiten verletzt. Die Monotonie eurer Gesellschaften mit den immer gleichen langweiligen Tätigkeiten lässt sie abstumpfen, denn so monoton kann sie der Kreativität keinen

Die Individualseele will vereint sein

Ausdruck verleihen. Sie hat sich im Laufe der Zeit zurückgezogen und in den meisten Fällen sogar versteckt. Die Angst, die die Lieblosigkeit des Menschen zeigt, lässt die Seele in gesundem Zustand leiden. In einem krankhaften Zustand zieht sich die Seele zurück oder tritt ganz aus dem Körper aus. Die Seele an sich ist eine zarte und dennoch starke Essenz, die einen göttlichen Auftrag erhalten hat und diesen ausdrücken will. Wird ihr dieser Ausdruck verwehrt, leidet sie. Die Kommunikation mit eurer Seele findet auf geistiger Ebene statt. Ihr seht, ihr kommt an dieser neuen Kommunikationsform nicht vorbei. Eine gesunde Seele strahlt das göttliche Feuer aus, das ihr bei Säuglingen und Kleinkindern noch in den Augen seht. Die Seelenpartikel glänzen, und die Farbe der Essenz richtet sich nach dem Grad der Liebe, den du hegtest, als du in deine neue Inkarnation eingetaucht bist. In einem glücklichen und gesunden Zustand erklingt dein Seelenlied, das du und der ganze Raum hören können. An dem Seelenlied ist der Grad deiner Liebe erkennbar. Je inniger du liebst, desto klarer und reiner ist diese Musik. Je weiter du dich von der Liebe entfernt hast, desto mehr hört sich das Lied verzerrt an. Die Töne sind nicht mehr zu erkennen, und die Farbe der Seele verdunkelt sich. In größter Not gibt die Seele keinen Ton mehr von sich. Ist die Seele verletzt oder hat man ihr gar Risse zugefügt, ist sie nur noch bedingt einsetzbar. Sie bedarf der Heilung.

Die Seele hat den Auftrag, die Implosion des göttlichen Feuers zu vollziehen. Sie will wieder die Einheit mit Urschöpfer und der kosmischen Seele bewusst in der Form oder in eurem Körper in dem Maß, wie die Seele diese Energie aufnehmen und halten kann. Daher nehmen die Depressionen der Menschen eurer Gesellschaften immer mehr zu, weil die Seele bereits dem Ruf folgt und ihre Anwesenheit nicht mehr unterdrücken lässt. Sie besteht auf ihrer Daseinsberechtigung und will sich leben. Das Schlimmste, was ihr machen könnt, ist, die Seele mit Medikamenten ruhigzustellen, statt sie zu heilen. Auch wenn Medikamente zum Auffangen der Symptome erforderlich sein sollten, muss der Weg der Heilung beschritten werden. Heilung kann nur erfolgen, wenn man direkten Kontakt zur Seele aufnimmt und Hand in Hand mit ihr arbeitet. Wenn ihr weiter versucht, die Seele vom Kopf her zu heilen, also mit dem Weg des Egos, das ja die Krankheiten der Seele verursacht hat, werdet ihr scheitern. Im Raum der Wahrhaftigkeit habt ihr neue Möglichkeiten, weil ihr die Heilung allen Seins Urschöpfer überlasst und seinen Anweisungen folgt. Allein hier kann die wahre Heilung stattfinden, weil hier die Ursache klar erkannt wird und die störenden alten Muster entfernt werden, damit die Seele und das Denken wieder Hand in Hand gehen können und sich nicht gegenseitig behindern oder unterdrücken. Wenn ihr wieder den göttlichen Willen lebt, wandelt alles ohnehin in Harmonie miteinander, denn alle Formen sind aus der Liebe allen Seins heraus auf ein Ziel ausgerichtet. Das Dienen der Liebe funktioniert nur so und nicht anders. Es schreitet im Frieden voran, und den inneren Frieden müsst ihr erlangen. Es wird für euch ein neues Gefühl sein, aber eines, nach dem ihr euch unendlich gesehnt habt. Ihr werdet es genießen und nicht mehr missen wollen. Dadurch werdet ihr euren Geist und eure Seele aus dem Kerker, den das Ego gebaut hat, befreien, sodass nun endlich wieder die Ausdehnung stattfinden kann. Je nach eurem Entwicklungszustand auf der geistigen Ebene dehnt ihr euch wenigstens in der Weite eures Universums aus. Andere von euch auch darüber hinaus, um zu dienen, weil die Kontakte so vorgesehen sind.

Ihr lernt wieder, eure Fähigkeiten einzusammeln, die ihr hinterlegt habt für diesen wichtigen Moment, und ihr lernt wieder anzunehmen, was wir euch geben. Das Ego hatte euch gesagt, dass ihr nichts verdient, weil ihr wertlos seid, und die Gesellschaften haben das untermauert, weil nur der Wert des Geldes zählte. Ob jemand, der reich ist, auch ein sogenannter guter Mensch ist, zählt bei diesen Überlegungen nicht, weil nur der Reichtum bewundert wird und dadurch auch ein kreatives Leben möglich ist, weil „man es sich leisten kann". Man hat euch so einiges eingeredet, damit ihr auf eure Rechte verzichtet und euch selbst minderwertig fühlt.

Die Idee selbst braucht kein Geld, und der goldene Boden reagiert auf euch. Wenn ihr mit der Umsetzung des göttlichen Willens beginnt, kann euch nur auf allen Ebenen zugearbeitet werden. Euch fließen die Mittel zu, weil es gar nicht anders geht. Im Raum der Fülle herrscht Fülle, die unermesslich gegeben wird. Der erste Schritt der Umsetzung des Planes ist wichtig, alles andere geschieht von selbst. Du findest die Mittel und die Menschen, die bei der Umsetzung des göttlichen Willens zusammenstehen, und jeder hat seinen Anteil daran. Die Zeit, wo ihr ein Leben lang immer das Gleiche bis zum Stumpfsinn macht, ist vorbei. Der Kreativität wird hier Ausdruck verliehen, und die Ideen des Urschöpfers sind schier unendlich. Du selbst brauchst die Möglichkeiten nicht alle zu kennen. Es reicht aus, dass du sie annimmst. Überlege also, was du ablehnst. Was du ablehnst, hat mit der Angst zu tun, die in verschiedenster Form, auch kaschiert, auf dich Einfluss ausüben will. Bewahre dein Sein im Raum der Wahrhaftigkeit und der Fülle, über die du dort verfügen kannst. Dir wird dein wahrer Wert wieder bewusst, und alle lassen dich wissen, wie wertvoll du wirklich bist. Vielleicht kannst du nicht begreifen, wie wertvoll du bist und wie bedeutungsvoll dein Sein hier auf Erden für alle ist, aber du wirst auch das wieder annehmen können mit dem Selbstverständnis der Erinnerung. Dein Licht wird wieder erstrahlen, denn nun endlich tust du das, wozu du hergekommen bist, zu dienen der All-Macht und der Einheit, die nicht voneinander zu trennen sind. Du hattest dich verirrt und bist zurückgekehrt ins Licht der Wahrheit, das deine Schatten verblassen und verschwinden lässt. Das Licht erkennt das Licht und folgt dem Licht der Wahrheit, so wie es immer war und sein wird.

Bisher seid ihr als Menschen den Anweisungen Einzelner oder den Massen gefolgt, je nachdem, was vorgegeben worden ist. Das betraf alle Bereiche, die mit Vorschriften belegt worden sind und die ihr brav eingehalten habt. Manche mehr, andere vielleicht weniger. Das heißt, dass die Individualität unterdrückt wurde zugunsten des Gehorsams und der Unterordnung unter das Ego. Diese Einengung hat ihren Höhepunkt erreicht. Niemand wollte anecken und noch weniger abgelehnt werden, als es schon der Fall war. Diese Kanten und Ecken müssen nun geschliffen werden, damit der Krönungsschliff entstehen und nach allen Seiten funkeln kann.

Der individuelle Ausdruck des göttlichen Seins

Die neue Zeit besteht auf dem individuellen Ausdruck des göttlichen Seins in jedweder Form, und die Form kann sich schnell ändern. Ihr lebt diesen Ausdruck nicht nur auf Terra, sondern auch auf anderen Ebenen der Welten. Anders formuliert, ihr arbeitet auch mit euren eigenen Anteilen Hand in Hand. Ihr begegnet euch selbst in den verschiedensten Formen, die existieren. Der Raum dehnt sich aus, also müssen alle diesen Anweisungen folgen. Und wenn jemand die Begrenzung oder Kleinheit von dir fordert, weißt du, in welchem Raum derjenige zu Hause ist. Im Raum der Wahrhaftigkeit kann nur Ausdehnung sein, die mit deiner Entfaltung einhergeht. Stell dir vor, du hältst einen Fächer zusammengefaltet in deiner Hand. Dein Bestreben war es, diesen Fächer aufzuziehen und zu benutzen, was dir verwehrt wurde und du dir selbst verwehrt hast. Dennoch hast du immer auf diesen Fächer geschaut, und zwar sehnsuchtsvoll. Nun öffnet sich der Fächer auch ohne Erlaubnis. Entfaltung, also das Ende des Zusammengefaltet-seins und die damit verbundene Ausdehnung folgen automatisch. Begreift, dass alles dem Willen des Urschöpfers Folge leistet. Bisher hat das Ego im Raum der Illusion geherrscht und Befehle erteilt. Diese Zeit ist vorbei. Niemand hört mehr auf die Drohungen des Egos. Im ersten Buch des P'taah haben wir euch gesagt, dass die Menschen lieber sterben, als so weiterzumachen. Inzwischen seid ihr es gewahr geworden. Und die gesamte Natur und Materie folgt dem Urgeist, weil alles geistig ist und den Ruf hört. Ob sich das Ego dagegenstellt oder es anders will, ist absolut unerheblich. Damit müsst ihr erst klarkommen, es muss euch bewusst werden, damit ihr begreift, was das Leben fordert. Ihr habt es leichter, wenn ihr mit dem Fluss des Lebens schwimmt, als euch dagegen zu stemmen. Und ihr könnt sicher sein, dass sich das wirkliche Leben und Urschöpfer selbst immer und überall durchsetzen wird. Bisher wurde ihm vom Raum der Illusion dieser Ausdruck mit all seinen Fähigkeiten verwehrt. Ihr habt die Meister auf Terra bewundert, denn sie konnten Wunder vollbringen. Sie selbst waren es nicht, die diese Wunder vollbracht haben. Sie waren es aber, die Urschöpfer den gesamten Raum ihres Seins zur Verfügung gestellt haben, damit er schalten und walten konnte nach seinem Willen. Und die All-Macht „Urschöpfer" konnte sich durch die Meister ausdrücken und entfalten. Das hat Wunder bewirkt, und die Wunder werden weiter um sich greifen. Ihr werdet sie sehen können. Und wenn ihr sehr materiell eingestellt seid, bittet Urschöpfer um Beweise, er wird sie euch liefern. Er ist nicht der, der euch vorenthalten hat, sondern ihr habt ihm nicht gestattet, über sein Eigentum zu verfügen. Daher seid ihr seiner Wunder verlustiggegangen. Das könnt ihr jederzeit ändern und ihm zurückgeben, was ohnehin ihm gehört. Dann erhaltet ihr Beweise, die ihr nur anfangs sehen wollt, damit ihr euch auf dem neuen, goldenen Boden sicherer fühlt. Ihr steht vor einer wundervollen individuellen Erfahrung, die ihr nur selbst erleben könnt. Andere können davon erzählen, aber nur diejenigen, die sich der Liebe hingeben, werden an Leib und Seele erfahren, wie der Raum der Wahrhaftigkeit ist. Sie werden es sein, die dort aufblühen wie eine Blume und ihren Duft verströmen in den ganzen Raum, damit alle daran Anteil haben können. Sie werden sich in der Lebensfreude wiederfinden, weil sie diese neue Welt mit den Augen eines Kindes sehen werden, das noch staunen kann und weiß, es braucht sich keine Sorgen zu machen, weil es mit Fürsorglichkeit behandelt wird und absolut mit allem versorgt ist. Dcin Weg und dein Sein ist unbelastet und frei, sodass du beschwingt deinen Weg gehen kannst.

Die neue Zeitqualität offenbart sich täglich mehr für euch. Je wilder es draußen in der Welt zugeht, desto mehr Platz wird für Neues geschaffen. Eine neue Ära hat begonnen, deren Heiligkeit alles durchdringt. Vor dieser Heiligkeit hat nur Bestand, was aus der Liebe ist. Es ist an der Zeit, dass ihr begreift und lernt, dass die Verantwortung nicht anderen übertragen werden kann. Jeder von euch trägt Verantwortung für das, was hier auf Terra geschieht. In der Hauptsache ist es die Lieblosigkeit, die Leid verursacht. Die Lieblosigkeit geht mit dem Missbrauch der Schöpfung einher, und Missbrauch ist immer Gewalt und Knechtung. Die Weisung, dass man sich die Erde untertan machen soll, bedeutet, dass man mit ihr gemeinsam in Harmonie leben soll. Die Zeit des untertänigen Hinnehmens ist für die Erde vorbei. Sie hat lange genug stillgehalten und hat inzwischen ihren Dienst aufgenommen – zum einen als vollwertiges Mitglied im Rat der 13, zum anderen als ein Wesen, dass Liebe beansprucht. Es ist an euch, eurer Mutter Erde, die euch das Leben hier ermöglicht, jeden Tag eure Liebe zu zeigen.

Die Kräfte, die vom Urzentraluniversum ausgehen, sind nicht aufzuhalten. Sie treffen auf der Erde in Form von goldenen Wellen auf. Die Schiffe im Orbit konzentrieren diese Kraft und lenken sie auch dorthin, wo es erforderlich ist. Ihr könnt euch das so vorstellen, als ob ihr einen Raum mit Wasser durchspült und alles weggeschwemmt wird, was am Boden haften will. Der Druck ist regulierbar, kann aber nicht unterbunden werden.

Die Zeit eures Erwachens ist gekommen, und wir bereiten mit euch gemeinsam den neuen, goldenen Boden, so wie wir es versprochen haben. Bis zum Jahr 2013 ist die Auflösung der Illusion vollendet. Parallel dazu greift der goldene Boden immer mehr um sich. Die Wirklichkeit wird immer öffentlicher und sichtbarer für alle. Niemand wird mehr die Wirklichkeit leugnen können. Jetzt schon ist eine große Spaltung erkennbar all derer, die sich für den Raum der Wahrhaftigkeit entschieden haben. Ein großer Teil sitzt schon fest im Sattel und erfüllt die ihm gestellten Aufgaben mit uns gemeinsam. Andere werden folgen in kurzer Zeit. Der Graben zwischen der alten und neuen Welt wird immer breiter, und je länger ihr wartet, desto schwerer ist dieser Graben zu überwinden. Seid frei, flexibel und beweglich, damit ihr reagieren könnt, wo es erforderlich ist. Werdet die Ursache und geht aus der Wirkung heraus, die andere für euch erstellt haben. Es ist nicht an euch, die Wirkung anderer zu bereinigen. Einige glauben, sie könnten die Arbeit auf andere abwälzen. In dem Fall senden wir genau diese

Arbeiten an den Urheber zurück. Jeder hat seinen Verantwortungsbereich zu übernehmen, und das werdet ihr gewahr werden. Der allgemeine Druck wird noch größer werden, was nicht zu umgehen ist. Die schon im Licht der Wahrheit stehen, sind bereits aus dem Geburtskanal ausgetreten. Die anderen stecken noch fest. Und so wie die Wehen Schmerzen verursachen, wird der Druck größer. Ihr könnt diesen Vorgang erleichtern durch die klare Absicht, wo ihr leben wollt. Wir respektieren jede Entscheidung.

Wir haben euch versucht, begreiflich zu machen, worauf es ankommt und dass ihr die Wahl zwischen der Angst und der Liebe habt. Die Erde selbst nähert sich einer Wegkreuzung und schlägt die Umlaufbahn der Liebe ein. Die Vorbereitungen dazu trifft sie jeden Tag. Je mehr die Erde selbst ihren Fokus auf die Urzentralsonne neu ausrichtet, desto klarer werdet ihr, weil eben diese Einflüsse für Klarheit sorgen. Der Klarheit wird ein großes Durcheinander vorangehen, was ein weltweites Aufbäumen der Wirtschaft und Politik mit sich bringen wird. Die Länder, die heute noch Geld geben, werden es nicht mehr wiedersehen. Dieses Vorgehen hilft den in Not geratenen Ländern nicht, weil Geld Illusion – also ein Nichts – ist. Ein Stück bedrucktes Papier kann also nicht hilfreich sein und keine Probleme lösen. Da die gesamten Probleme aufgrund der Lieblosigkeit entstanden sind, muss also diese Lieblosigkeit geheilt werden, und das geht eben nur mit Liebe. Hierin liegt der höchste Wert überhaupt, und dem Nächsten sollte immer das Beste gegeben werden. Die Armut in einem Land zeigt sich auch aufgrund des Mangels an Liebe, sonst wäre ja die Fülle vorhanden. Versteht das bitte so, dass die Menschen in genau den Ländern inkarnieren, wo sie selbst die besten Erfahrungen machen können. Um die Erkenntnis des Mangels zu erlernen, bedarf es also der Geburt in einem Land, wo dieser Mangel garantiert ist. Da ihr immer nur zwischen zwei Polen wählen könnt hier auf Terra, also dem Pol der Angst und dem Pol der Liebe, kann jeder Mangel nur der Angst zugeordnet werden. Die Menschen, die gelernt haben, verändern sich und damit ihr Umfeld. Macht euch immer wieder bewusst, dass es euch um Erkenntnis ging, die ihr durch das Außen erlernen wolltet. Da die Erde eine Polverschiebung vornimmt, solltet ihr mit eurer Mutter mitgehen und diese Polverschiebung auch in euch vornehmen.

Wir verstehen eure Ungeduld, geben euch aber auch zu bedenken, dass die Schritte des Erwachens so gestaltet sind, dass ihr diese in der größtmöglichen Annehmlichkeit erfahrt. Auch wir sehnen uns nach dem friedlichen Miteinander, nach dem Friedensreich der Liebe, das Ruhe und Klarheit verbreitet. Wir arbeiten auf Hochtouren. Die neue Welt wird eine Welt mit Achtung und Respekt, Diskretion und Weisheit, also allem, was die Liebe gebietet. Je intensiver die goldenen Wellen auftreffen, desto mehr werdet ihr merken, wie ihr euch innerlich verändert. Ihr seht nun nicht mehr nur noch euch, sondern auch die anderen mit all ihren Sorgen. Wenn ihr jemanden anseht, werdet ihr erkennen, was das Problem ist, das er vielleicht gerade bearbeitet, und könnt ihm helfen. Ihr werdet aufeinander zugehen und miteinander reden, als ob ihr Brüder wärt. Dann werdet ihr weiterziehen mit dem Gefühl der potenzierten Liebe in euch und einem Glücksgefühl, denn ihr habt in dem Moment dem anderen gedient auf eure eigene Art und Weise, ihn vielleicht wieder glücklicher gemacht und ihm Freude und Klarheit geschenkt. Keine Gabe der Liebe verhallt im Raum der Ewigkeit, wo das ewige Leben zu Hause ist. Nichts geht hier verloren, nicht die kleinste Liebesbezeugung, die du einem anderen entgegenbringst. Je mehr Liebe du lebst,

Der Raum der Ewigkeit

desto schneller fühlst du dich wieder zu Haus. Denn der Raum der Ewigkeit ist dein Raum, von dem du einst ausgegangen bist, um Erfahrungen zu machen. Dafür hattest du einen bestimmten Zeitrahmen zur Verfügung. Dieser Zeitrahmen hat sein Ende erreicht. Es ist sozusagen vollbracht. Die goldene Ära zeigt ihr neues Gesicht. Es ist ein Gesicht des Lächelns, das Frieden ausstrahlt. Legt euer altes Wissen beiseite und seid offen für die Weisheit, die in euch einfließen wird. Die Weisheit ist aus der Ewigkeit, weil sie ewigen Bestand hat. Sie ist anwendbar für den neuen und zugleich ewigen Raum, in dem ihr das Wissen erlangt, das euch mit der Einheit in Verbindung bringt. Eine Weisheit ist immer friedlicher Natur; um euer Wissen streitet ihr. Viele neue Aufgaben stehen hier für euch bereit, die euch glücklich machen werden. Der Raum der Ewigkeit erlaubt euch, einfach zu sein im Namen der Liebe. Seid neugierig auf die Liebe in all ihren Facetten, die nur darauf wartet, euch zu überhäufen und glücklich zu machen. Sie bringt euch die wahre Heilung eures Seins. Die Friedfertigen erhalten die Erde, so wie es einst Wort geworden ist. An der Wahrheit ändert sich nie etwas. Sie gehört zum höchsten Gut, weil sie sich immer erfüllt. Ihr lebt wieder euer Geburtsrecht, als ein Kind des Urschöpfers euren Weg im Vertrauen auf ihn zu gehen, während er euch umfangen hält, behütet und beschützt. Ihr vernehmt wieder seine leise Stimme in euch und folgt seinen Anweisungen, so wie es war zu alter Zeit. Ihr erfahrt seine ungeahnte Stärke in euch und wisst einfach. Eure Emotionen werden lebendiger, intensiver, und ihr erhaltet euer kosmisches Gedächtnis zurück. Hier ist der Ort, wo ihr eure Weisheiten hinterlegt habt und Zugriff zu neuem Wissen erlangt. Ihr werdet staunen, wie es ist, wenn man die Führung des Lebens wieder Urschöpfer überlässt. Ihr müsst euch anfangs daran gewöhnen, vom Macher überzuwechseln ins Sein und geschehen zu lassen, also in die Empfängnis zu gehen. In diesem Raum der Herrlichkeit seid ihr wacher als je zuvor. Hier gibt es keinen Hypnoseschlaf, sondern die Energie des Lebens, deren Wachheit bis in die kleinsten Zellen dringt. Ihr könnt eure Körper wieder lichtfluten bis in eure Zellen und ihre Reaktion verspüren. Hier findet ihr die wahre Liebe, weil ihr unter Freunden seid. Die Liebe gehört Urschöpfer allein, und seine Liebe teilt ihr mit anderen, also wieder mit Urschöpfer, der in dem anderen genauso lebendig ist wie in euch. Das solare Feuer ist entfacht und lodert bereits hell. Und wenn ihr eure Sonne betrachtet, werdet ihr dort große Unruhe und Explosionen erkennen können. Alles im Raum reagiert auf seinen Ruf, jedes auf seine eigene Weise; alle gemeinsam aber in der Ausrichtung auf die Liebesumlaufbahn, die von allen eingeschlagen wird. Das Selbstverständnis der Liebe wird euch ereilen und ihr werdet euer Sein gern der Liebe übergeben. Jeder eurer Schritte wird segensreich für alle sein, und wo immer ihr auch hingeht, tragt ihr diese Liebe genau dorthin, wo sie gebraucht wird. Die Zeit ist reif, wie eine Frucht, die vom Baum fällt, weil sie reif und saftig ist und der Ast, an dem sie hängt, die Schwere nicht mehr halten kann. Es ist die Zeit der Ernte, die wieder eingefahren wird, und die Ernte ist Liebe. Ihr, die ihr die Zurückgekehrten seid, werdet auch uns lehren und uns Anteil an euren Abenteuern haben lassen. Wir werden wieder zusammen in einer Runde sitzen und euren Weisheiten mit Spannung lauschen. Es wird ein Austausch sein wie in den alten Tagen, bevor ihr euch auf diese Reise begeben habt.

Ihr werdet mit uns gemeinsam neue Welten bewohnen, neue Abenteuer erleben und neue Räume eröffnen. Wir werden uns wieder in Liebe begegnen und gemeinsam große Pläne entwerfen, deren Auslöser der Wille des All-Einen ist. Wir können es nicht erwarten, dass ihr euch endlich alle entscheidet, weil wir große Sehnsucht nach euch haben. Wir lieben euch und wollen als Liebende behandelt werden und nicht als Fremde, denen man mit Misstrauen entgegenkommt. Wir sind hier, weil ihr bereit seid. Der Erlösungsruf ist zu uns gedrungen, und wir sind gekommen. Die Veränderung, die ihr auf Terra auslöst, betrifft uns alle und verändert den gesamten Raum. Wir sind mit euch zusammen und erleben dieses Wunder gemeinsam. Die Spreu trennt sich vom Weizen immer sichtbarer, und übrig bleibt nur das, was genießbar ist.

In unseren Schiffen und Gleitern stehen wir im Schulterschluss und arbeiten Hand in Hand. Wir halten und unterstützen die neuen Frequenzen, die wir von den Frequenzhaltern und Terra empfangen. Wir konzentrieren Licht dort, wo es erforderlich ist, damit Erleuchtung findet, was im Dunkel liegt. Alles, was sich der neuen Forderung der Liebe entgegenstellt, geht entweder oder verändert sich. Die Angst wie auch die Liebe treten immer deutlicher zutage. Diese beiden Gesichter werden deutlich vor euch stehen, damit es auch dem Letzten klar ist, worum es bei dieser Wahl geht.

Wir arbeiten übergreifend aus den Kommandozentralen unserer Schiffe mit den Zentralen anderer Universen. Der gesamte Raum ist immer informiert. Wir schweben über euch und sind Tag und Nacht präsent. Eine Menge neuer Kontakte werden inzwischen hergestellt, denn so war es vereinbart. Wir erinnern euch nur daran, sodass ihr, wenn ihr ganz wach seid, sofort mit euren Aufgaben beginnen könnt.

Wir reinigen mit den Frequenzhaltern das Erdgitter, auf dass es keinen schwarzen Fleck mehr aufweist, und erleichtern der Erde die Neuausrichtung. Sie wird sozusagen vom Urschöpfer selbst emporgehoben. Wenn Terra ihre neue Umlaufbahn erreicht hat, kommt sie zur Ruhe, was die neue Ebene angeht und wo sie sich erst selbst verankern muss. Ihr werdet das merken.

Wir bilden den Schutzschild um Terra und sind ihre Begleiter. Unsere Schiffe sind in Formation aufgestellt, jederzeit eingreifbereit. Wir haben sozusagen die Rolle als Geburtshelfer übernommen. Sogar die Nebadonianer (Nebadon ist eine Region des Zentraluniversums) sind auf euch fokussiert. Ihr habt keine Vorstellung, wie wichtig ihr uns allen seid. Teilweise sind Söhne und Töchter des Zentraluniversums selbst gekommen, um diesem großen und wichtigen Augenblick mit beizuwohnen. Sie haben sich die neuesten Instruktionen geholt und arbeiten mit den Frequenzhaltern zusammen. Nebadonianer selbst sind unter euch. Sie sind rechtzeitig inkarniert, weil dieser Vorgang und die Möglichkeit, das Goldene Zeitalter zu erreichen, einfach zu wichtig ist. Wir alle hoffen, dass ihr diesen Moment nicht ungenutzt vorbeiziehen lasst, sondern diese Gnade mit beiden Händen ergreift.

Bisher ging es nur um euer eigenes Wohl, jetzt aber wisst ihr, dass es immer um das Wohl aller geht. Die Samen des goldenen Bodens sind schon lange gelegt, und das, was auf euch noch alles zukommt, wird alt und neu zugleich sein. Ihr werdet euch an vieles erinnern, aber dennoch Neues aufzunehmen haben. Dabei geht es um die Erweiterung der Räume, und damit verbunden sind auch deren Weisheiten, die ihr erlangen könnt. In erster Linie geht es darum, Einheit zu sein. Das Sein schafft die Verbindungen des Lichts, weil Urschöpfer Licht ist. Das „Ich bin" ist ausschlaggebend, nicht das „Ich mache". Machen wirst du, was du bist, und du bist, was deines Vaters ist. Das ist der Weg der Liebe. Bewusst miteinander zu sein und gemeinsam zu tun, was immer erforderlich ist, das ist der Weg, auf dem ihr bleiben solltet. Hier schließt sich die Einheit zusammen, um sich weiter auszudehnen und neues Licht zu entfachen, wo

Dunkelheit herrscht. Bisher habt ihr auf Terra so ziemlich das Schlusslicht gebildet im Vergleich zu euren Schwesterplaneten. Das hat sich nun geändert. Jupiter mit seinen Monden hat sich so ausgerichtet, dass er direkten Einfluss auf Terra nimmt wie nie zuvor. Die Last seiner Monde weicht dem neuen Glanz, den er ausstrahlt. Euer Mond nimmt diese Informationen auf und gibt sie an euch ab, sodass jeder Vollmond neue Energien freisetzt, die euch auf eurem Weg helfen. Die goldene Welle, die energetisch zu verstehen ist, bringt die Informationen auch für andere Planeten und Systeme mit, die ebenfalls ihren Fokus auf den Raum der Wahrhaftigkeit neu ausrichten.

Der Urschöpfer selbst nimmt aktiv teil in den Räumen und Formen, die ihm wieder zur Verfügung gestellt wurden. Die Energien sämtlicher Ebenen verändern sich, was für euch als Menschen kaum vorstellbar ist. Für uns aber, die wir das bewusst erleben, ist es wieder ein Wunder, an dem wir gemeinsam teilhaben dürfen. Langsam bekommt ihr eine Ahnung davon, wie wichtig ihr seid, denn es ist an euch, das gesamte Raumgefüge zu verändern. Zum anderen ist Urschöpfer bei euch so präsent wie nie zuvor. Tore und Türen öffnen sich, um euch den Weg zu erleichtern.

Diejenigen, die bereits nach den Sternen gegriffen haben, wissen im Prinzip um ihren Weg, auch wenn die Umsetzung manchmal noch nicht so klar vor euch steht. Dann könnt ihr die Frage stellen, was euch daran hindert, euren Weg zu gehen und eure Lebensaufgabe wahrzunehmen. Ihr werdet feststellen, dass es noch der Raum der Illusion ist, in dem ihr noch feststeckt und versucht, mit eurem Verstand eure Berufung zu ergründen. Lasst euch fallen und bittet darum, zu erhalten, was ihr wissen müsst. Das erleichtert euch den Weg um vieles. Dann bleibt weiter offen für die Informationen, die ihr erhaltet. Ihr zensiert diese immer noch zu viel. Gewöhnt euch daran,

Informationen ohne Wertung anzunehmen. Sobald ihr mit der Wertung beginnt, lehnt ihr ab, was ihr braucht. Wir werten nicht, sondern zeigen euch nur die Konsequenzen auf, die euch bei jeder Entscheidung erwarten, die ihr trefft.

In der kommenden kurzen Zeit, die euch noch mit dem Raum der Illusion verbleibt, gibt es unendliche Turbulenzen, die euch durcheinanderbringen werden. Oftmals werdet ihr an eurem Verstand zweifeln, weil ihr die Logik darin nicht erkennen könnt. Euer Denken verändert sich und euer Vergessen nimmt weiter zu. Das beruht auf den sich ändernden Magnetverhältnissen. Eure alten Symbole und euer kriegerisches Denken verlassen euch immer mehr, damit das Denken der Liebe den Platz einnimmt. Im Universum gibt es keinen leeren Platz, deshalb nimmt die Liebe den Raum ein, der ihrer ist.

Ihr werdet körperlich verspüren, dass euch Energiewellen durchdringen, vorzugsweise von unten nach oben, die euch verschiedene Gefühle vermitteln. Dies sind Gefühle, die ihr lange verborgen habt vor euch selbst, damit euch ein altes Leid nicht mehr zu schaffen macht. Das gehört bereinigt, und zwar unter allen Umständen. Wenn ihr die Angebote, die ihr von der Erde und uns erhaltet, annehmt, werdet ihr merken, wie der Frieden in euch immer stärker wird. Vieles wird euch im Nachhinein nicht mehr verständlich sein, das heißt, ihr versteht selbst nicht mehr, warum ihr in der Vergangenheit so oder so gedacht und gehandelt habt. Euch wird klar, dass mit zunehmender Erkenntnis der Wahrheit und Ursache die Vergangenheit in einem anderen Licht erscheint. Da euch euer Verhalten nun bewusst wird, braucht ihr keine Irritationen und keine Situationen mehr, die euch darauf hinweisen. Ihr seid freier, und je mehr Freiräume ihr einrichtet, desto mehr kann die Liebe Einzug halten. Damit einher gehen körperliche

Körperliche Veränderungen

Veränderungen, denn die Liebe wirkt heilsam, weil sie alte Wunden heilt und die Energien neu ausrichtet. Das Wichtigste bei der Sache ist, dass ihr absolut ehrlich zu euch selbst seid. Nur so werdet ihr zu eurer wahren Größe zurückfinden. Wenn ihr dem Selbstbetrug folgt und der harte Typ sein wollt, der Bewunderung heischt, verirrt ihr euch. Wenn ihr Schwäche empfindet, dann ist das die Schwäche der Illusion, da die Wahrhaftigkeit Stärke ist, weil Urschöpfer wahrhaftig ist und seine Stärke unerschütterlich ist. Akzeptiert, was ihr vorfindet, denn das ist die Plattform, auf der ihr euch gerade befindet. Es ist der Kreislauf, den ihr gestaltet habt durch euer Denken und die vergangenen Erfahrungen. Seht, was vorhanden ist, dann kann es geändert werden. Bittet dabei um Hilfe und Beschleunigung, damit ihr euch nicht zu lange mit der Illusion aufhaltet, statt direkt in den Raum der Wahrhaftigkeit zu gehen. Wir arbeiten auf verschiedenen Ebenen zugleich mit euch. So kommt ihr am schnellsten voran, auch wenn ihr Momente habt, die euch wie Rückfall vorkommen. Ihr geht dabei nur in Gefühle rein, die für euch prägend und somit einengend waren und die euch befreien.

Ihr werdet immer mehr der Einflüsse von uns gewahr werden und von uns mehr und mehr Inspirationen erhalten, die ihr umsetzen könnt. Das ist schnell und viel, ihr werdet es genau merken. Zudem werdet ihr euch aber auch eurer Blockaden bewusst, die ihr gesetzt habt und die ihr niederreißen müsst, wenn es an die Umsetzung des Neuen geht.

Wir geben euch ein Beispiel: Jemand sucht Arbeit, weil er sich vom Kopf her sagt, dass er arbeiten muss. Eigentlich hat er nicht die geringste Lust dazu, weil er Angst hat. Die Angst besteht darin, eine langweilige Arbeit durchführen zu müssen, an der er kein Interesse hat. Er verabscheut es, weil er sich mit dieser Arbeit minderwertig fühlt. Also gerät er in eine Stagnation, wo eben nichts vorwärtsgeht. Dann beklagt er sich, dass er nicht vorankommt und keine Arbeit findet.

Minderwertigkeitsgefühle

Was genau ist passiert? Derjenige will die weltliche Arbeit nicht durchführen, weil das Ego hier keine entsprechende Anerkennung für diese Tätigkeit bekommt. Also liegt hier ein Minderwertigkeitskomplex vor, der vorrangig gelebt wird. Seine Berufung kennt derjenige, kann diese aber noch nicht leben, weil er die Umsetzung nicht klar vor sich sieht. Diese wird ihm noch vorenthalten, weil er noch sehr von der Anerkennung der Welt, also dem Raum der Illusion, abhängig ist. Er dient dem Ego und das Thema „Stolz" ist noch ausgeprägt. Der Stolz aber gehört zum Raum der Illusion, denn der wirkliche Raum der Liebe kennt keinen Stolz. Hier dienen alle in der Hingabe an die Liebe. Es spielt keine Rolle, welche Aufgabe dir zugeteilt wird. Es gilt, diese nach bestem Wissen durchzuführen. Du kannst um Änderung bitten, und die wird gestattet werden, wenn der Plan der ursprünglichen Aufgabe erfüllt ist. Der Plan der ursprünglichen Aufgabe kann sein, dass es wichtig ist, dass du auf diesem Platz bleibst, weil du dadurch mit bestimmten Menschen zusammenkommst, die von dir lernen können. Und für dich ist es wichtig, damit du deinen Stolz erkennst und mehr noch, dass du dich in die Abhängigkeit des Egos begeben hast; dass dein gesamtes Selbstwertgefühl von der Bewunderung der Welt abhängig ist. Erhältst du diese Bewunderung, geht es dir gut und du fühlst dich wohl, ohne dabei zu erkennen, dass die Macht der Welt dann auch ausreicht, dich sofort wieder von dem illusionären Sockel zu stürzen hinab in den Minderwertigkeitsstrudel.

Wenn du deine Berufung leben willst, benötigst du unter Umständen ein starkes Rückgrat, denn du arbeitest im Raum der Wahrhaftigkeit, wo es um die Wahrheit geht. So kann es dir passieren, dass dich Menschen angreifen, was nicht gerade dein Selbstbewusstsein hebt. Wenn du ein schwankender Halm in diesem Sturme bist, knickst du um. Wir aber arbeiten mit Siegern zusammen, die standhaft eins mit der Wahrheit sind, auch wenn „die Welt" es nicht wahrhaben will. Das ändert nichts an der Wahrheit an sich, denn diese ist immer unverrückbar.

Das Thema der Minderwertigkeiten wird bei euch Menschen gern umgangen, und Vieles unternehmt ihr, um euch vollwertig zu fühlen, aber leider in Abhängigkeit von der Anerkennung anderer. Damit seid ihr überwiegend beschäftigt und baut eine Struktur um euch herum auf, die viel Mühe kostet und euch immer noch keine Anerkennung einbringt.

Die Illusion kann euch keine Anerkennung zollen, weil die Illusion nur selbst haben will. Und wenn sie gibt, dann nur deshalb, weil sie es euch wieder nehmen will. Anerkennenswert jedoch ist nur die Wahrheit, und die wiederum findet ihr im Raum der Wahrhaftigkeit der Liebe. Auch wenn dir die Welt nicht öffentlich die Anerkennung zollt, spielt das keine Rolle. Im Inneren wissen alle, was die Wahrheit ist. Steht ihr nur fest in der Wahrheit, dann ziehen die Stürme an euch vorbei, ohne dass ihr wankt. Ihr seid dann der Fels in der Brandung, ein Fels, auf dem aufgebaut werden kann. Den Spöttern wird der Hohn und Spott vergehen, denn auch sie werden sehen. Die Wahrheit lässt sich nicht mehr verbergen. Ihr könnt euch nur Vorwürfe machen, wenn ihr die Wahrheit kennt und sie verheimlicht. Dann habt ihr dem anderen Gott verheimlicht, der Wahrheit ist, und somit dem anderen das Licht vorenthalten, das für seine Erkenntnis wichtig war. In dem Fall habt ihr Angst gelebt. Niemand verurteilt euch deswegen. Ihr seid aber genötigt, eure Entscheidung zu treffen, in welchem Raum ihr leben wollt.

Wenn ihr euch für den Raum der Wahrhaftigkeit entscheidet, werdet ihr viel Federn lassen, bis ihr auf dem Grund der Wahrheit seid. Ihr müsst euch von den Scheinheiligkeiten und Ersatzgöttern der Welt der Illusion trennen. Da bleibt erst mal nicht viel übrig von einem selbst und das ist gut so. Denn damit fallen alle Hüllen, die versucht haben, das wahre Gotteslicht zu verbergen. Diese Hüllen haben euch scheingeblendet, damit ihr ferngehalten werdet von der Wirklichkeit. Nun aber seid ihr nur einen Schritt weit von ihr entfernt, einen einzigen Schritt.

Im Raum der Wahrhaftigkeit geht es immer um den übergeordneten Sinn einer Sache. Auch wenn der Mensch das nicht erkennt. Fragt nach dem übergeordneten Sinn. Dieser wird euch offenbart werden. Vielleicht geht es nur darum, dass du noch etwas Wichtiges erkennen sollst, damit auch du endlich Neues beginnen darfst, damit dein Leben endlich eine neue Richtung erhält. Erinnert euch an die kurze Erzählung über unser Medium aus Ägypten im ersten Buch P'taah. Ägypten war für sie nur eine Station, aber sie war eine der wichtigsten Stationen, um die Angst im Zusammenhang mit der Geschichte zu erkennen. Ohne diese Erkenntnis hätte es keine neue Richtung geben können, denn diese Blockade musste erst aufgehoben werden.

Viele von euch glauben, wenn sie eine Reinkarnationstherapie machen, dann gleiten diese Leben sozusagen an euch vorbei. Wir sagen euch, dass es keinen Sinn macht. Einzig und allein Sinn macht es, diese eine Inkarnation mit ihrem Szenario zu kennen, die der Auslöser eures Ungemachs war und die eure Denkstruktur beeinflusst hat. Diese Inkarnation kennt euer Höheres Selbst, und wir sagten es bereits, die wahren Heiler arbeiten immer mit den Höheren Selbsten zusammen. Anders kann keine Heilung stattfinden. Das Denken, dass euch jemand eure Probleme wegnimmt und für euch regelt, was in eurer

Verantwortung liegt, ist das Denken und die Hoffnung der Angst. Angst jedoch wird niemals die Wahrheit finden können, weil sie der Gegenpol der Liebe ist. Tretet also mutig hervor und stellt euch eurer Erkenntnis. Steht euch dabei nicht immer selbst im Weg. Nehmt an, was anzunehmen ist, damit ihr endlich voranschreiten könnt und nicht mehr auf dem Fleck tretet, ohne zu wissen, wohin es geht.

Liebe ist das Potenzial der Unendlichkeit

Liebe ist das Potenzial der Unendlichkeit. Sie schöpft aus dem Unendlichen und geht in das Unendliche. Sie ist niemals zu begrenzen. Wenn ihr euch in den Raum der Wahrhaftigkeit begebt, seid offen für neue Formen, die auf euch zukommen. Erinnert euch, dass die Welt nicht aus eurem begrenzten Blickwinkel besteht, den euch eure beiden Augen liefern und die euch lediglich die Illusion der Formen zeigen, die ihr aus euch herausgestellt habt. Wenn ihr nun versucht, die Enge und Begrenzung auf den Raum der Wirklichkeit zu übertragen, versucht ihr wieder, eingeengt zu leben. Das funktioniert nicht. Eine Ausdehnung ist immer mit Neuem verbunden, für das ihr offen sein müsst. Für euch besteht die Aufforderung, die wirkliche Welt anzunehmen und deren Erweiterung mit unendlichen Neuerungen zu dulden. Du siehst hier die unendliche Kreativität des Urschöpfers, die nie endet. Jede Form hat einen Sinn, weil die wahrhaftige Welt niemals sinnlos ist und aller Sinn der Wahrheit beim Urschöpfer liegt. Um das zu verstehen, benötigst du die übergeordnete Weisheit, die immer allumfassend ist. Um auf das Beispiel von Ägypten zurückzukommen, geht nicht achtlos an unserem Angebot vorbei. Lehnt nichts ab, ohne zu wissen warum oder weil es euch Angst macht. Es kann genau das sein, was euch zu den Sternen katapultiert, und das ist wörtlich zu nehmen.

In der Vergangenheit seid ihr wegen der Enge eures Lebens oft verzweifelt. Wenn ihr jedoch eine Ausweitung im Raum der Illusion sucht, werdet ihr sie nicht finden. Es ist unmöglich, eine Ausdehnung in einem Raum zu suchen, der gerade in der Auflösung begriffen ist.

Nur die Liebe ist Ausdehnung und Erfüllung, denn sie ist es, die dein Leben anfüllt. Nur sie ist es, die dich glücklich machen kann, jeden Tag aufs Neue, und nur sie ist es, die weiß, wo dein Glück liegt bzw. was genau dich wirklich glücklich macht. Oft bist du ein ruheloser Wanderer auf der Suche nach dem großen Glück, weil du nicht weißt, was dein Glück ist. Deshalb bist du ständig auf der Suche danach und probierst ständig etwas anderes aus. Du bist so ziemlich mit dem Angebot der Welt durch und relativ frustriert, weil du das wahre, dauerhafte Glück nicht gefunden hast. Du hast dich Ersatzgötter bedient, in der Hoffnung, dass diese dich genauso glücklich machen wie Urschöpfer. Gelingen jedoch wird es ihnen nie, da eine Illusion nie von Dauer sein kann und somit das Glück bei dir nicht verweilen kann. Und du wirst feststellen, dass das Glück eine innere Struktur ist, die du in dir fühlst. Es ist eine Gabe des Urschöpfers, der sie für dich bereithält und auf dich wartet. Dieses wahre Glück hat mit deiner Glückseligkeit zu tun, denn die Liebe hält für die Liebenden nur Glückseligkeit bereit. Und nun erinnere dich langsam wieder an die unendliche Liebe, die du für Urschöpfer empfunden hast und die sich wieder in dir ausbreitet; die dabei ist, den gesamten Raum in dir einzunehmen, damit auch du glücklich sein sollst. Es ist nichts, was du dir verdienen musst, sondern es ist dein natürlicher Zustand, den du schon immer gelebt hast. Also begegne dem, der du bist, weil du immer so warst und nichts anderes sein kannst. Nimm die Wahrheit von dir an, damit sie dich befreit von der Illusion und ganz und gar deren Platz einnehmen kann und der Friede der Liebe in dir wurzelt. Bitte darum, dass du diese Gefühle wieder empfinden kannst, denn sie bringen dich beschleunigt nach Haus.

Gott hat nie gewollt, dass du leidest. Das kann er gar nicht. Wenn er Liebe ist, kann er nur das damit verbundene Wohlergehen weitergeben. Das Leid ist entstanden, weil du dich vom Urschöpfer entfernt hast, indem du deinen eigenen Willen statt seinen Willen gelebt hast mit allen Konsequenzen. Du hast eine Ersatzwelt erstellt, die eine virtuelle Welt ist und die dir als Wirklichkeit vorkommt, weil du nichts anderes mehr gesehen hast. Nur weil du deine Augen verschlossen hast, existieren dennoch da draußen die wahrhaftigen Welten in aller Vielfalt. Sie existieren im Frieden und im Wohlergehen, weil sie alle Urschöpfer dienen, was bedeutet, dass sie seinen Willen leben.

Der Raum der Illusion zerrinnt wie Sand in den Händen aller, denn auf Sand ist diese Welt gebaut und wankt in erheblichem Maße. Die Wahrheit und die wirkliche Welt sind immer auf festen Fundamenten erstellt, die durch nichts ins Wanken gebracht werden können. Hier sind die wahren Kunstwerke zu Hause, die ewigen Bestand haben und deren Schönheit ewig leuchtet. Finde dich wieder in deinem Zu- hause zurecht und erkenne den Kontakt mit dem gesamten Raum. Erinnere dich an die Bilder der Galaxien, der Systeme, die du schon besucht hast und mit denen du schon immer zusammengearbeitet hast. Deine ganze Erfahrung der Illusion hast du ihnen übermittelt während deines Lebens hier auf Terra, damit auch sie von dir lernen. Du hattest Schwierigkeitsgrade eingebaut, um zu testen, wo deine Grenzen im Raum der Illusion liegen. Du hast als Mann inkarniert, weil du die körperliche Stärke leben wolltest, oder als Frau, weil du die Unterdrückung kennenlernen und dennoch in der Liebe bleiben wolltest. Alle diese Übungen sind abgeschlossen. Wendet euch nun wieder den eigentlichen Aufgaben zu, die für euch bereitstehen. Es ist wirklich wichtig, denn es gibt für euch eine Menge zu tun, und zwar an Bedeutungsvollem, so, wie ihr es euch gewünscht habt. Dreht nun der Illusion den Rücken zu und auch der Rolle und Person, die ihr hier dargestellt habt. Das Theater schließt die Pforten, denn das Stück ist zu Ende und wird nicht mehr neu aufgelegt.

Die Lebensbühne hält ein neues Stück bereit

Die Lebensbühne hält ein neues Stück für alle bereit. Die Plakate sind schon überall angeschlagen und die Karten werden bereits verkauft. Das Drehbuch wurde schon lange geschrieben und die Rollen sind besetzt. Jeder kann mitspielen und eine Rolle der Wahrhaftigkeit übernehmen, wohlbemerkt: der Wahrhaftigkeit. Die Liebe hat das Stück des Gebens ausgerufen, das auf allen Bühnen zugleich gespielt wird. Jeder Teilnehmer wird mit seiner Rolle vertraut gemacht, die er dann mit Inbrunst spielen kann. Diese Rolle wird immer wieder erweitert, das ist Teil des Bühnenstücks und für alle das Interessante, dass niemand bei einer kleinen Rolle bleibt. Es ist das Stück der Hauptrollen, die in der alten Welt nur einem zukam, die aber in der Wirklichkeit allen zukommt. Denn ohne dich ist nichts vollkommen, wie auch du nicht vollkommen sein kannst ohne die anderen. Der Gott in dir ist der gleiche Gott in allen anderen, deshalb seid ihr eins auf Erden und im Himmel. Ihr seid untrennbar miteinander verbunden, auch wenn ihr euch durch die Form getrennt fühlt. Der Geist der Wahrheit spielt mit in diesem Bühnenstück und duldet nicht mehr, dass die Wahrheit verhüllt wird. Die Schleier fallen, damit die Wirklichkeit sichtbar ist in ihrer Vielfalt. Erkenne, dass du diese Vielfalt bist und diese mit dir. Das neue Bühnenstück wird von der Einheit allen Seins gespielt und findet in der Einheit statt, also im Raum der Wirklichkeit. Hier spielst du deine wirkliche Rolle in der Bedeutung deines Seins und erfährst, dass dein Sein wirklich bedeutungsvoll ist. Du bist keine Nummer mehr, an der das Leben vorbeizuziehen scheint, sondern du verkörperst das Leben selbst, weil das Leben in dir wieder lebendig geworden ist. Du strahlst die Vitalität aus, die du bist, denn der Baum des Lebens wurzelt wieder in dir. Du blühst auf wie eine Rose, die sich dem Licht entgegenstreckt und ihre Blüte öffnet, um sich von dem Himmelsnektar zu nähren und in voller Blüte zu erstrahlen. Diese Blume bereichert den gesamten Raum, denn sie steht im Garten Edentia, wo sie dereinst gepflanzt wurde, damit sie erblühe zur Freude und zum Segen aller.

Im Raum der Illusion habt ihr alle Bilder gelebt, die ihr dereinst auf Lemuria gemalt habt. Es waren Seelenbilder, die den Ausdruck im Außen gesucht haben und die Vorboten waren, um den Raum der Illusion zu erschaffen. Diese Seelenbilder habt ihr tief in euch getragen und diese müssen entfernt werden, denn sie haben keine Gültigkeit mehr. Sie dienten einzig dem Zweck, der sich erfüllt hat, und dieser Zweck war die Erkenntnis zwischen Illusion und Wirklichkeit, zwischen Angst und Liebe.

Die Stränge eurer DNS werden neu gebündelt und ergänzt, damit ihr in die Wirklichkeit zurückkehren könnt. Und wenn ihr erwacht seid, begegnet ihr dem neuen Morgen, der die Wirklichkeit mit sich bringt. Ihr werdet euch wieder eurer Geisteskräfte bewusst, die Urschöpfer wieder gezielt einsetzt.

Alle Fähigkeiten sind in euch, weil Urschöpfer in euch ist und alle Fähigkeiten bei ihm sind. Er ist das Licht allen Lichts und die Weisheit aller. Und wenn ihr ihn wieder enthüllt habt, seid ihr mit der ewigen Weisheit verbunden. Also seid ihr fähig, weil er seine Fähigkeiten durch euch lebt, und ihr seid weise, weil er seine Weisheit allen zuteil werden lässt. Er ist die einzige Autorität im gesamten Raum, der es zu dienen gilt und der alle gehorchen. Er ist es, der für dich sorgt und dich glücklich macht, weil andere es nicht können. Er ist das Eine und das All-Umfassende und somit alles, was ist. Er steht mit allem in Verbindung, weil er mit sich selbst in Verbindung steht. Daher gibt es keine Entfernung oder Trennung, die diese Kommunikation einengen könnte. Hier findet deine wirkliche Selbstverwirklichung statt, weil das Selbst Urschöpfers sich nun endlich auch durch dich verwirklichen kann. Deine Lebensaufgabe und die Rolle des neuen Bühnenstücks sind eins, denn es ist die Verwirklichung deiner Wünsche, die er dir erfüllt. Du bist nun Sieger, weil du nicht kämpfst, sondern es Urschöpfer überlässt, für dich zu sorgen und dir die Wege zu ebnen. Du bist im Reich des Friedens, wo du nur an der Vervollkommnung deiner Rolle interessiert bist und die zum Wohle aller ist. Zum Wohle aller ist dein Wohl, denn du bist mit allem verbunden. Das Bindeglied ist Urschöpfer, der wieder auflebt in dir und diese Verbindungen mit Leben erfüllt. Du hast deine Vorstellungen an Bord des alten Schiffes gelassen, das Illusion hieß, und öffnest deine Augen wieder für die Wirklichkeit. Du bist aus einem Traum erwacht, wo du nicht wusstest, wer du wirklich bist. Du hattest die Rolle übernommen, die die Welt dir zugewiesen hat, und um ein besseres Leben gekämpft. Hier nun ist dein Weg klar vor dir. Dieser Weg ist hell er-leuchtet durch ihn. So gibt es keine Missverständnisse. Die Klarheit, die du bist, gibst du an andere weiter. Mit jedem deiner Schritte mehrst du die Liebe in allen Aspekten, die sie zu bieten hat. Das Mehren der Liebe ist deine eigentliche Aufgabe, der du

Im Reich des Friedens

nun unmissverständlich nachkommst. Die Illusion gerät in deiner Anwesenheit ins Wanken und zerbröckelt, denn der Wahrheit kann nur die Wahrheit standhalten. Du gibst, was du bist, und schöpfst dabei aus der unendlichen Quelle. Die Quelle ist die Lebensquelle, die nur Leben geben kann, und du hast dein Sein als Frequenzhalter zum Lebensspender erweitert. Du bist auf dem Weg, die Liebe unendlich zu potenzieren, so wie es geplant war von Anbeginn.

Stolz ist der Hemmschuh

Der größte Hemmschuh, der euch dabei begegnet, ist der Stolz, der das Standbein des Egos ist. Das Ego braucht diesen Stolz, um das Gefühl zu haben, es sei wichtig. Viele Menschen leben mit der Wichtigtuerei, und der Stolz wird am meisten verteidigt. Oft wird er mit der Ehre verwechselt und missbraucht. Die Ehre gehört in den Raum der Wahrhaftigkeit und braucht niemals verteidigt zu werden. Es ist eine Ehre zu dienen, und hierbei geht es klar um das göttliche Dienen.

Das Schild des Stolzes schiebt das Ego vor sich her, damit niemand dahinterkommt, dass es ein Nichts ist. Da der Raum der Illusion nicht wirklich ist, sondern nichts ist, kann er auch nur ein Nichts hervorbringen, das ebenfalls Illusion ist. Der wahre wirklich wichtige Anteil ist in dir, und der ist das reine, klare Licht, das du bist. In dir ist deine Wahrhaftigkeit, die unendlich bedeutungsvoll ist.

Der Stolz kettet dich immer an das Ego und verwehrt dir den Raum der Wirklichkeit. Ihr habt auf Erden auch viele Formulierungen für den Stolz in Form des Dummstolzes oder des Rumstolzierens und des falschen Stolzes, die alle auf seinen Ursprung hinweisen. Im Raum der Wahrhaftigkeit seid ihr selbstbewusst, was ein großer Unterschied ist. Stolz entbehrt der

Grundlage, Selbstbewusstsein jedoch beinhaltet die absolute Klarheit des Raumes der Wahrhaftigkeit. Einige werden das arrogant nennen, weil ihr Ego sich dann klein fühlt, aber das Selbst-Bewusstsein ist euer wahrhaftiger Anteil, weil ihr euch eures wahren Selbstes bewusst seid. Und das wiederum hat nichts mit Stolz oder Arroganz zu tun. Ihr seid, was ihr seid, und ihr wisst es. Es gibt keine Diskussion darüber. Die Wahrheit ist kein Diskutierer, weil sie nichts zu verteidigen hat. Sie rechtfertigt sich nicht gegenüber der Illusion. Diskussionsrunden finden nur im Raum der Illusion statt, wo jeder versucht, mit dem besten Argument aufzuwarten, das die eigene Meinung stärken soll. Im Raum der Wahrhaftigkeit geht es nicht um Ansichten oder Meinungen, sondern um Wahrheit. Diese ist nicht angreifbar, daher gibt es keine Diskussionen. Werdet also wieder Hüter der Wahrheit und duldet nicht, dass Lügen an euch herangetragen werden. Vertraut darauf, dass euer Licht des All-Einen jede Lüge entlarven und die Brutstätte ausheben wird. Der Platz gehört der Wahrheit, die eine göttliche Wahrheit und nicht die Wahrheit eines Einzelnen ist. Das sollte klar unterschieden werden. Beginnt wieder, nach großen Maßstäben zu denken und zu handeln.

Hüter der Wahrheit

Die meisten Menschen haben Skrupel, sich für die Liebe zu entscheiden, weil sie Angst haben, als Schwächlinge abgestempelt zu werden. Gefühle sind eher Frauensache, dennoch sucht die ganze Welt nach einem Partner der Liebe und Treue. Findet ihr endlich einen Partner, wird diese Liebe oft zurückhaltend gelebt, weil sie oft missverstanden wird. Im Raum der Wahrhaftigkeit gilt die Liebe in erster Linie dem Urschöpfer, der sich in allem zeigt, wenn man sein Licht sehen kann. Er zeigt sich auch in deinem Partner, deinen Freunden und allem, was dir begegnet. Es ist unerheblich, ob dir dabei die Form gefällt oder nicht. Jede Form ist ein Ausdruck des All-Einen auf dem Weg der Erfahrung in der Materie. Wenn zwei Menschen beschließen, gemeinsam einen Großteil des Lebens zusammenzugehen, dann nennen sie es Liebe. Oftmals spielt die körperliche Anziehung hier eine maßgebliche Rolle. Wenn du nun an deinem Partner auch nur eine Sache entdeckst, die du nicht wirklich bedingungslos liebst, dann ist es nicht Liebe. Wenn du an dir etwas entdeckst, mit dem du unzufrieden bist, dann liebst du dich nicht selbst. Jede Form stellt einen vollkommenen Ausdruck dar, der sich aus allen Erfahrungen zusammensetzt, die du persönlich gemacht hast. Sie ist Ausdruck der Gefühle, die du hattest, bevor du auf die Erde gekommen bist. Die meisten haben sich ihre Form oder ihren Körper selbst zusammenstellen können, andere mussten nehmen, was sie bekamen. Die Letzteren haben sich für eine Inkarnation bereiterklärt, die der Erlösung bedurfte, um an dem großen Plan mitzuwirken. Diejenigen, die davon betroffen sind, haben sich immer fehl in ihrem Körper gefühlt. Dennoch ist es eure Aufgabe, euch damit zurechtzufinden. Wir versprechen euch, ihr erhaltet einen Partner, der euch so liebt, wie ihr seid. Ihr braucht keine Klimmzüge deswegen zu machen. Die Liebe findet immer die Liebe. Sie ist der Magnet, der die Liebe anzieht, die infolgedessen auch kommen muss. Es kann gar nicht anders sein. Eine Partnerschaft besteht nun aber auch aus der Freiheit des Einzelnen und aus den gemeinsamen Zielen, die sich beide gesetzt haben. Welche Übereinkünfte ihr trefft, bleibt euch überlassen. Im Raum der Wahrhaftigkeit solltet ihr euch jedoch an eure Versprechen aufrichtig und ehrlich halten. Jede Unwahrheit ist hier sofort für alle erkennbar, und mit jeder Unehrlichkeit wackelt dein Fundament. Denke daran, du könntest wieder fallen, weil die Lüge zum Raum der Illusion gehört. Die Partnerschaft hier bei uns ist der Raum, wo wir ehrlich zueinander sind. Wir unterdrücken auch unsere Gefühle nicht, sofern wir Wesen sind, die Gefühle haben, was nicht bei allen der Fall ist. Wir klären allerdings unsere Gefühle, indem wir die Antwort suchen, warum uns etwas in dem Moment bewegt, was nicht Liebe ist. Andere helfen uns dabei. Hier im Raum des Vertrauens ist das deshalb gegeben, weil du unter Freunden bist, die für dich da sind. Eine Partnerschaft auf Erden gibt euch die Möglichkeit, einen Menschen zu finden, zu dem ihr absolutes Vertrauen haben könnt, wenn ihr euch das vornehmt. Ihr könnt viel voneinander lernen, was euch zu eurer Wahrheit führt. Das bedingt die Aufrichtigkeit und das Vertrauen, das ihr leben müsst. Wenn ihr das ändern wollt, dann solltet ihr auch das offen und ehrlich klären. Im Raum der Wahrhaftigkeit zieht diese Person in Frieden weiter, um neue Erfahrungen zu machen. Auf Terra wird derjenige, der gehen will, meist mit Hass überhäuft, weil der andere das als Liebesentzug wertet. Im Raum der Wahrhaftigkeit wirst du von allen geliebt. Niemand empfindet hier einen Liebesentzug. Wenn alle dich lieben und es nur Liebe hier gibt, was soll dir dann entzogen werden?

Zurzeit und bis Mitte 2012 finden sich neue Partner. Viele alte Verbindungen gehen auseinander und neue werden geschlossen, weil es eben der Zeitqualität angemessen ist. Oftmals versucht ihr Menschen, alte Partner zurückzuerobern aus den verschiedensten Gründen, die oft mit verletzter Eitelkeit oder mit alten Mustern des Verlassenwerdens zusammenhängen, die ihr nicht für euch geklärt habt. Viele Singles leben deshalb allein, weil sie die Auseinandersetzungen der Partnerschaften scheuen. Das alles hat aber mit Liebe nichts zu tun. Von den alten Partnern habt ihr lernen können, dann war das Ziel erreicht und die Partnerschaft ging auseinander. Jetzt gibt die Zeitqualität neue Ziele vor, nämlich die Ziele der Liebe, und hierfür findet ihr die Partner, die zu euch passen. Mit denen könnt ihr die bedingungslose Liebe lernen, was für viele nicht einfach sein wird. Wenn ihr nicht die bedingungslose Liebe erlernt, also die Liebe ohne Wenn und Aber, dann habt ihr Probleme mit den Wesen, denen ihr in der Zukunft begegnen werdet. Erinnert euch, dass der Raum der Wahrhaftigkeit die Wahrheit ist. Hier wird Wahrheit gesprochen und vermittelt. Wenn dein Gefühl die Abneigung ist, dann ist das für alle hier offensichtlich. Deine feinstofflichen Körper zeigen das allen anderen ganz klar, während dein göttlicher Anteil Liebe ausstrahlt. Du merkst das selbst auch und kannst das in aller Aufrichtigkeit klären, auch dem Wesen gegenüber, das dieses Befinden bei dir ausgelöst hat.

Euer Hauptproblem ist, dass ihr nicht ehrlich zu euch selbst seid. Ihr zensiert bestimmte Gefühle und Verhaltensweisen. Wenn ihr diese als schlecht beurteilt, dann geht ihr in die Selbstbestrafung oder flüchtet euch in eure Opferrolle. Beides ist verkehrt, da die Liebe nicht verurteilt. Sie kann nur lieben, etwas anderes ist ihr nicht gegeben. Sie hat die Macht, alles zu transformieren, also umzuwandeln in Liebe, was der Liebe entgegensteht, und das geschieht zurzeit. Weil ihr die Illusion für wahr haltet, glaubt ihr, unvollkommen zu sein, und seht euch als unfähige Sünder, die Bestrafung verdienen. Und wenn ihr die geforderte Bestrafung erhaltet, jammert ihr, dass die Welt so grausam ist.

Die Liebe geht anders vor. Sie macht euch euer Verhalten bewusst, was ihr nur mit absoluter Aufrichtigkeit euch selbst gegenüber annehmen könnt. Wir zensieren nicht, sondern führen euch zu dem Ursprung, der dieses Verhalten bei euch ausgelöst hat. Ihr versteht nun, dass es allein eure Reaktion auf ein bestimmtes Geschehnis ist, das ihr immer wieder wiederholt. Ihr wiederholt es, weil ihr es bisher nicht erkannt oder aber illusionär gerechtfertigt habt. Die Liebe aber kennt nur die Wahrheit und zeigt euch genau, was ihr erkennen solltet, damit ihr dieses Verhalten ablegen könnt. Das führt euch zu neuer Offenheit, die wieder mit Liebe angefüllt werden kann.

Wenn nun zwei Wesen im Raum der Wahrhaftigkeit gemeinsam eine Wegstrecke gehen wollen, wird das von allen anderen geachtet und geehrt, schon deshalb, weil es der göttliche Wille ist, den wir hier alle erfüllen. Niemand würde es wagen, sich dagegenzustellen. Im Gegenteil, diese beiden erhalten Unterstützung von uns allen, damit sie den göttlichen Willen in der Vollkommenheit leben, die ihnen zur Verfügung steht. Erinnert euch, dass hier nur geschieht, was Urschöpfer will, dem wir alle dienen.

Urschöpfer ist die höchste Triade, und ihn zu erklären, dürfte schier unmöglich sein. Diese Triade besteht aus dem männlichen und weiblichen Anteil, sowie aus dem Heiligen Geist. Da die Erde nun in die lichtvolle Ära eintritt, zeigt sich die weibliche Seite Urschöpfers auf allen Ebenen. Das muss so sein, sonst könnte die neue Ebene nicht gehalten werden, wenn die Göttin sie nicht nähren und ihr den Halt geben würde. Im Raum der Wahrhaftigkeit sehen wir in allen Formen Gott, Göttin und den Heiligen Geist. Wir sind oftmals androgyn und leben vorwiegend die Seite, die wir benötigen, um unsere Aufgabe wahrzunehmen. Ihr auf Terra habt euch entschieden, die Form des Männlichen oder des Weiblichen anzunehmen, und vergessen, dass der Gegenpart eure Seele darstellt. Das bedeutet, dass eine Frau eine männliche Seele und ein Mann eine weibliche Seele hat. Auch besitzt ihr alle den Heiligen Geist, lasst ihn aber nicht zu Worte kommen, weil ihr nur euren eigenen

Gedanken zuhört, die euch immer wieder in die gleiche Einbahnstraße eures Denkens führen.

Als Menschen besitzt ihr nun auf anderer Ebene euren Gegenpart. Viele glauben, dass dies der Seelenpartner sei, der ihnen das absolute Glück präsentiert. Dem kann gar nicht so sein. Wenn es euer Seelenpartner ist, dann hat dieser Seelenpartner genau die gleichen Probleme wie ihr. Nur dass ihr inkarniert seid, um diese Probleme zu lösen, während euer Seelenpartner euch von der anderen Ebene aus hilft, diese Probleme zu erkennen. Der Wunsch nach eurem Seelenpartner ist deshalb vorhanden, weil er euch nicht verurteilt und euch hilft, offen und ehrlich zu sein. Ihr dürft sozusagen ihr selbst sein und fühlt euch nur vollkommen mit eurer anderen Hälfte, die zu euch gehört.

Der Seelenpartner

Auf dem Weg zur Einheit nun wird euer Anteil, der sich auf anderer Ebene befindet, wieder mit euch vereint. Das ist notwendig, da ihr sozusagen wieder zusammengefügt werden müsst, wenn ihr euch in höheren Ebenen aufhalten und aufsteigen wollt. Hier wird also wieder zusammengefügt, was zusammengehört. Ihr merkt das auf Erden, könnt auch direkt darum bitten. Diese Verbindung ist eine geistige Verbindung und eine geistige Zusammenführung.

Viel Neues hat sich nun seit dem Erscheinen des ersten Buches ereignet, und sehr Vieles kommt noch hinzu. Denkt bei allem, was passiert, dass es sich um die Auflösung der Illusion handelt. Die alten Rollen werden losgelassen und neue werden angenommen. Alte Strukturen brechen, weil niemand sie mehr will. Das Wichtige für euch ist das Loslassen alter Muster, Strukturen und Denkweisen. Zwar seid ihr ein Leben lang darauf geprägt worden, dennoch müsst ihr loslassen. Hört auf, euch an irgendetwas zu

Das Alte loslassen

klammern, weil es euch nichts bringt. Klammern gehört zur Angst, der Angst, dieses oder jenes nicht mehr zu haben. Bedenkt, dass viel Neues auf euch wartet, was wirklichen Bestand hat. Nur weil ihr nicht wisst, was und wann etwas kommt, ist das kein Grund, beunruhigt zu sein. Das Loslassen bezieht sich auch auf die seelischen Bereiche. Lasst gehen, was gehen will. Niemand will sich wirklich ein Leben lang mit alten Ängsten und Sorgen abplagen. Die alte Welt hat euch unermesslich eingeengt. Und wenn wir heute vor der Wahl stünden, dieses Projekt zu wiederholen, würden auch wir es anders gestalten. Je länger ihr euch in der Illusion bewegt habt, desto mehr habt ihr diese für real gehalten, was bewirkt hat, dass ihr euch immer weiter von der wirklichen Welt entfernt habt. Ein Mensch auf dem Territorium Terras, der keine geistige Anbindung mehr an die Wirklichkeit hat, muss so denken und handeln, wie die meisten es getan haben. Eure Verwirrung wird nicht lange andauern, denn das Licht und die Wirklichkeit haben schon diesen Raum in Besitz genommen. Parallel dazu geschieht die Heilung auf allen Ebenen, die auch ihr verspüren werdet in eurem physischen Körper und in den geistigen Körpern. Hier hatte sich viel abgelagert aus alter Zeit.

Loslassen bedeutet, etwas in Frieden ziehen zu lassen, und es bedeutet auch, den Frieden wieder herzustellen. Im Raum der Wahrhaftigkeit hält niemand etwas fest, weil es hier nur Liebe gibt in Hülle und Fülle. Keiner käme auf den Gedanken, die Liebe festhalten zu wollen. Unser Sein kreist darum, die Liebe in all ihrer Vielfältigkeit zu mehren. Wir sind darauf bedacht, unser Glück zu teilen, denn wir befinden uns immer und überall unter Freunden. Die ernsthafte Seite der Liebe wird hierbei nicht außer Acht gelassen. Die Pfade der Einweihung sind eine ernste Angelegenheit, allein durch ihre Heiligkeit.

Und heilig ist uns alles, was mit Urschöpfer in Zusammenhang steht. Und das ist eben alles, was existiert.

Wir sind hier, um euch an euer wirkliches Zuhause zu erinnern, an die wahrhaftige Welt der Liebe. Engel werden von den Menschen geliebt, weil diese niemanden verurteilen. Der Mensch fühlt sich von ihnen verstanden und umsorgt. Sie helfen euch in allen Lebenslagen und lassen euch niemals allein, ob ihr das merkt oder nicht. Ihr seid zu wertvoll, als dass wir euch nur einen Moment aus den Augen lassen würden. Tief in euch drinnen wisst ihr das alles, ihr habt es nur vergessen, weil ihr euch auf die äußere Form des Lebens konzentriert habt. Alles, was in Erscheinung tritt, ist jedoch wandelbar, weil der Geist, der dahintersteht, es wandelt. Im gesamten Raum hat nur Bestand, was aus der Liebe ist. Da auf Erden größtenteils die Angst gelebt wird, vergeht eben vieles aus Lieblosigkeit. Die Schritte der Menschen sind schwer geworden durch den gelebten Liebeskummer, der noch größeren Angst vor Gott selbst. Diese eure größte Angst hat euch von eurem Vater ferngehalten, den ihr auch im Außen gesucht habt, statt ihn in euch zu finden.

Seit der Zeit, als Terra ihren Fall erlebt hatte, stand das Zeitfenster schon fest, wann wir uns wiedersehen würden. Seit ungefähr sechzig Jahren arbeiten wir immer wieder mit Menschen und senden Botschaften in verschiedensten Formen, um euch zu erinnern, wer ihr wirklich seid. Wir stehen nun bereit, wenn ihr erwacht, um euch weiter zu dienen. Wir kommen in Frieden, weil wir Frieden sind und auch Teil der Liebe, die sich durch uns ihren Ausdruck sucht. Wenn euer geistiges Auge wieder ganz geöffnet ist, werdet ihr es leichter haben, weil ihr die Wahrheit wieder sehen könnt. Bisher wurden unsere Hoffnungen nicht enttäuscht, die wir auf bestimmte Frequenzhalter gesetzt haben. Im Gegenteil, diese Frequenzhalter sind noch über sich selbst hinausgewachsen und haben uns in Erstaunen versetzt. Wir haben viel von euch gelernt und freuen uns auf die Zeit, in der ihr mit uns gemeinsam zu neuen Horizonten und neuen Welten aufbrecht.

Wenn wir von Liebe zu euch sprechen, verschließt ihr euch oftmals, weil ihr diese Liebe gar nicht annehmen könnt. Das kommt daher, weil ihr euch selbst als nicht liebenswert eingestuft habt. Die Vorstellung, dass ein Mensch mit allen seinen Fehlern und Unzulänglichkeiten liebenswert sein könnte, dagegen sperrt ihr euch. Die andere Seite ist, dass ihr Liebe in bestimmten Bereichen zulasst, die aber nur ihr als liebenswert empfindet. Unsere Vorstellungen sehen da ganz anders aus. Wir sehen in erster Linie den göttlichen Anteil, der Liebe ist und unermesslich geliebt wird. Dann sehen wir zugleich das Ego, das versucht, sich in der Welt der Illusionen zurechtzufinden mit all seinen Anschauungen, Meinungen, Ängsten und Sorgen. Tief aus eurem Unterbewusstsein handelt ihr oftmals immer gleich, weil ihr die Ursache oder den Auslöser eures Verhaltens nicht erkennen könnt. Prinzipiell sind das ganz einfache Auslöser emotionaler Art, und diese alten Erfahrungen bestimmen heute noch eure Verhaltensweisen und Reaktionen auf Menschen oder Situationen. Sind es Menschen, dann bringen sie euch oft in Situationen, die euch eigentlich Erkenntnis bringen sollen. Doch gerade dann wehrt ihr euch gegen diese Personen mit Händen und Füßen, weil ihr damit nichts zu tun haben wollt, und der Zug der Erkenntnis steht fest vor einem Halteschild, weil ihr diese Gelegenheit nicht angenommen habt. Prinzipiell geht es wirklich darum, dass ihr alles annehmen lernt, damit das Problem aufgelöst ist und euch nicht mehr vom Leben angeboten werden muss. Für euch alle ist es jetzt wirklich so leicht wie nie zuvor, an diese Informationen zu gelangen. Das Unterbewusstsein hat sich sozusagen geöffnet und gibt die Gefangenen der Vergangenheit frei. Die Seele sperrt sich nicht mehr dagegen, und wenn ihr euch selbst dagegen wehrt, was meist vom Kopf aus geschieht, macht ihr euch das Leben nur schwerer.

Daher rührt auch die Zensur, ob ihr Liebe annehmen könnt oder nicht. Meist macht ihr dieses Liebesangebot auch davon abhängig, ob euch diese Menschen persönlich gefallen, was sich allein auf die Form bezieht. Es geht aber um die inneren Werte und nicht um die Form allein. Nur bis zu den inneren Werten dringt ihr oft nicht vor. Wenn sich der andere öffnet, beginnt automatisch eure Zensur, und damit wird der andere schon in eine Schublade abgeschoben, in die er vielleicht gar nicht hineingehört, in die ihr ihn aber hinein verfrachtet habt. Im Zweifel lasst ihr diese Person dort nicht mehr heraus. Auch das ist eine Sache der Vergebung. Weil ihr ein Vergebungsproblem habt, tut ihr euch mit der Liebe schwer und zensiert diese. Bei dem Wort Vergebung geht ihr immer davon aus, dass jemand vorbeikommen muss, der diese Vergebung ausspricht, oder anders formuliert, ihr macht Vergebung von anderen abhängig. Das Geheimnis der Vergebung ist, dass ihr selbst vergeben könnt, und zwar euch und anderen, womit ihr sofort im Frieden wärt. Ihr braucht auf niemanden zu warten. Ihr habt die Macht der Vergebung, also nutzt eure Macht. Geht wieder hinein in eure Selbstbestimmung. Wenn Urschöpfer alle Macht der Welten ist, also die All-Macht überhaupt, und ihr Teil von ihm seid, gehört euch auch alle Macht der Welten. Diese wird wirksam immer dann, wenn ihr sie zum Wohle aller einsetzt. Nutzt du sie lediglich für dein eigenes Wohlergehen, dann treibst du Missbrauch damit, und diese Wirkung wird sich zeigen. Da

Die Macht der Vergebung

Urschöpfer alles ist, was existiert, gilt es, auf das Wohlergehen aller zu achten, weil es letztlich sein Wohlergehen ist und somit das deine. Es ist nicht trennbar, weil alles miteinander verbunden ist im Geiste wie in der Wahrheit. Was im Himmel wirkt, wirkt auch auf Erden. Allein dein Glaube könnte das einschränken. In dem Fall glaubst du nicht an dich selbst und erst recht nicht daran, dass Gott für dich tätig ist. Du sprichst ihm sozusagen seine Fähigkeiten ab und gehst davon aus, dass du alles allein machen musst, weil es sonst niemand tut. Seine Fähigkeiten sind wirklich und zeigen sich allen. Wenn du es bist, der daran nicht glaubt, wird sich der Urschöpfer dir nicht aufdrängen. Bitte ihn, dich wieder an die Hand zu nehmen und dich zu führen. Er ist der Einzige, der dich aus dem Chaos und den Wirrnissen der Endzeit herausführen kann. Und jeder täte gut daran, dieses Angebot anzunehmen.

Viele haben ja von dem Mayakalender gesprochen, der das Ende der Zeit voraussagt. Genau genommen stammt dieser Kalender aus der Zukunft und ist in die lineare Zeitschiene der Vergangenheit gebracht worden. Er zeigt die Zeitfenster mit allen Einflüssen, die es zu überwinden gilt, und beinhaltet die Talente und Aufgaben, die jemand leben kann. Da ihr aber dieses Ende der Zeit, so wie es euer Ego kennt, erreicht habt, geht der Weg zurück zur Einheit. Die Einheit hat die Ewigkeit, und in der Ewigkeit sieht die Wirklichkeit anders aus. Hier wird mit anderen Maßstäben gemessen. Niemand arbeitet hier kleinkariert, sondern hier geht es immer um das große Ganze und das Wohl aller. Geht also von dem Denken des Egos weg, das nur euch und euren kleinen Blickwinkel betrifft. Öffnet euch für das große Ganze und beginnt, in allem das Wohl aller zu suchen. Ihr seid alle miteinander verbunden. In unserer Gegenwart oder der Gegenwart

Das große Ganze

der Engel und Erzengel fühlt ihr euch wohl, weil eure Erinnerung aufflammt, dass wir auf euer Wohl bedacht sind. In dem Moment könnt ihr Liebe und Fürsorge annehmen, auch wenn es oft Notsituationen sind, die euch dazu treiben. Im Alltag seid ihr noch zu oft auf euer begrenztes Sein ausgerichtet. Ihr habt bestimmte Vorstellungen vom Himmel und einem Leben mit Engeln, die so nicht der Wahrheit entsprechen. Auch wir sind individuelle Wesenheiten wie ihr, nur wir sind uns der Einheit bewusst. Wir verurteilen nicht, weder euch noch uns, daher kann die Liebe zwischen uns ungehindert fließen. Das Fundament unseres Seins ist Liebe, und hierauf bauen wir beständig auf. Uns ist bewusst, dass das Wohl des Nächsten unser eigenes Wohl ist, weil sein Unwohlsein auch in mir fühlbar ist und letztendlich mich betrifft. Daher kennen wir keine Schuld, weil wir auf das Wohl aller bedacht sind. Das Thema Schuld bei euch fordert die Sühne, und die Sühne bedarf der Strafe oder / und der Vergebung. Diese Schrittfolge habt ihr festgelegt und nicht wir. Ihr solltet eure Betrachtung unverzüglich ändern. Es reicht absolut aus, wenn du sagst, dass du vergibst. Wenn du dabei spürst, dass es nicht wirklich Vergebung ist, bitte um Hilfe, damit diese Vergebung aus tiefstem Herzen erfolgen kann. Wenn ihr euch weigert, die Liebe anzunehmen, wie sie euch zeigt, wie wollt ihr dann uns annehmen?

Wir kommen in Frieden mit Liebe im Herzen und geben uns nicht für Einzelkämpfe her. Wir dienen und investieren unsere Energie in diesen Bereich und geben uns nur für die Liebe her. Alles andere weisen wir zurück. Zwar müssen auch wir manchmal in einzelnen Regionen den Frieden wiederherstellen, aber hier handeln wir auf Anweisungen Urschöpfers. Das ist der einzige sichere Weg, wieder Frieden herzustellen mit einer Vorgehensweise, die zum Wohle aller ist. Deshalb wird oftmals der Begriff Friedensreich genannt, denn es geht nicht darum, einem anderen Schuld zuzuweisen, sondern zu fragen, was das mit einem selbst zu tun hat. Wenn die eigene Reaktion störend ist, dann ist der Auslöser bei einem selbst zu suchen und nicht bei anderen. Wir gehen offen und ehrlich aufeinander zu und bitten um Hilfe und Klärung dessen, was wir gerade nicht erkennen. Dann lösen wir es allein oder mit Hilfe der anderen. Wir halten uns damit nicht auf und gehen wieder zur Tagesordnung über. Sich mit einer Sache aufhalten, bedeutet, festzuhalten, und festhalten ist immer mit Unkenntnis verbunden. Man hält so lange fest, bis die Erkenntnis klar da ist, erst dann ist jemand bereit loszulassen.

Das gesamte Leben ist nicht von der Zeit abhängig. Zeit ist nur ein Faktor, nur eine bestimmte Form, die man wählen kann. Inzwischen seid ihr zeitbesessen und verlagert euch damit immer mehr in eine Warteposition. Die Warteposition beinhaltet zwei Faktoren. Zum einen impliziert sie, dass etwas von außen passieren muss, damit es weitergeht, zum anderen impliziert sie die eigene Unfähigkeit, selbst etwas in Bewegung zu setzen. Wenn man euch sagt, dass der Mayakalender das Ende der Zeit voraussagt, dann steht ihr bildlich gesprochen vor dem Kalender und harrt der Dinge, die da kommen bis zum 21. 12. 2012. Dieses Verhalten zeigt, dass ihr eure Macht nicht ausübt und nicht annehmen wollt, denn die Energie ist jetzt in größtem Maß vorhanden. Diese Energie will genutzt werden.

Stellt euch vor, ihr beginnt einen neuen Tag. Der Tag beginnt mit der Morgendämmerung. Das heißt, hier ist es noch nicht hell, aber die Tagesenergie ist hier am größten. Die meisten warten jedoch ab bis zum Mittag, bis die Sonne am höchsten steht, wobei sie hier in Wirklichkeit schon wieder dabei ist, sich vom Tag zurückzuziehen. Der halbe Tag ist also nicht wirklich genutzt worden.

Ein weiterer Grund eures Wartens ist es, dass ihr euch machtlos fühlt, und so wartet ihr, bis andere kommen, um das Chaos zu bereinigen. Ihr habt keine Antworten auf dieses Chaos und wisst nicht weiter. Die Antworten findet ihr nur, wenn ihr in euch sucht. Jeder Einfluss von außen ist ein begrenzter Einfluss, da ihr euch noch überwiegend im Raum der Illusionen aufhaltet. Riskiert mal etwas und kehrt zu eurem Urvertrauen zurück oder auch dem Selbstvertrauen. Ihr habt die Macht, heute schon zu ändern und die Energie der Morgendämmerung aufzunehmen. Die kraftvolle Morgenröte, die sich zeigt mit ihrer wundervollen Energie und der damit verbundenen neuen Inspiration eines Lebens, das so völlig anders ist als alles Bisherige! Eure Phantasie und Vorstellungen reichen dafür nicht aus, weil sie zu begrenzt sind und von alten unseligen Erfahrungen überlagert werden. Die Inspiration aber verschafft sich den Platz, um Neuerungen herbeizuführen. Nur durch die Inspiration erhaltet ihr die klare Vorgehensweise, die erforderlich ist, Änderungen herbeizuführen. Eure eigene Macht ist gefordert. Erst wenn ihr eure Macht wieder ergreift, treten wir auf den Plan. Wir sagten bereits, dass wir mit Siegern zusammenarbeiten und nicht mit Unterwürfigen.

Unterwürfigkeit hat in der Liebe keinen Platz. Verwechselt das nicht mit Demut, wobei hier die Betonung auf Mut liegt, nämlich den Mut zu haben, sich der Wahrheit zu stellen und der Heiligkeit gewahr zu werden, die damit verbunden ist. Darum ist es wichtig, dass ihr zu eurer Macht und Stärke zurückfindet, und das gelingt euch nur über die Liebe des All-Einen.

Der Mensch an sich ist immer schwach und die Stärke eines Menschen ist begrenzt. Erst wenn die All-Macht wieder durch euch wirkt und schafft, dann tritt die wahre Stärke hervor und die Veränderungen zeigen sich in der Welt da draußen. Ihr seid dabei, Großes zu vollbringen, wenn ihr euch traut. Ergreift euren Pioniergeist und erobert euch wieder selbst. Ihr hattet euch verloren in der Illusion, aber in der Wirklichkeit wart ihr immer eins.

Wir reichen euch die Hand erneut zum Bunde. Eigentlich war sie immer da, aber ihr habt es vergessen und konntet sie in der Dunkelheit der Illusion nicht mehr sehen. Wir können ermessen, wie es euch geht und wie ihr euch fühlt. Bemerkt das neue Kribbeln, bemerkt die Wellen der Energie, die durch eure Körper rollen. Das bedeutet, dass die Wahrheit wieder den Raum einnimmt. Sie war nie weg, nur von einem Schleier der Unwissenheit überlagert. Dieser Schleier wurde entfernt, daher leuchtet die Wahrheit wieder kraftvoll. Eine Wahrheit kann niemals verändert werden, auch wenn die Illusion versucht, diese zu verhüllen. Die Wahrheit ist immer unantastbar, egal mit welchen Ausreden das Ego aufwartet. Ausreden dienen nur der Illusion, damit ihr von der Wahrheit ferngehalten werdet. Und die Angst wurde vor euch aufgebaut, damit ihr euch nicht traut, wieder der Wahrheit ins Gesicht zu sehen. Dennoch sind die Konturen dieses Gesichts schon erkennbar und ihr werdet alle wieder der Wahrheit ins Antlitz schauen. Gesegnet sei der Tag und der Moment, an dem die Einheit wieder ganz von eurer Seite aus hergestellt ist.

Wir sind hier, weil wir aus der Wahrheit sind und diese Wahrheit überbringen. Sie soll eure Orientierungshilfe sein in der Zeit der Wirrnisse, wenn die Lüge und die Wahrheit aufeinanderprallen im Kampf und im Aufbäumen der Illusion. Folgt eurer inneren Stimme, die euch immer richtig leitet. Folgt aber auch eurer Intuition, denn ihr kommt in Situationen, wo ihr keinen anderen Wegweiser zur Verfügung habt. Die, die sich bereits entschieden haben, werden unserer gewahr und erleben bewusst die Klarheit unserer Führung.

Wir wollen wieder auf die Erde, die unser Zuhause ist. Wir sind aus der Zukunft gekommen und haben erlebt, was passiert, wenn ihr diese eine Entscheidung nicht trefft. Das Sklaventum würde ungeheure Ausmaße annehmen. Deshalb sind wir hier, um das zu verhindern. In dem Zusammenhang stellen wir die Frage, welche Freiheit ihr wirklich habt? Was bezeichnet ihr als Freiheit?

Einige werden sicher Antworten parat haben, aber wenn ihr diese Antworten genau unter die Lupe nehmt, dann stellt ihr fest, dass sie nur mit den bestehenden Möglichkeiten eurer kleinen Welt zu tun haben und mit dem damit verbundenen Gedanken an Geld. Ihr setzt Geld mit Freiheit gleich, und genau umgekehrt ist es der Fall.

Um wirklich frei zu sein, benötigt ihr kein Geld. Urschöpfer ist absolut frei und hat nie Geld benutzt. Es geht nicht um die Freiheit, ob du dir ein Haus kaufst oder ein Auto oder eine Reise machst. Diese Freiheit ist verknüpft mit materiellen Gütern. Eine Verknüpfung mit materiellen Gütern jedoch bedeutet Abhängigkeit, nämlich die Abhängigkeit, dass ihr nur frei sein könnt, wenn ihr dies oder jenes habt. Wenn ihr also solche Gedanken hegt, muss euch klar sein, dass schon euer Denken in Unfreiheit steht, weil es nur zu dem einen Pol der Abhängigkeit blickt.

Die einzige Freiheit, die ihr wirklich habt, ist die Freiheit der Wahl, die ihr bisher nicht wirklich genutzt habt, weil das Materielle so nah war, und Gott war so fern von euch, nach eurem Glauben. Und weil ihr es so geglaubt habt, war es für euch so. Warum glaubt ihr es nicht so, wie es wirklich ist?

Ihr seid ein Teil von ihm, sonst wäret ihr nicht. Er ist die Freiheit, und die Freiheit ist euer Recht, das ihr in Anspruch nehmen solltet. Ihr bittet nicht um Utopisches, sondern um euer Geburtsrecht. Die Freiheit existiert in der Wirklichkeit, weil sie wirklich ist. Die Freiheit ist Liebe, weil diese der Ursprung ist und sich unendlich ausdehnt. Was der Ursprung ist, muss Wahrheit sein. Was der Mensch geschaffen hat, ist die Illusion der Reflexion. Ihr erschafft auf Erden Materielles von der Materie. Dennoch habt ihr noch nicht einmal die Materie erschaffen. Alles wurde euch zur Verfügung gestellt, damit ihr das Experiment der Illusion erleben könnt. Dieses Experiment jedoch ist beendet. Es hatte einen Anfang und hat ein Ende, und ihr befindet euch in der Auslaufphase. Es ist sozusagen ein Auslaufmodell, in das ihr nichts mehr investieren solltet. Es lohnt nicht. Es ist abgesprochen, dass ihr wieder in die Wirklichkeit des Lebens zurückkehrt. Hier seid ihr frei, ungehindert die Liebe zu leben, weil sich die Liebe endlich ungehindert durch euch leben kann mit all ihrer Stärke und Kreativität der unendlichen Schöpfung. Hier ist der Ort, wo ihr euren Frieden habt, weil die Liebe friedvoll ist. Hier ist der Ort, wo ihr Ruhe findet von dem Lärm der alten Welt, die euch keinen klaren Gedanken fassen lassen will und euch die Ruhe verwehrt. Hier seid ihr in der Ruhe eures Gewahrseins, wo nichts das heilige Wort der Wahrheit stören kann. Hier ist der Ort, wo ihr wieder die Weisheit erlangt, nach der ihr euch so lange gesehnt habt. Hier ist der Ort, wo die Ausdehnung stattfindet und die Enge ein Ende hat. Hier ist der Ort, wo Einheit herrscht und wo ihr euch von den endlosen Trennungen erholen könnt. Hier ist der Ort, wo ihr aus euch herausgehen könnt, weil ihr nicht zensiert werdet. Hier ist der Ort, wo ihr euch wiedererkennt als das, was ihr wirklich seid.

Die Freiheit ist Liebe

Mit der Schöpfung der Erde sollte das Experiment der Triade von Gott-Engel-Mensch geschaffen werden. Gott war fern von euch, die Engel eigentlich ebenfalls, denn ihr musstet ständig jemanden anrufen,

Gott-Engel-Mensch

damit er kam und der Mensch als getrenntes Wesen ist übriggeblieben, allein auf weiter Flur im gesamten All.

Wir sind hier, euch zu erinnern, dass ihr der heilige Engel seid, der euer Höheres und auch Höchstes Selbst ist, und dass ihr den göttlichen Anteil in euch habt, der sich durch nichts leugnen lässt. Ihr seid der Adam Kadmon, der Mensch als das Wesen in der gesamten Schöpfung, das das Niedrigste mit dem Höchsten verbindet, weil alles in euch ist. Auch wenn es zugeschüttet wurde mit dem Sand des Vergessens, ist es dennoch die Wahrheit. Es ist an euch, diese Wahrheit wieder lebendig sein zu lassen, sie zu leben in allen Bereichen. Ihr seid es, ihr seid die, die als Gott-Engel-Mensch über diese Erde gehen und diese Verbindung halten wollten!

Die Engel lasst ihr zu, weil ihr sie nicht fürchtet. Gott weist ihr zurück, weil ihr ihn fürchtet. Man hat euch eingeredet, dass ihr heilig sein müsst, wenn ihr unter die Augen Gottes treten wollt, sonst seid ihr seiner nicht würdig. Wir sagen euch, ihr seid heilig, weil er euch geschaffen hat. Gott schafft nie Unheiliges, das geht überhaupt nicht, weil er selbst das einzige wirklich Heilige ist, was im gesamten Raum existiert. Also kann er nur Heiliges erschaffen, also seid ihr heilig, weil er euch erschaffen hat. Daran gibt es keinen Zweifel. Engel seid ihr, weil ihr als Lichtwesen hinabgestiegen seid, um der Erde zu dienen. Euch die Erde untertan zu machen, bedeutet, die Arbeit unten zu verrichten. Gibt es ein Oben, dann gibt es auch ein Unten. Die Arbeit soll von Herz zu Herz gehen und Hand in Hand geschehen. Es gilt nicht zu herrschen mit Gewalt, sondern allein über euch selbst zu herrschen. Ihr müsst euch sozusagen selbst untertan machen. Nur weil einst eine Trennung in der Schöpfung vollzogen wurde, damit ein Spiegel entstand, indem das Oben und das Unten reflektiert werden konnte, heißt das nicht, dass alles wirklich voneinander getrennt ist. Und wenn oben wie unten ist, dann seid ihr oben die Gott-Engel-Wesen und unten die Gott-Engel-Wesen genauso. Nur weil ihr euch in die Angst zurückgezogen habt und überwiegend eure Aggressionen lebt, ändert das nichts an der Wahrheit. Kommt wieder heraus aus eurer Ecke, in der ihr euch versteckt haltet, und stellt euch wieder in den Zenit der Sonne, wo ihr hingehört! Im Zenit habt ihr keine Schatten, weil im Zenit überall Licht ist.

Die Hand hat sich erhoben, als Zeichen der Vollendung. Die Hand könnt ihr auch im Mayakalender erblicken. Die Kinichi sprachen von der Familie der Hand. Es ist die Familie oder der Clan und Stamm, der die Vollendung durchführt. Und da sich die Hand von der Erde erhoben hat, ist es die Zeit der Vollendung. Ergreift die Hand, die euch hilft, das große Werk zu vollenden. Legt ab das zerschlissene Kleid der Illusion und empfangt das neue Gewand der Wahrhaftigkeit, das euer ist und das ihr einst hinterlegt habt für den Moment, da ihr den Schlüssel erhaltet, das goldene Tor zu öffnen. Fordert euer Eigentum zurück und geht über diese Erde als das, was ihr seid, nämlich Gott-Engel-Mensch. In dieser Funktion lebt ihr die Wahrhaftigkeit und versteckt euch nicht mehr hinter der Illusion des Nichts. Ihr seid wertvoll, ihr seid Licht, ihr seid der Weg, ihr seid die Wahrheit, weil ihr eins seid mit dem Urschöpfer aller und daher mit allem verbunden. Stimmt wieder an das Lied der Liebe, das von Herz zu Herz zieht und arbeitet Hand in Hand mit der Liebe, die euch anleitet und der immer alles gelingt. Stellt euch zu den Siegern der Wahrhaftigkeit, denn die Liga der Schwerter ist bereits heimgekehrt. Empfangt wieder die Liebe als das höchste Gut und reicht sie allen weiter. Erkennt, dass die Fülle dadurch entsteht, dass wir alles geben und nichts festhalten. Da wir nichts festhalten, enthalten wir dem anderen auch keine Liebe vor. Die Liebe ist Wahrheit, und die Wahrheit zieht von Herz zu Herz und Geist zu Geist, um euch in die Wirklichkeit zurückzubringen. Wir sind mit euch, und wenn ihr auch nur an uns denkt, zeigen wir uns und arbeiten mit euch zusammen in der Beschleunigung der endenden Zeit, die sich wieder auflöst, um auch das zu werden, was sie war, nämlich die Ewigkeit. Die Zeit wurde von der Ewigkeit geliehen und wird ihr nun wieder zurückgegeben. Wir halten nichts fest, sondern leeren unsere Hände, damit wir erhalten aus der ewigen Fülle, die besteht, weil wir ewig geben. Die Ewigkeit ist das ewige Spiel des Gebens der Fülle, weil sich das Gegebene potenziert und vervielfacht. Das Spiel des Gebens ist wieder in vollem Gange und das Projekt heißt: Aufstieg. Aufstieg ist die Rückkehr in das Zuhause der Wirklichkeit.

Empfangt auch uns, wie wir empfangen euch in der unendlichen Liebe. Nehmt an die Liebe, die euer ist und auf die ihr ein Recht habt. Legt den Perfektionismus beiseite und den damit verbundenen Ehrgeiz und die Minderwertigkeiten. Ihr seid vollkommen, ihr war es immer. Wir lieben euch unermesslich, denn wir sind ihr und ihr seid wir. Wir sind aus der Zukunft zurückgekommen in eure Gegenwart, um die Vereinigung wieder herzustellen, und aus der Sehnsucht und tiefen Liebe nach euch.

Und das ist, was ihr wissen solltet!

Willkommen zu Hause.

Nachwort

Ich hoffe, die Klarheit hat euch eure Entscheidung erleichtert, und auch ich heiße euch in der goldenen Zeitqualität willkommen. Lasst sich das Füllhorn der Liebe über euch ergießen, damit ihr endlich glücklich leben könnt.

Holt euch die goldenen Wurzeln, damit die goldene Wurzelrasse fest verankert in der Liebe und der damit verbundenen Fülle steht.

In dem neuen, dritten Buch spricht P'taah über die „Öffnung des Sternentores".

Die Spannung geht weiter. Ihr werdet mit diesem Buch über euch selbst hinauswachsen und viele ganz neue Informationen erhalten, und das ist wörtlich zu nehmen.

Aktuelle Channelings, Termine für Vorträge und Seminare findet ihr wie immer unter

www.ptaah-tempel.de

Ich freue mich, diese Gaben mit euch teilen zu können.

In inniger Verbundenheit,
eure Gabriele

Willkommen im Goldenen Zeitalter,
Willkommen, Sternenbruderschaft!

Die Autorin

Gabriele Müller ist beruflich im öffentlichen Dienst tätig.

Als Medium arbeitet Gabriele mit großen Wesen, wie z. B. P'taah, Michael Melchisedek, Thoth und Immanuel zusammen, um den Menschen Botschaften zu übermitteln, die ihnen auf dem lichtvollen Weg helfen sollen, ihre Fähigkeiten zu verbessern und das neue Bewusstsein für das Goldene Zeitalter zu beschleunigen. Viele Auslandsaufenthalte erweiterten ihr spirituelles Potenzial, insbesondere die Initiationsreise nach Ägypten, die von P'taah vorherbestimmt und als Vorbereitung gedacht war, um bald darauf seine Bücher und CDs empfangen zu können. Er sorgt in spannender Weise dafür, dass die Menschen schneller erwachen und sich in der neuen Zeitqualität von 2012 zurechtfinden.

In Seminaren bietet Gabriele den Menschen verschiedene Möglichkeiten zur Weiterentwicklung an, die mit Botschaften geistiger Wesen einhergehen, bis hin zum Erlernen des Channelns und der Telepathie. Das Wichtigste aus ihrer Sicht ist hier **Shen-Abu** (das heißt: Wurzeln geben), ohne die es für den Menschen keine Weiterentwicklung geben kann. *Shen* bedeutet Wurzel und *Abu* bedeutet Vater und ist auf die Urquellexistenzebene ausgerichtet, wo die Trennung aufgehoben und der Mensch wieder bewusst die ihm zustehende Einheit leben kann.

In Ägypten hat Gabriele außerdem von Thoth, dem Atlanter, ein Verfahren erhalten, mit dem er die Menschen von ihren alten Programmen erlöst, damit sie nicht immer wieder dieselben Problematiken durchleben müssen und frei für die neue Zeitqualität sein können.

Ihre Vorträge und medialen Einzelsitzungen unterstützen die Menschen auf dem Weg zurück zur Einheit.

Lesen Sie auch den ersten Band von P'taahs Büchern:

Greift nach den Sternen!
Die Worte des P'taah zum Aufstieg 2012

ISBN 978-3-89568-230-8

In diesem Buch berührt P'taah viele Themen und Geschehnisse, wie z.B. Atlantis, den Orden von Melchisedek, das Phänomen der Kristallschädel, die Galaktische Förderation und die kommende Zusammenarbeit mit ihr, Arkturus und die Maya – kurz alles, was heute so viele interessiert – und es ist wahrhaft unvergleichlich, dies alles aus dem Mund eines der Weisesten zu vernehmen, die wir kennen.

ch. falk-verlag

...bestellen Sie auch unseren kostenlosen Gesamtkatalog